中華古籍保護計劃

ZHONG HUA GU JI BAO HU JI HUA CHENG GUO

· 成 果 ·

孔子博物館
古籍普查登記目録

全國古籍普查登記目録

國家圖書館出版社
National Library of China Publishing House

圖書在版編目(CIP)數據

孔子博物館古籍普查登記目録/孔子博物館編. --北京:國家圖書館出版社,2017.5
(全國古籍普查登記目録)
ISBN 978-7-5013-6097-0

Ⅰ.①孔… Ⅱ.①孔… Ⅲ.①博物館—古籍—圖書目録—山東 Ⅳ.①Z838

中國版本圖書館 CIP 數據核字(2017)第 093330 號

書　　名　孔子博物館古籍普查登記目録
著　　者　孔子博物館　編
責任編輯　王　雷

出　　版　國家圖書館出版社(100034　北京市西城區文津街 7 號)
　　　　　　(原書目文獻出版社　北京圖書館出版社)
發　　行　010-66114536　66126153　66151313　66175620
　　　　　　66121706(傳真)　66126156(門市部)
E-mail　　nlcpress@ nlc. cn(郵購)
Website　　www. nlcpress. com→投稿中心
經　　銷　新華書店
印　　裝　河北三河弘翰印務有限公司
版　　次　2017 年 5 月第 1 版　2017 年 5 月第 1 次印刷

開　　本　787×1092(毫米)　1/16
印　　張　18
字　　數　365千字

書　　號　ISBN 978-7-5013-6097-0
定　　價　180.00圓

《全國古籍普查登記目録》

工作委員會

主　任：周和平

副主任：張永新　詹福瑞　劉小琴　李致忠　張志清

委　員（按姓氏筆畫排序）：

《全國古籍普查登記目録》

序　言

　　全國古籍普查登記工作是"中華古籍保護計劃"的首要任務,是全面開展古籍搶救、保護和利用工作的基礎,也是有史以來第一次由政府組織、參加收藏單位最多的全國性古籍普查登記工作。

　　2007年國務院辦公廳發佈《關於進一步加强古籍保護工作的意見》(國辦發〔2007〕6號),明確了古籍保護工作的首要任務是對全國公共圖書館、博物館和教育、宗教、民族、文物等系統的古籍收藏和保護狀況進行全面普查,建立中華古籍聯合目録和古籍數字資源庫。2011年12月,文化部下發《文化部辦公廳關於加快推進全國古籍普查登記工作的通知》(文辦發〔2011〕518號),進一步落實了全國古籍普查登記工作。根據文化部2011年518號文件精神,國家古籍保護中心擬訂了《全國古籍普查登記工作方案》,進一步規範了古籍普查登記工作的範圍、内容、原則、步驟、辦法、成果和經費。目前進行的全國古籍普查登記工作的中心任務是通過每部古籍的身份證——"古籍普查登記編號"和相關信息,建立古籍總臺賬,全面瞭解全國古籍存藏情况,開展全國古籍保護的基礎性工作,加强各級政府對古籍的管理、保護和利用。

　　《全國古籍普查登記工作方案》規定了全國古籍普查登記工作的三個主要步驟:一、開展古籍普查登記工作;二、在古籍普查登記基礎上,編纂出版館藏古籍普查登記目録,形成《全國古籍普查登記目録》;三、在古籍普查登記工作基本完成的前提下,由省級古籍保護中心負責編纂出版本省古籍分類聯合目録《中華古籍總目》分省卷,由國家古籍保護中心負責編纂出版《中華古籍總目》統編卷。

　　在黨和政府領導下,在各地區、各有關部門和全社會共同努力下,古籍普查登記工作得以扎實推進。古籍普查已在除臺、港、澳之外的全國各省級行政區域開展,普查内容除漢文古籍外,還包括各少數民族文字古籍,特别是於2010年分别啓動了新疆古籍保護和西藏古籍保護專項,因地制宜,開展古籍普查登記工作;國家古籍保護中心研製的"全國古籍普查登記平臺"已覆蓋到全國各省級古籍保護中心,並進一步研發了"中華古籍索引庫",爲及時展現古籍普查成果提供有力支持;截至目前,已有11375部古籍進入《國家珍貴古籍名録》,浙江、江蘇、山東、河北等省公佈了省級《珍貴古籍名録》,古籍分級保護機制初步形成。

《全國古籍普查登記目録》是古籍普查工作的階段性成果,旨在摸清家底,揭示館藏,反映古籍的基本信息。原則上每申報單位獨立成冊,館藏量少不能獨立成冊者,則在本省範圍内幾個館目合併成冊。無論獨立成冊還是合併成冊,均編製獨立的書名筆畫索引附於書後。著録的必填基本項目有:古籍普查登記編號、索書號、題名卷數、著者(含著作方式)、版本、冊數及存缺卷數。其他擴展項目有:分類、批校題跋、版式、裝幀形式、叢書子目、書影、破損狀況等。有條件的收藏單位多著録的一些擴展項目,也反映在《全國古籍普查登記目録》上。目録編排按古籍普查登記編號排序,内在順序給予各古籍收藏單位較大自由度,可按分類排列古籍普查登記編號,也可按排架號、按同書名等排列古籍普查登記編號,以反映各館特色。

此次全國古籍普查登記工作,克服了古籍數量多、普查人員少、普查難度大等各種困難,也得到了全國古籍保護工作者的極大支持。在古籍普查登記過程中,國家古籍保護中心、各省古籍保護中心爲此舉辦了多期古籍普查、古籍鑒定、古籍普查目録審校等培訓班,全國共 1600 餘家單位參加了培訓,爲古籍普查登記工作培養了大量人才。同時在古籍普查登記工作中,也鍛煉了普查員的實踐能力,爲將來古籍保護事業發展奠定了良好的基礎。

《全國古籍普查登記目録》的出版,將摸清我國古籍家底,爲古籍保護和利用工作提供依據,也將是古籍保護長期工作的一個里程碑。

國家古籍保護中心
2013 年 10 月

《全國古籍普查登記目録》

編纂凡例

一、收録範圍爲我國境内各收藏機構或個人所藏,產生於 1912 年以前,具有文物價值、學術價值和藝術價值的文獻典籍,包括漢文古籍和少數民族文字古籍以及甲骨、簡帛、敦煌遺書、碑帖拓本、古地圖等文獻。其中,部分文獻的收録年限適當延伸。

二、以各收藏機構爲分冊依據,篇幅較小者,適當合併出版。

三、一部古籍一條款目,複本亦單獨著録。

四、著録基本要求爲客觀登記、規範描述。

五、著録款目包括古籍普查登記編號、索書號、題名卷數、著者、版本、冊數、存缺卷等。古籍普查登記編號的組成方式是:省級行政區劃代碼—單位代碼—古籍普查登記順序號。

六、以古籍普查登記編號順序排序。

七、編製各館藏目録書名筆畫索引附於書後,以便檢索。

山東省古籍普查登記目録

工作委員會

主　任：王　磊

副主任：李國琳　杜澤遜　劉顯世　馮慶東　李勇慧

委　員（按姓氏筆畫排序）：

于　婧	王　珂	王之厚	王東波	王恒柱	王彭蘭
王曉兵	孔德平	包曉東	杜保國	杜雲虹	李付興
李劍峰	李關勇	辛鏡之	苗永威	金曉東	周　晶
周洪才	周傳臣	封愛田	柳建新	姜艷平	馬　偉
馬文遠	畢曉樂	徐玉謙	高　青	高新華	郭秀海
郭思克	唐桂艷	陸　健	張亞賓	張海燕	張偉勝
張逸潔	張曉輝	隋永琦	黃銀萍	普武勝	楊愛娟
鄭曉光	劉玉湘	劉景東	劉樹偉	賴大邃	鞠建林

《孔子博物館古籍普查登記目録》
編委會

主　　編：孔德平

編　　委：周　鵬　韓鳳舉　劉　爽　柳　楓　張　龍　胡　濤
　　　　　李玉春　楊金泉　唐　麗

工作人員：孔祥軍　魯　鳳　孔　燕　張麗華　姜愛華　于　芳

《孔子博物館古籍普查登記目録》

前　言

　　作爲全國古籍重點保護單位和山東省古籍重點保護單位,孔子博物館(孔府文物檔案館)現藏有古籍圖書資料 6400 餘部 40000 餘册,古籍雕版 4000 餘塊。其中在級古籍 106 部 2400 餘册,包括一級文物 5 部、二級文物 52 部、三級文物 49 部。截至目前,已有 13 部古籍入選《國家珍貴古籍名録》,47 部入選《山東省珍貴古籍名録》。所藏古籍尤以宋元本最爲珍貴,其中宋刻本《皇朝仕學規範》四十卷是館藏最古老的版本,堪稱鎮館之寶。

　　孔府文物檔案館所藏古籍主要爲孔府舊藏,是伴隨千年孔府的傳承積纍下來的文化成果,具有鮮明的私家藏書特色。歷代衍聖公不僅是至聖先師孔于的血脈傳承者,還肩負着傳播傳統儒家文化的重任。孔府收藏各類書籍的初衷,是供衍聖公嫡裔子孫及四氏學①生員讀書教育之用,是爲天下學子樹立榜樣。因此孔府舊藏一個鮮明的特色就是具有很強的實用性。民國時期孔府藏書出現大量新學書籍,進一步體現了孔府舊藏的實用性觀念。這與其他的私家藏書樓如皕宋樓、拜經樓等崇尚宋元刻本甚至秘而不宣的藏書宗旨截然不同。館藏古籍圖書以明、清、民國刻本以及民國和外國平裝圖書爲主,是研究明、清、民國時期孔府藏書的第一手資料,具有較高的文獻價值和學術價值。通過館藏書目,可以進一步瞭解孔府在各個時期的讀書、刻書與教育情況,具有重要的文獻研究價值。

　　1948 年曲阜解放後,爲了更好地保護孔廟、孔府遺留下來的歷代珍貴文物,當地政府設立了專門的文物保護機構,聚集了一批專家專門從事文物保護與整理工作。其中古籍的整理與保護更是重中之重。"文化大革命"時期,三孔②遺産遭到嚴重破壞,古籍也有不少被破壞。在有識之士的保護下,搶救了一批重要文物。起初,受保存條件所限,大批古籍祇能暫時存放在孔府前堂樓内。1992 年孔府文物檔案館設計

---

① 宋哲宗元祐元年(1086)十月於孔廟内設立廟學機構,並設置教授一員以教諭本家子弟,明確了廟學爲孔氏家學。又規定鄉鄰願入學者可以旁聽,於是添入顏、孟二氏子孫共同學習。明太祖洪武元年(1368)改廟學爲"三氏子孫教授司",明憲宗成化元年(1465)"頒給三氏學官印",始正式命名三氏學。明神宗萬曆十五年(1587),添入嘉祥曾氏子孫,改名四氏學。

② 孔廟、孔府、孔林,合稱"三孔"。

建成,所有文物全部移入館中庫房妥善管理,古籍保存條件得到極大改善。2007 年"中華古籍保護計劃"啓動以來,孔府文物檔案館隨之成立了古籍小組,開始設專人從事古籍保護工作。2009 年孔府文物檔案館被評爲全國第二批古籍重點保護單位,同時被評爲山東省重點文物保護單位。2011 年啓動古籍登記編目工作,2013 年完成館藏全部古籍的編目。2012 年年底,國務院啓動第一次全國可移動文物普查工作,孔府文物檔案館對館藏古籍圖書進行了全面整理,完善了題名卷數、著者、版本、存卷、行款、批校題跋、尺寸、來源、完殘程度等 12 項著録項,基本摸清了館藏古籍圖書的總體情況。但因所藏文物的特殊性,本館古籍鮮爲人知。此次我們以文物普查爲契機,在國家古籍保護中心、山東省古籍保護中心以及曲阜市文物局等各方的共同推進下,館藏古籍編目得以出版問世,館藏古籍也因此揭開了神秘面紗。

孔府文物檔案館收藏的古籍主要來自於孔府私家藏書,且具有延續性。歷代衍聖公更是致力於搜集書籍,藏書日益豐富。細分孔府私家藏書的來源,主要有以下幾個方面:

一是歷朝歷代的御賜書籍。在封建社會,不管朝代如何更送,衍聖公的襲封從未中斷,歷代皇帝均給予孔府極高的待遇。歷代衍聖公進京覲見,經常會帶回御賜書籍字畫。孔廟中的奎文閣是專門用來存放這些御賜書籍字畫的地方。奎文閣廊下有一石碑,刻有明代弘治年間李東陽撰《奎文閣賦》,詳細記載了藏書始末。據《賦》稱:"闕里宣聖廟,舊有奎文閣,以貯古今圖籍。"並設有典籍一職,專門管理閣中圖書。明正德皇帝命禮部頒賜御書,以示尊儒重道之意。據《孔子世家譜》記載,清代雍正皇帝賜給孔傳鐸"御定書籍二十七種,萬有餘卷"。乾隆皇帝賜給衍聖公府的書籍數量也十分可觀。有清一代,僅康熙、乾隆皇帝駐蹕曲阜期間,御賜給孔府的書籍、字畫、器物不計其數。由於孔府藏書豐富,因此當乾隆年間清廷開四庫館徵訪天下好書時,孔府進呈圖書達 47 種,其中有 26 種著録於《四庫全書總目》。至今館中仍保存着蓋有徵書印章的古籍,就是當年進呈四庫館後又被送還的古籍。

二是各地進獻、贈送及孔府自行購買的圖書。據文獻記載,明弘治十三年(1500),孔廟遭遇大火,唯奎文閣存。後重建新閣,建成之後,巡撫都御史徐源購書數百卷,交給衍聖公孔聞韶,四方藩郡紛紛獻書,藏書日益豐富。孔廟有正德十五年(1520)《奎文閣重置書籍記》碑,據碑文記載:"曲阜縣城外舊有奎文閣,閣中之書天下莫備焉。"可惜的是"盜入山東,焚燬殆盡"。正德皇帝曾御賜書籍,但主要是四書五經、《性理大全》、《通鑑綱目》這一類正統之書,種類十分單一。衍聖公孔聞韶極力奔走遊説,大力購進書籍,以至三氏學和縣學諸生皆動容:"今而後吾無憂乎書,憂夫讀之者有未勤耳。"藏書得到極大豐富。

三是孔府家刻本。山東省圖書館歷史文獻部副主任唐桂艷曾在其著作《清代山東刻書史》中做過統計,有清一代孔氏刻書共計 124 種,是當時山東地區刻書最多的家族,在山東乃至全國都產生很大影響。有些書現在已經比較稀見。孔府的刻書活動多由衍聖公主持,孔氏子弟參與編選、校正,刻書質量上乘,紙墨精良。從内容上看,多爲歷代衍聖公及孔氏族人撰寫或編選之書,如孔慶鎔的《鐵山園詩集》、孔尚任的《桃花扇》等,尤其是著名藏書家孔繼涵所刻《微波榭叢書》受到學術界的極大推崇。也有爲彰顯家族歷史及榮譽而刻的書,如《孔子世家譜》《幸魯盛典》等。這些家刻本作爲地方文獻的重要組成部分,也是研究孔府政治、經濟、文化活動的重要依據,學術價值頗高。

四是社會徵集圖書。館藏部分古籍是通過社會徵集而來,但所占比例極小。這些古籍大都是周遭縣鄉的村民家藏,經過政府動員捐獻給本館保存。

具體而言,本館藏書主要有以下特色:

一是館藏宋元刻本十分珍貴。此類古籍即使在全國範圍内亦十分稀見,具有極其重要的學術價值和文物價值。如宋刻本《皇朝仕學規範》四十卷、元刻本《新刊音點性理群書句解後集》二十三卷、元大德饒州路儒學刻明正德嘉靖遞修本《隋書》八十五卷等。

二是館藏稿抄本以及未刊稿本質量較高,其中不乏名家著作。尤其是稿抄本,作者多是衍聖公及其族人,這部分古籍數量少、質量高,有的甚至是孤本。如清抄本《安懷堂全集》六卷、清抄本《孔叢伯説經五稿》三十七卷等。館藏《孔廣森稿本》還被收入《中國古籍善本書目》。這些抄本、稿本保存完好,是研究孔氏家族文化活動的重要資料。

三是館藏孔氏族人自著自刻書籍數量較多,特別是刻印較少、流傳不廣的版本。如清道光刻本《闕里孔氏詩鈔》十四卷、清乾隆五十二年(1787)刻本《罪軒孔氏所著書》六十卷、清道光刻本《曲阜詩鈔》八卷等。這類書不僅著者是孔氏族人,參與審閲、修訂、校刊的也多是孔氏子弟。

近年來,我們也加大了館藏古籍文物的交流活動。2013 年,在國家圖書館舉辦的第四屆國家珍貴古籍特展上,展出館藏古籍《安懷堂全集》。同年,在臺灣省佛光山博物館舉辦的孔子文化展上,展出館藏古籍《聖門禮志》。2014 年,山東省圖書館"册府千華——山東省藏國家珍貴古籍特展"展出本館古籍《司馬太師溫國文正公傳家集》八十卷《目録》二卷。2015 年,在國家圖書館舉辦的古籍雕版特展上,展出《幸魯盛典》雕版六塊、古籍一册。同時,孔府古籍還走出了國門,參加美國、日本等國家的古籍展覽。孔府館藏古籍、木刻版是儒家思想文化的承載體,這些展覽把珍藏在文物庫房中的書籍展出,讓參觀民衆、古籍愛好者、渴求知識者瞭解到孔府館藏古籍的原貌和現狀,社會反響強烈,宣傳效果良好,向世界展示了孔府舊藏古籍的魅力,進一步增强了文化交流。2016 年，訂做古籍函套 6600 件，爲館藏古籍全部換上新裝，使館藏文獻保存條件得到了進一步提升。近期，將根據普查結果，計劃對損毀嚴重的部分古籍進行搶救性修復，以滿足陳列、研究的需要，力争讓館藏古籍以更好的面貌展現給人們。2013 年年初開始動工新建的大型現代化綜合類建筑孔子博物館，預計今年年底建成使用，屆時孔府文物檔案館的所有藏品都將整體轉入孔子博物館，這些珍貴的古籍也將得到更好的保護和利用。

　　本書目主要收録 1911 年以前的館藏古籍 4268 部 33714 册/件。其中在級古籍 106 部、普品古籍 4162 部。本書的出版，將會使業界學者對本館所藏古籍有一個全面直觀的瞭解，也是孔子博物館在古籍保護工作方面一項重要的成果。

　　本書是集體智慧的結晶。編纂過程中得到了國家古籍保護中心、山東省古籍保護中心以及國家圖書館出版社等單位專家們的傾力幫助，也得到了各級領導、各兄弟單位同仁們的大力支持，没有他們的幫助，本書不可能完成。我們克服了編纂時間跨度大、参編人員水平参差不齊、工具書短缺等困難，最終使本書得以面世。其中可能存在的一些疏漏不足之處，敬請方家批評指正。

孔子博物館館長　孔德平

2017 年 5 月 5 日

目　　録

1

370000－1587－0000001　3084

籛衍集十二卷　（清）陳維崧輯　清刻本
四冊

370000－1587－0000002　301

籛衍集十二卷　（清）陳維崧輯　清刻本　一
冊　存三卷（十至十二）

370000－1587－0000003　3041

欽定禮部則例二百二卷　（清）王傑等纂修
清刻本　二十三冊

370000－1587－0000004　3049

欽定禮部則例二百二卷　（清）王傑等纂修
清刻本　二十四冊

370000－1587－0000005　3713

欽定全唐詩三十二卷　（清）曹寅等編　清光
緒十三年(1887)上海同文書局石印本　三十
二冊

370000－1587－0000006　3560

欽定熙朝雅頌集　百八卷首集一十六卷餘集
二卷　（清）鐵保輯　清刻本　二十四冊

370000－1587－0000007　2998

欽定學政全書八十六卷　（清）童璜等纂
(清)汪梅鼎等修　清嘉慶十七年(1812)刻本
八冊　存四十四卷（一至四十四）

370000－1587－0000008　1724

琴律譜一卷　（清）陳灃撰　清刻本　一冊

370000－1587－0000009　1

竹書紀年集證五十卷首一卷補遺一卷　（清）
陳逢衡撰　清嘉慶十八年(1813)刻本　十六冊

370000－1587－0000010　418

琴山詩鈔四卷　（清）陳枚撰　清刻本　一冊
存一卷（三）

370000－1587－0000011　3012

勸懲輯錄六卷　（清）秦秉文輯　清道光二十
五年(1845)秦敬業堂刻本　六冊

370000－1587－0000012　228

勸戒近錄六卷　（清）梁恭辰撰　清道光二十
七年(1847)刻本　四冊

370000－1587－0000013　3694

勸學篇二卷　（清）張之洞撰　清光緒二十四
年(1898)山東書局刻本　一冊

370000－1587－0000014　5330

青草堂集二集十六卷　（清）趙國華撰　清刻
本　二冊

370000－1587－0000015　3108

青黎閣新訂增補合節鰲頭通書大全十卷
(明)熊宗立撰　清上海掃葉山房石印本　六
冊　存五卷（六至十）

370000－1587－0000016　3068

青溪風雨錄二卷　（清）雪樵居士撰　清嘉慶
二十四年(1819)刻本　二冊

370000－1587－0000017　453

青箱堂詩集三十三卷　（清）王崇簡撰　清刻
本　一冊　存八卷（十二至十九）

370000－1587－0000018　4727

青在堂梅譜二卷　（清）王槩輯　清彩色套印
刻本　一冊

370000－1587－0000019　3543

清波小志二卷　（清）徐逢吉撰　清波小志補
　（清）陳景鍾撰　清嘉慶四年(1799)桐川顧
氏刻本　一冊

370000－1587－0000020　995

清河書畫舫十二卷　（明）張丑撰　清乾隆二
十八年(1763)仁和吳長元池北草堂刻本　十
二冊

370000－1587－0000021　616

清江蘇堤法使兼署布政署左公神道碑銘
(清)汪詒書　清刻本　一冊

370000－1587－0000022　X－36

湖南河南廣東三省考卷　（清）□□撰　清刻
本　一冊　存五十葉（一百四十七至一百九
十六）

370000－1587－0000023　313

清綺軒詞選十二卷　（清）夏秉衡輯　清刻本
十一冊

370000－1587－0000024　2984
趙清獻公集十卷　（宋）趙抃撰　清刻本
四冊

370000－1587－0000025　4275
清心悔過篇一卷　（□）□□撰　清光緒二十
七年（1901）刻本　一冊

370000－1587－0000026　4277
清心悔過篇一卷　（□）□□撰　清光緒二十
七年（1901）刻本　一冊

370000－1587－0000027　4279
清心悔過篇一卷　（□）□□撰　清光緒二十
七年（1901）刻本　一冊

370000－1587－0000028　3476
清夜鐘聲一卷　清光緒文元堂刻本　一冊

370000－1587－0000029　1183
慶典章程五卷　（清）□□輯　清刻本　五冊

370000－1587－0000030　X－108
慶頂珠一卷　清抄本　一冊

370000－1587－0000031　5304
親屬記二卷　（清）鄭珍撰　清光緒十八年
（1892）廣雅書局刻本　一冊

370000－1587－0000032　499
邱祖全書一卷　（金）丘處機撰　**性天正鵠一
卷**　（清）傅金銓撰　清刻本　一冊

370000－1587－0000033　3114
秋燈夜話十八卷　（清）王椷撰　清嘉慶十七
年（1812）刻本　八冊

370000－1587－0000034　335
秋燈叢話十八卷　（清）王椷撰　清刻本　一
冊　存三卷（十三至十五）

370000－1587－0000035　2967
秋審實緩比較條款　（清）謝誠鈞纂　清光緒
四年（1878）江蘇書局刻本　二冊

370000－1587－0000036　5035
秋香閣賦料英華□□卷　（□）□□撰　清刻
本　一冊　存六卷（九至十四）

370000－1587－0000037　5261
**輶軒使者絕代語釋別國方言箋疏十三卷附校
勘記一卷**　（清）錢繹撰　清光緒十六年
（1890）廣雅書局刻本　四冊

370000－1587－0000038　507
求己錄三卷　蘆涇遁士（陶葆廉）編　清光緒
二十七年（1901）志強書舍石印本　二冊　存
二卷（上、下）

370000－1587－0000039　3194
求己錄三卷　蘆涇遁士（陶葆廉）編　清光緒
二十四年（1898）東河節署刻本　三冊

370000－1587－0000040　2979
求闕齋讀書錄十卷　（清）曾國藩撰　（清）王
啟源編　清光緒二年（1876）傳忠書局刻本
四冊

370000－1587－0000041　3175
求闕齋讀書錄十卷　（清）曾國藩撰　（清）王
啟源編　清光緒二年（1876）傳忠書局刻本
三冊　存六卷（一至二、四至七）

370000－1587－0000042　2885
求闕齋日記類鈔二卷　（清）曾國藩撰　清刻
本　二冊

370000－1587－0000043　808
求生船四卷　清光緒九年（1883）山東公善堂
刻本　四冊

370000－1587－0000044　809
求生船四卷　清光緒十一年（1885）刻本
四冊

370000－1587－0000045　480
裴文達公集十二卷　（清）裴𡉏修撰　清刻本
一冊　存六卷（一至六）

370000－1587－0000046　1038
裴文達公詩集十八卷　（清）裴𡉏修撰　清同
治十一年（1872）刻本　二冊　存十二卷（一
至十二）

370000－1587－0000047　1037
裴文達公文集六卷　（清）裴𡉏修撰　清同治

十一年(1872)刻本　二冊

370000 – 1587 – 0000048　X – 180
曲阜清儒著述記二卷　(清)孔祥霖輯　清抄本　一冊

370000 – 1587 – 0000049　2177
曲阜詩鈔八卷　(清)孔憲彝纂輯　(清)孔憲庚參校　清道光刻本　二冊

370000 – 1587 – 0000050　2178
曲阜詩鈔八卷　(清)孔憲彝纂輯　(清)孔憲庚參校　清道光刻本　二冊

370000 – 1587 – 0000051　2179
曲阜詩鈔八卷　(清)孔憲彝纂輯　(清)孔憲庚參校　清道光刻本　二冊

370000 – 1587 – 0000052　2180
曲阜詩鈔八卷　(清)孔憲彝纂輯　(清)孔憲庚參校　清道光刻本　二冊

370000 – 1587 – 0000053　2181
曲阜詩鈔八卷　(清)孔憲彝纂輯　(清)孔憲庚參校　清道光刻本　二冊

370000 – 1587 – 0000054　2182
曲阜詩鈔八卷　(清)孔憲彝纂輯　(清)孔憲庚參校　清道光刻本　二冊

370000 – 1587 – 0000055　2183
曲阜詩鈔八卷　(清)孔憲彝纂輯　(清)孔憲庚參校　清道光刻本　二冊

370000 – 1587 – 0000056　2184
曲阜詩鈔八卷　(清)孔憲彝纂輯　(清)孔憲庚參校　清道光刻本　二冊

370000 – 1587 – 0000057　5256
[乾隆]曲阜縣志一百卷　(清)潘相纂修　清乾隆三十九年(1774)刻本　四冊　存二十六卷(一至二、九至二十二、三十六至四十五)

370000 – 1587 – 0000058　483
曲苑　(明)梁辰魚撰　清刻本　十冊

370000 – 1587 – 0000059　4086
全本禮記體註十卷　(清)范翔輯　(清)徐瑄

補輯　**禮記十卷**　(元)陳澔集說　清刻本　五冊　存四卷(禮記一至四)

370000 – 1587 – 0000060　3770
全本禮記體註十卷　(清)范翔輯　(清)徐瑄補輯　清刻本　六冊　存五卷(六至十)

370000 – 1587 – 0000061　1591
全本禮記體註十卷　(清)范翔輯　(清)徐瑄補輯　**禮記十卷**　(元)陳澔集說　清百尺樓刻本　四冊　存四卷(一、三、六、九)

370000 – 1587 – 0000062　X – 12
全本禮記體註十卷　(清)范翔輯　(清)徐瑄補輯　清文苑堂刻本　十冊

370000 – 1587 – 0000063　X – 281
全本禮記體註十卷　(清)范翔輯　(清)徐瑄補輯　清善成堂刻本　九冊　存九卷(一至二、四至十)

370000 – 1587 – 0000064　5401
全唐詩鈔八十卷　(清)吳成儀選　清刻本　一冊　存二卷(三至四)

370000 – 1587 – 0000065　5322
全唐詩九百卷目錄十二卷　(清)曹寅等輯　清刻本　六十一冊　存第五函十冊(一至十)、第七函十冊(一至十)、第八函十冊(一至十)、第九函九冊(一至五、七至十)、第十函十冊(一至十)、第十一函二冊(一、十)、第十二函八冊(二至八、十)

370000 – 1587 – 0000066　237
全體通考十八卷圖二卷首一卷　(英國)德貞譯　清光緒十二年(1886)同文館排印本　十六冊

370000 – 1587 – 0000067　2241
勸善要言一卷　(清)世祖福臨撰　清刻本　一冊

370000 – 1587 – 0000068　1679
闕里孔氏詩鈔十四卷　(清)盛大士選訂　(清)孔憲彝纂輯　清道光十六年(1836)刻本　四冊

370000－1587－0000069　1760

闕里孔氏詩鈔十四卷　（清）盛大士選訂
（清）孔憲彝纂輯　清道光十六年(1836)刻本
四冊

370000－1587－0000070　1761

闕里孔氏詩鈔十四卷　（清）盛大士選訂
（清）孔憲彝纂輯　清道光十六年(1836)刻本
四冊

370000－1587－0000071　1762

闕里孔氏詩鈔十四卷　（清）盛大士選訂
（清）孔憲彝纂輯　清道光十六年(1836)刻本
四冊

370000－1587－0000072　1763

闕里孔氏詩鈔十四卷　（清）盛大士選訂
（清）孔憲彝纂輯　清道光十六年(1836)刻本
四冊

370000－1587－0000073　1764

闕里孔氏詩鈔十四卷　（清）盛大士選訂
（清）孔憲彝纂輯　清道光十六年(1836)刻本
四冊

370000－1587－0000074　1765

闕里孔氏詩鈔十四卷　（清）盛大士選訂
（清）孔憲彝纂輯　清道光十六年(1836)刻本
四冊

370000－1587－0000075　1766

闕里孔氏詩鈔十四卷　（清）盛大士選訂
（清）孔憲彝纂輯　清道光十六年(1836)刻本
四冊

370000－1587－0000076　1767

闕里孔氏詩鈔十四卷　（清）盛大士選訂
（清）孔憲彝纂輯　清道光十六年(1836)刻本
四冊

370000－1587－0000077　1768

闕里孔氏詩鈔十四卷　（清）盛大士選訂
（清）孔憲彝纂輯　清道光十六年(1836)刻本
三冊　存十一卷(一至七、十一至十四)

370000－1587－0000078　1752

370000－1587－0000079　1753

闕里述聞十四卷　（清）鄭曉如述　清同治七
年(1868)廣州華文堂刻本　八冊

370000－1587－0000080　1754

闕里述聞十四卷　（清）鄭曉如述　清同治七
年(1868)廣州華文堂刻本　八冊

370000－1587－0000081　1755

闕里述聞十四卷　（清）鄭曉如述　清同治七
年(1868)廣州華文堂刻本　八冊

370000－1587－0000082　1756

闕里述聞十四卷　（清）鄭曉如述　清同治七
年(1868)廣州華文堂刻本　八冊

370000－1587－0000083　1757

闕里述聞十四卷　（清）鄭曉如述　清同治七
年(1868)廣州華文堂刻本　八冊

370000－1587－0000084　1758

闕里述聞十四卷　（清）鄭曉如述　清同治七
年(1868)廣州華文堂刻本　七冊　存十二卷
(一至六、九至十四)

370000－1587－0000085　1759

闕里述聞十四卷　（清）鄭曉如述　清同治七
年(1868)廣州華文堂刻本　六冊　存十卷
(一至六、十一至十四)

370000－1587－0000086　1746

闕里文獻考一百卷首一卷末一卷　（清）孔繼
汾述　清刻本　八冊

370000－1587－0000087　1747

闕里文獻考一百卷首一卷末一卷　（清）孔繼
汾述　清刻本　八冊

370000－1587－0000088　1748

闕里文獻考一百卷首一卷末一卷　（清）孔繼
汾述　清刻本　八冊

370000－1587－0000089　1749

闕里文獻考一百卷首一卷末一卷　（清）孔繼
汾述　清刻本　八冊

370000 – 1587 – 0000090　1736

闕里儀注三卷　（清）孔繼汾述　清刻本
一冊

370000 – 1587 – 0000091　1737

闕里儀注三卷　（清）孔繼汾述　清刻本
一冊

370000 – 1587 – 0000092　1738

闕里儀注三卷　（清）孔繼汾述　清刻本
一冊

370000 – 1587 – 0000093　1739

闕里儀注三卷　（清）孔繼汾述　清刻本
一冊

370000 – 1587 – 0000094　1740

闕里儀注三卷　（清）孔繼汾述　清刻本
一冊

370000 – 1587 – 0000095　1741

闕里儀注三卷　（清）孔繼汾述　清刻本
一冊

370000 – 1587 – 0000096　1742

闕里儀注三卷　（清）孔繼汾述　清刻本
一冊

370000 – 1587 – 0000097　1743

闕里儀注三卷　（清）孔繼汾述　清刻本
一冊

370000 – 1587 – 0000098　1744

闕里儀注三卷　（清）孔繼汾述　清刻本
一冊

370000 – 1587 – 0000099　1745

闕里儀注三卷　（清）孔繼汾述　清刻本
一冊

370000 – 1587 – 0000100　4066

闕里纂要二卷　（清）□□纂　清排印本
一冊

370000 – 1587 – 0000101　5340

闕里述聞十四卷　（清）鄭曉如述　清同治七
年(1868)廣州華文堂刻本　一冊　存二卷
(一至二)

370000 – 1587 – 0000102　5359

闕里述聞十四卷　（清）鄭曉如述　清同治七
年(1868)廣州華文堂刻本　四冊　存七卷
(一、三至八)

370000 – 1587 – 0000103　5361

闕里述聞十四卷　（清）鄭曉如述　清刻本
二冊　存四卷(七至十)

370000 – 1587 – 0000104　5363

闕里述聞十四卷　（清）鄭曉如述　清刻本
一冊　存二卷(七至八)

370000 – 1587 – 0000105　5365

闕里述聞十四卷　（清）鄭曉如述　清刻本
一冊　存二卷(十三至十四)

370000 – 1587 – 0000106　X – 182

闕里文獻考一百卷首一卷末一卷　（清）孔繼
汾述　清刻本　四冊　存六十四卷(三十八
至　百、末一卷)

370000 – 1587 – 0000107　5599 – 1

闕里誌二十四卷　（清）孔尚任編纂　（清）孔
毓圻鑒定　（清）孔毓埏參訂　（清）孔興認監
修　（清）孔貞枚督刊　清康熙曲阜孔氏金絲
堂刻本　十冊　存二十二卷(二至二十三)

370000 – 1587 – 0000108　5599 – 2

闕里誌二十四卷　清刻本　九冊　存二十卷
(四至十八、二十至二十四)

370000 – 1587 – 0000109　2222

羣經蒙求歌畧一卷諸史蒙求歌畧一卷　（清）
黃焱編　清末民國石印本　一冊

370000 – 1587 – 0000110　2628

群經平議三十五卷　（清）俞樾撰　清刻本
十二冊　存二十六卷(三至十三、十六至二十
二、二十五至二十八、三十二至三十五)

370000 – 1587 – 0000111　4664

人範須知六卷　（清）盛隆編輯　清同治二年
(1863)晉陵盛隆石竹山房刻本　六冊

370000 – 1587 – 0000112　5249

人物志三卷　（三國魏）劉邵撰　（北魏）劉昞

注　近事會元五卷　（宋）李上交撰　校勘記一卷　（清）錢熙祚撰　清刻本　一冊

370000－1587－0000113　X－28

仁在堂時藝引階合編　（清）路德輯　清道光二十四年(1844)東昌葉氏書林刻本　一冊

370000－1587－0000114　1502

日講四書解義二十六卷　（清）喇沙里等撰　清刻本　二十冊　存二十卷(一至二十)

370000－1587－0000115　1503

日講易經解義十八卷　（清）牛鈕等編　清刻本　十冊　存十卷(九至十八)

370000－1587－0000116　5193

日講易經解義十八卷　（清）牛鈕等編　清康熙二十二年(1683)刻本　八冊　存八卷(一至八)

370000－1587－0000117　3758

日課便蒙旁注暑解不分卷　（清）海寬注　清刻本　二冊

370000－1587－0000118　3400

文獻公全集十卷日損齋筆記一卷補遺一卷　（元）黃溍撰　清刻本　一冊　存二卷(日損齋筆記一卷、補遺一卷)

370000－1587－0000119　5229

守山閣叢書　（清）錢熙祚輯　清道光二十四年(1844)金山錢氏刻守山閣叢書本　一冊　存三種五卷(日損齋筆記一卷附錄一卷、樵香小記二卷、日聞錄一卷)

370000－1587－0000120　379

月心笑巖寶祖南北兩集　（明）釋曇芝編集　清光緒十二年(1886)杭州慧空經刻本　二冊　存二卷(北集上、南集下)

370000－1587－0000121　1386

日知錄集釋三十二卷刊誤二卷續刊誤二卷　（清）顧炎武撰　（清）黃汝成纂　策學纂要正續編十六卷　（清）萬南泉　（清）戴莨圃撰　清光緒十三年(1887)上海大同書局石印本　四冊

370000－1587－0000122　1389

日知錄集釋三十二卷刊誤二卷　（清）顧炎武撰　（清）黃汝成纂　清光緒十二年(1886)上海點石齋石印本　四冊

370000－1587－0000123　1390

日知錄集釋三十二卷刊誤二卷續刊誤二卷　（清）顧炎武撰　（清）黃汝成纂　清光緒十三年(1887)同文書局石印本　四冊

370000－1587－0000124　3064

如許齋集五卷　（清）如許齋主人(旺都特那木濟勒)撰　清光緒十一年(1885)如許齋刻本　二冊

370000－1587－0000125　585

如意冊平妖記六卷　（清）顧彩編　清抄本　一冊　存一卷(六)

370000－1587－0000126　X－285

如西所刻諸名家評點春秋綱目左傳句解六卷　（清）韓菼輯　清刻本　五冊　存五卷(一至二、四至六)

370000－1587－0000127　X－368

如西所刻諸名家評點春秋綱目左傳句解六卷　（清）韓菼輯　清刻本　六冊

370000－1587－0000128　5056－3

如西所刻諸名家評點春秋綱目左傳句解彙雋六卷　（清）韓菼輯　清光緒四年(1878)有益堂刻本　一冊　存一卷(一)

370000－1587－0000129　782

儒林外史五十六回　（清）吳敬梓撰　清嘉慶二十一年(1816)刻本　十二冊

370000－1587－0000130　3643－2

儒門法語一卷　（清）彭定求輯　清道光三十年(1850)刻本　一冊

370000－1587－0000131　2231

儒門法語輯要一卷　（清）彭定求原編　（清）湯金釗輯要　清光緒八年(1882)山東書局刻本　一冊

370000－1587－0000132　598－1

儒門法語輯要一卷 （清）彭定求原編 （清）湯金釗輯要 清光緒八年(1882)山東書局刻本 一冊

370000－1587－0000133 2284

儒門日誦一卷 （清）孫鏘編錄 清停雲軒刻本 一冊

370000－1587－0000134 815

儒門事親十五卷 （金）張從政撰 （明）吳勉學校 清初步月樓刻本 四冊

370000－1587－0000135 894

入幕須知五種九卷 （清）張廷驤輯 清光緒十一年(1885)刻本 六冊

370000－1587－0000136 8

三才藻異三十三卷 （清）屠粹忠輯 清刻本 二十四冊

370000－1587－0000137 W010220

三國志六十五卷 （晉）陳壽撰 （南朝宋）裴松之注 清道光十六年(1836)刻本 二冊

370000－1587－0000138 107

三國志六十五卷 （晉）陳壽撰 （南朝宋）裴松之注 清光緒十三年(1887)江南書局刻本 八冊

370000－1587－0000139 218

三國志證聞二卷 （清）錢儀吉撰 清光緒十一年(1885)江蘇書局刻本 二冊

370000－1587－0000140 262

小題三集行機二卷 （清）王步青評 清刻本 一冊 存一卷(下)

370000－1587－0000141 3145

三家詩拾遺十卷 （清）范家相輯 清嘉慶十五年(1810)刻本 二冊

370000－1587－0000142 745

三家醫案合刻 （清）吳金壽輯 清刻本 二冊 存三卷(一至三)

370000－1587－0000143 X－140

三科鄉會墨選一卷 （□）□□選 清刻本 一冊

370000－1587－0000144 1166

三流道里表不分卷 清同治十一年(1872)江蘇書局刻本 二冊

370000－1587－0000145 271

三十家詩鈔六卷 （清）曾國藩纂 清刻本 一冊 存一卷(四)

370000－1587－0000146 1515

三易注略 （清）劉一明撰 清嘉慶四年(1799)榆中樓雲山刻本 一冊 存六卷(周易注略二卷,經文卦名上經二卷、下經二卷)

370000－1587－0000147 2601

三易註畧讀法一卷 （清）劉一明撰 清嘉慶四年(1799)刻本 一冊

370000－1587－0000148 1961

三魚堂四書大全四十卷 （清）陸隴其輯 清刻本 二十三冊 存三十二卷(大學章句大全一卷,中庸人全章句二卷,孟子集註大全三至四、七至十一、十三至十四,論語集註大全二十卷)

370000－1587－0000149 1916

三魚堂四書大全四十卷 （清）陸隴其輯 清刻本 八冊 存七卷(大學大全或問一卷,大學章句大全一卷,中庸或問一卷,孟子集註大全一、五至六、十二)

370000－1587－0000150 763

三字鑑一卷 （清）張宜明撰 清味經堂刻本 一冊

370000－1587－0000151 5137

三字經 （元）王應麟撰 清刻本 二冊

370000－1587－0000152 4362

山東巡警教練所講義（地理） 清末石印本 一冊

370000－1587－0000153 3812

山東法政學堂講義（民法講義） （清）安鳳森講述 清光緒三十三年(1907)山東法政學堂石印本 一冊

370000－1587－0000154 4710

山東曹州教案條約附膠澳租界圖膠濟鐵路章
程　清光緒刻本　一冊

370000－1587－0000155　3824
山東法政學堂講義（財計學講義）　（清）山東
法政學堂編　清光緒三十三年（1907）山東法
政學堂石印本　一冊

370000－1587－0000156　3825
山東法政學堂講義（財計學講義）　（清）山東
法政學堂編　清光緒三十三年（1907）山東法
政學堂石印本　一冊

370000－1587－0000157　3826
山東法政學堂講義（財計學講義）　（清）山東
法政學堂編　清光緒三十三年（1907）山東法
政學堂石印本　一冊

370000－1587－0000158　3827
山東法政學堂講義（財計學講義）　（清）山東
法政學堂編　清光緒三十三年（1907）山東法
政學堂石印本　一冊

370000－1587－0000159　3828
山東法政學堂講義（財計學講義）　（清）山東
法政學堂編　清光緒三十三年（1907）山東法
政學堂石印本　一冊

370000－1587－0000160　3829
山東法政學堂講義（財計學講義）　（清）山東
法政學堂編　清光緒三十三年（1907）山東法
政學堂石印本　一冊

370000－1587－0000161　3830
山東法政學堂講義（財計學講義）　（清）山東
法政學堂編　清光緒三十三年（1907）山東法
政學堂石印本　一冊

370000－1587－0000162　3831
山東法政學堂講義（財計學講義）　（清）山東
法政學堂編　清光緒三十三年（1907）山東法
政學堂石印本　一冊

370000－1587－0000163　3832
山東法政學堂講義（國際公法講義）　（清）山
東法政學堂編　清光緒三十三年（1907）山東

法政學堂石印本　一冊

370000－1587－0000164　3833
山東法政學堂講義（國際公法講義）　（清）山
東法政學堂編　清光緒三十三年（1907）山東
法政學堂石印本　一冊

370000－1587－0000165　3834
山東法政學堂講義（國際公法講義）　（清）山
東法政學堂編　清光緒三十三年（1907）山東
法政學堂石印本　一冊

370000－1587－0000166　3835
山東法政學堂講義（國際公法講義）　（清）山
東法政學堂編　清光緒三十三年（1907）山東
法政學堂石印本　一冊

370000－1587－0000167　3836
山東法政學堂講義（國際公法講義）　（清）山
東法政學堂編　清光緒三十三年（1907）山東
法政學堂石印本　一冊

370000－1587－0000168　3837
山東法政學堂講義（國際公法講義）　（清）山
東法政學堂編　清光緒三十三年（1907）山東
法政學堂石印本　一冊

370000－1587－0000169　3838
山東法政學堂講義（國際公法講義）　（清）山
東法政學堂編　清光緒三十三年（1907）山東
法政學堂石印本　一冊

370000－1587－0000170　3839
山東法政學堂講義（國際公法講義）　（清）山
東法政學堂編　清光緒三十三年（1907）山東
法政學堂石印本　一冊

370000－1587－0000171　3840
山東法政學堂講義（國際公法講義）　（清）山
東法政學堂編　清光緒三十三年（1907）山東
法政學堂石印本　一冊

370000－1587－0000172　3816
山東法政學堂講義（民法講義）　（清）山東法
政學堂編　清光緒三十三年（1907）山東法政
學堂石印本　一冊

370000－1587－0000173　3817

山東法政學堂講義(民法講義)　(清)山東法政學堂編　清光緒三十三年(1907)山東法政學堂石印本　一冊

370000－1587－0000174　3818

山東法政學堂講義(民法講義)　(清)山東法政學堂編　清光緒三十三年(1907)山東法政學堂石印本　一冊

370000－1587－0000175　3819

山東法政學堂講義(民法講義)　(清)山東法政學堂編　清光緒三十三年(1907)山東法政學堂石印本　一冊

370000－1587－0000176　3820

山東法政學堂講義(民法講義)　(清)山東法政學堂編　清光緒三十三年(1907)山東法政學堂石印本　一冊

370000－1587－0000177　3821

山東法政學堂講義(民法講義)　(清)山東法政學堂編　清光緒三十三年(1907)山東法政學堂石印本　一冊

370000－1587－0000178　3822

山東法政學堂講義(民法講義)　(清)山東法政學堂編　清光緒三十三年(1907)山東法政學堂石印本　一冊

370000－1587－0000179　3823

山東法政學堂講義(民法講義)　(清)山東法政學堂編　清光緒三十三年(1907)山東法政學堂石印本　一冊

370000－1587－0000180　3841

山東法政學堂講義(憲法講義)　(清)山東法政學堂編　清光緒三十三年(1907)山東法政學堂石印本　一冊

370000－1587－0000181　3842

山東法政學堂講義(憲法講義)　(清)山東法政學堂編　清光緒三十三年(1907)山東法政學堂石印本　一冊

370000－1587－0000182　3843

山東法政學堂講義(憲法講義)　(清)山東法政學堂編　清光緒三十三年(1907)山東法政學堂石印本　一冊

370000－1587－0000183　3844

山東法政學堂講義(憲法講義)　(清)山東法政學堂編　清光緒三十三年(1907)山東法政學堂石印本　一冊

370000－1587－0000184　3845

山東法政學堂講義(憲法講義)　(清)山東法政學堂編　清光緒三十三年(1907)山東法政學堂石印本　一冊

370000－1587－0000185　3846

山東法政學堂講義(憲法講義)　(清)山東法政學堂編　清光緒三十三年(1907)山東法政學堂石印本　一冊

370000－1587－0000186　3847

山東法政學堂講義(憲法講義)　(清)山東法政學堂編　清光緒三十三年(1907)山東法政學堂石印本　一冊

370000－1587－0000187　3848

山東法政學堂講義(憲法講義)　(清)山東法政學堂編　清光緒三十三年(1907)山東法政學堂石印本　一冊

370000－1587－0000188　3849

山東法政學堂講義(憲法講義)　(清)山東法政學堂編　清光緒三十三年(1907)山東法政學堂石印本　一冊

370000－1587－0000189　3850

山東法政學堂講義(憲法講義)　(清)山東法政學堂編　清光緒三十三年(1907)山東法政學堂石印本　一冊

370000－1587－0000190　1308

山東法政學堂講義　(清)山東法政學堂編　清光緒三十三年(1907)山東法政學堂石印本　一冊

370000－1587－0000191　4708

山東法政學堂章程　(清)山東法政學堂編

清光緒石印本　一冊

370000－1587－0000192　50

山東考古錄一卷　（清）顧炎武撰　續山東考古錄三十二卷首一卷　（清）葉圭綬撰　清光緒八年(1882)山東書局刻本　七冊

370000－1587－0000193　4443

濟南登州青州沂州山東考卷一卷　（清）□□編　清義合堂刻本　一冊

370000－1587－0000194　1253

山東萊州府昌邑縣現行簡明賦役全書（光緒三十二年）　清刻本　一冊

370000－1587－0000195　1302

山東清理財政局編訂全省財政說明書不分卷　山東清理財政局編　清排印本　十七冊

370000－1587－0000196　1825

山東全省學堂表　清光緒刻本　一冊

370000－1587－0000197　1175

山東省教育統計圖表　清宣統三年(1911)石印本　一冊

370000－1587－0000198　4709

山東試辦大學堂暫行章程摺稿一卷　袁世凱撰　清光緒二十七年(1901)刻本　一冊

370000－1587－0000199　X－141

山東闈墨一卷　清光緒元年(1875)聚奎堂刻本　一冊

370000－1587－0000200　X－115

山東武舉鄉試題名錄一卷　清刻本　一冊　存同治庚午併補行丁卯科

370000－1587－0000201　X－150

[道光癸卯科]山東鄉試硃卷　清刻本　一冊

370000－1587－0000202　X－316

[同治癸酉科]山東鄉試硃卷　清刻本　一冊

370000－1587－0000203　X－317

[同治癸酉科]山東鄉試硃卷　清刻本　十一冊　存第二房、第三房、第五房至第十一房、第十三房、第十四房

370000－1587－0000204　2281

山東孝節錄二卷目錄二卷　（清）劉大鏞（清）周詒樾編輯　清刻本　二冊

370000－1587－0000205　1292

山東鹽法志二十二卷附編十卷　（清）崇福修　清刻本　二十四冊

370000－1587－0000206　4104

山東政法學堂規條一卷　（清）山東政法學堂編　清山東官印書局石印本　一冊

370000－1587－0000207　246

山谷題跋三卷　（清）黃庭堅撰　清刻本　三冊

370000－1587－0000208　2858

山海經箋疏十八卷圖五卷圖贊一卷訂譌一卷敘錄一卷　（晉）郭璞注　（清）郝懿行箋疏　清光緒二十五年(1899)上海江左書林影印本　六冊

370000－1587－0000209　5460

山海經十八卷　（晉）郭璞注　（明）吳中珩校　清刻本　一冊　存十四卷(五至十八)

370000－1587－0000210　348

山海經十八卷首一卷　（晉）郭璞注　清育文書局石印子書二十五種本　一冊　存十六卷(一至十六)

370000－1587－0000211　15

山堂肆考二百二十八卷補遺十二卷　（明）彭大翼編　明刻本　四十冊

370000－1587－0000212　X－366

山曉閣選國策一卷山曉閣選東漢文一卷山曉閣選明文一卷　（清）孫琫選　清抄本　三冊

370000－1587－0000213　356

山左試牘一卷　（清）□□輯　清刻本　一冊　存五十葉(五十一至一百)

370000－1587－0000214　429

[嘉慶戊寅恩科]直省鄉墨崇實一卷山左試牘一卷直省鄉墨漢章一卷　（清）□□輯　清刻本　一冊

370000－1587－0000215　5180

刪定禮中庸篇講義一卷　（清）孫錫鏞錄　清抄本　一冊

370000－1587－0000216　2056

論語最豁集四卷　（清）劉珍輯　清善成堂刻本　一冊　存二卷（一至二）

370000－1587－0000217　X－336

四書典制類聯音註三十三卷　（清）閻其淵編　清嘉慶元年（1796）自刻本　六冊　存十八卷（一至三、七至二十一）

370000－1587－0000218　2625

善成堂重訂古文釋義新編八卷　（清）余誠評注　清光緒十年（1884）刻本　八冊

370000－1587－0000219　3779

善書隨錄一卷集經驗仙方良方一卷　（清）信緣了等選　清光緒三十四年（1908）鄒縣信緣子刻本　一冊　存二卷（善書隨錄一卷、集經驗仙方良方一至十一上半葉）

370000－1587－0000220　376

善卷堂四六十卷　（清）陸繁弨撰　（清）吳自高注　清乾隆三十五年（1770）亦園刻本　三冊　存三卷（一、四、六）

370000－1587－0000221　2290

善卷堂四六十卷　（清）陸繁弨撰　（清）吳自高注　清道光二年（1822）金閶步雲樓刻本　六冊

370000－1587－0000222　833

重訂傷寒集註十五卷　（清）舒詔撰　清文勝堂刻本　四冊

370000－1587－0000223　838

傷寒來蘇集八卷　（清）柯琴撰　清金閶經義堂刻本　六冊

370000－1587－0000224　705

傷寒論翼二卷　（清）柯琴撰　清刻本　一冊　存一卷（上）

370000－1587－0000225　898

傷寒瘟疫條辨六卷　（清）楊璿撰　清光緒十四年（1888）三義堂刻本　六冊

370000－1587－0000226　706

傷寒懸解十四卷首一卷末一卷　（清）黃元御撰　清刻本　一冊　存五卷（四至八）

370000－1587－0000227　X－25

五名家賞心集　（清）張聲有評選　清刻本　二冊　存上孟、下孟

370000－1587－0000228　1443－2

論語集註十卷　（宋）朱熹撰　清刻本　一冊　存一卷（一）

370000－1587－0000229　3774－2

高上玉皇心印妙經一卷　（□）□□編　清抄本　一冊

370000－1587－0000230　X－179

雍正上諭不分卷　（清）世宗胤禛撰　（清）允祿等編　清刻本　一冊　存雍正九年五月至十二月

370000－1587－0000231　X－181

雍正上諭不分卷　（清）世宗胤禛撰　（清）允祿等編　清刻本　一冊　存雍正九年五月至十二月

370000－1587－0000232　X－55

雍正上諭不分卷　（清）世宗胤禛撰　（清）允祿等編　清雍正刻本　一冊　存雍正二年七月至十二月

370000－1587－0000233　4998

雍正上諭不分卷　（清）世宗胤禛撰　（清）允祿等編　清刻本　三十三冊　存雍正二年正月至五月、八月至十二月，雍正三年正月至十二月，雍正四年正月至七月、十一月、十二月，雍正五年正月至十二月，雍正六年正月至三月、七月至十二月，雍正七年正月至十二月，雍正八年正月至十二月，雍正九年正月至十二月，雍正十年正月至十二月，雍正十一年正月至十二月，雍正十二年正月至十二月，雍正十三年正月至八月

370000－1587－0000234　4999

雍正上諭不分卷　（清）世宗胤禛撰　（清）允祿等編　清刻本　二十五冊　存雍正元年七月至十二月,雍正二年正月至七月,雍正三年正月至十二月,雍正四年正月至四月、八月至十二月,雍正五年正月至十二月,雍正六年正月至三月、十月至十二月,雍正七年四月至九月,雍正八年正月至六月,雍正九年正月至十二月,雍正十年正月至十二月,雍正十一年正月至十二月,雍正十二年正月至十二月,雍正十三年正月至八月

370000－1587－0000235　5000
雍正上諭不分卷　（清）世宗胤禛撰　（清）允祿等編　清刻本　六冊　存雍正八年四月至六月、雍正九年正月至十二月、雍正十一年七月至十二月、雍正十二年正月至十二月、雍正十三年正月至八月

370000－1587－0000236　5001
雍正上諭不分卷　（清）世宗胤禛撰　（清）允祿等編　清刻本　七冊　存雍正八年四月至十二月、雍正九年正月至十二月、雍正十一年七月至十二月、雍正十二年正月至十二月、雍正十三年正月至八月

370000－1587－0000237　5002
雍正上諭不分卷　（清）世宗胤禛撰　（清）允祿等編　清刻本　六冊　存雍正八年四月至六月、雍正九年正月至十二月、雍正十一年七月至十二月、雍正十二年正月至十二月、雍正十三年正月至八月

370000－1587－0000238　5003
雍正上諭不分卷　（清）世宗胤禛撰　（清）允祿等編　清刻本　六冊　存雍正八年七月至十二月、雍正九年正月至十二月、雍正十一年正月至六月、雍正十二年正月至十二月、雍正十三年正月至七月

370000－1587－0000239　5004
雍正上諭不分卷　（清）世宗胤禛撰　（清）允祿等編　清刻本　七冊　存雍正六年四月至六月、雍正八年七月至十二月、雍正九年五月至十二月、雍正十一年正月至十二月、雍正十

二年正月至十二月、雍正十三年正月至八月

370000－1587－0000240　5005
雍正上諭不分卷　（清）世宗胤禛撰　（清）允祿等編　清刻本　七冊　存雍正八年正月至六月、雍正九年正月至四月、雍正十一年正月至六月、雍正十二年正月至十二月、雍正十三年正月至八月

370000－1587－0000241　5006
雍正上諭不分卷　（清）世宗胤禛撰　（清）允祿等編　清刻本　六冊　存雍正八年七月至十二月、雍正九年五月至十二月、雍正十一年正月至十二月、雍正十二年正月至十二月、雍正十三年五月至十二月

370000－1587－0000242　5007
雍正上諭不分卷　（清）世宗胤禛撰　（清）允祿等編　清刻本　十冊　存雍正八年正月至六月、雍正九年正月至四月、雍正十一年正月至十二月、雍正十二年正月至十二月、雍正十三年正月至八月

370000－1587－0000243　5008
雍正上諭不分卷　（清）世宗胤禛撰　（清）允祿等編　清刻本　二十一冊　存雍正三年正月至十二月,雍正四年正月至八月、十一月至十二月,雍正五年四月至六月,雍正六年四月至六月、十月至十二月,雍正七年四月至九月,雍正八年正月至六月,雍正九年正月至十二月,雍正十年正月至十一月,雍正十一年正月至十二月,雍正十二年正月至十二月,雍正十三年正月至八月

370000－1587－0000244　5009
雍正上諭不分卷　（清）世宗胤禛撰　（清）允祿等編　清刻本　十三冊　存雍正三年正月至八月、雍正六年四月至六月、雍正八年正月至六月、雍正九年正月至十二月、雍正十一年正月至十二月、雍正十二年正月至十二月、雍正十三年正月至八月

370000－1587－0000245　5010
雍正上諭不分卷　（清）世宗胤禛撰　（清）允祿等編　清刻本　八冊　存雍正八年正月至

六月、雍正九年正月至十二月、雍正十年正月
至十二月、雍正十一年七月至十二月、雍正十
二年正月至十二月、雍正十三年正月至八月

370000－1587－0000246　5011
雍正上諭不分卷　（清）世宗胤禛撰　（清）允
禄等編　清刻本　八冊　存雍正六年四月至
六月、雍正八年正月至六月、雍正九年正月至
四月、雍正十一年正月至十二月、雍正十二年
正月至十二月、雍正十三年正月至八月

370000－1587－0000247　5012
雍正上諭不分卷　（清）世宗胤禛撰　（清）允
禄等編　清刻本　四冊　存雍正八年七月至
十二月、雍正十一年七月至十二月、雍正十二
年正月至十二月、雍正十三年正月至八月

370000－1587－0000248　5013
雍正上諭不分卷　（清）世宗胤禛撰　（清）允
禄等編　清刻本　十四冊　存雍正元年正月
至十二月、雍正八年四月至十二月、雍正十一
年七月至十二月、雍正十三年正月至八月

370000－1587－0000249　3216
上元朱氏忠貞録　（清）□□編　清光緒二十
七年(1901)刻本　一冊

370000－1587－0000250　185
尚史七十二卷　（清）李鍇撰　清乾隆三十八
年(1773)悅道樓刻本　二十八冊　存七十卷
(世系圖一卷、本紀五卷、世家一至十二、志十
卷、列傳三十四卷、系四卷、表四卷)

370000－1587－0000251　1351
尚書精義五十卷　（宋）黄倫撰　（清）劉定裕
校訂　清刻本　六冊　存二十六卷(一至二
十六)

370000－1587－0000252　4062
尚書離句六卷　（清）錢在培輯解　清刻本
二冊　存二卷(一、四)

370000－1587－0000253　4885－2
尚書離句六卷　（清）錢在培輯解　清刻本
一冊　存三卷(四至六)

370000－1587－0000254　4886－1
尚書離句六卷　（清）錢在培輯解　清刻本
一冊　存一卷(四)

370000－1587－0000255　4888
尚書離句六卷　（清）錢在培輯解　清光緒十
二年(1886)聚元堂刻本　一冊　存三卷(一
至三)

370000－1587－0000256　4889
尚書離句六卷　（清）錢在培輯解　清刻本
一冊　存三卷(一至三)

370000－1587－0000257　5282
尚書伸孔篇一卷　（清）焦廷琥撰　清光緒十
四年(1888)廣雅書局刻本　一冊

370000－1587－0000258　1560－1
尚書要義二十卷　（宋）魏了翁撰　清光緒十
年(1884)江蘇書局刻本　九冊

370000－1587－0000259　5207
少儀外傳二卷　（宋）呂祖謙撰　（清）錢熙祚
校　清道光二十四年(1844)金山錢氏刻守山
閣叢書本　一冊

370000－1587－0000260　1541
紹興先正遺書　（清）徐友蘭輯　清光緒會稽
徐氏鑄學齋刻本　十一冊　存四種二十四卷
(重訂周易二聞記三卷、重訂周易小義二卷、
南江札記四卷、蠻司合誌十五卷)

370000－1587－0000261　4761
攝生總要九卷　（明）洪基撰　清光緒十五年
(1889)敦厚堂刻本　八冊

370000－1587－0000262　1723
申椒集二卷　（清）孔傳鐸撰　（清）孔繼濩
（清）孔繼溥校輯　清康熙刻本　二冊

370000－1587－0000263　5203
神機制敵太白陰經十卷　（唐）李筌撰　（清）
錢熙祚校　清道光二十四年(1844)金山錢氏
刻守山閣叢書本　二冊

370000－1587－0000264　574
神相全編十二卷　（宋）陳摶秘傳　（明）袁忠

徹訂正　清翠筠山房刻本　十二冊

370000－1587－0000265　4439

神相鐵關刀四卷　（清）雲谷山人撰　清光緒三年(1877)刻本　二冊

370000－1587－0000266　2897

沈余遺書二種　（清）趙舒翹輯　**勵志録二卷**（清）沈近思撰　清光緒二十二年(1896)江蘇書局刻本　四冊

370000－1587－0000267　4712

審定中小學堂教科書　清光緒三十一年(1905)山東編譯局排印本　一冊

370000－1587－0000268　760

審看擬式四卷　（清）剛毅輯　清光緒十八年(1892)粵東書局刻本　一冊

370000－1587－0000269　4425

慎齋四書會纂十七卷四書人物考一卷　（清）□□輯　清刻本　六冊

370000－1587－0000270　378

升祀考二卷改祀考一卷　（清）鄭曉如述　清光緒元年(1875)鄭宗本堂刻本　一冊

370000－1587－0000271　2909

聲音韻譜一卷　（宋）祝泌撰　清抄本　一冊

370000－1587－0000272　589

省身録十卷　（清）蘇源生撰　清同治元年(1862)刻本　四冊

370000－1587－0000273　3334

省香齋詩集六卷　（清）孔慶鎦撰　清光緒十七年(1891)曲阜孔繁準青門寓廬刻本　二冊

370000－1587－0000274　3336

省香齋詩集六卷　（清）孔慶鎦撰　清光緒十七年(1891)曲阜孔繁準青門寓廬刻本　一冊　存三卷(一至三)

370000－1587－0000275　3337

省香齋詩集六卷　（清）孔慶鎦撰　清刻本　一冊　存三卷(一至三)

370000－1587－0000276　4939

省香齋詩集六卷　（清）孔慶鎦撰　清光緒十七年(1891)曲阜孔繁準青門寓廬刻本　二冊

370000－1587－0000277　4940

省香齋詩集六卷　（清）孔慶鎦撰　清光緒十七年(1891)曲阜孔繁準青門寓廬刻本　一冊　存三卷(四至六)

370000－1587－0000278　2987

天下才子必讀書十五卷　（清）金聖歎選　清宣統二年(1910)國學進化社石印本　六冊

370000－1587－0000279　5378

盛世元音　（清）沈學撰　清抄本　一冊

370000－1587－0000280　X－127

聖化録□□卷　（清）□□撰　清光緒二十二年(1896)梅源吳英秀堂刻本　一冊　存一卷(一)

370000－1587－0000281　5062

聖跡圖　清刻本　一冊

370000－1587－0000282　4735

聖門禮誌一卷　（清）孔慶輔纂　（清）孔祥霖續纂　清光緒十三年(1887)闕里硯寬亭孔令貽刻本　一冊

370000－1587－0000283　5160

聖門禮誌一卷　（清）孔慶輔纂　（清）孔祥霖續纂　清光緒十三年(1887)闕里硯寬亭孔令貽刻本　一冊

370000－1587－0000284　5161

聖門禮誌一卷　（清）孔慶輔纂　（清）孔祥霖續纂　清光緒十三年(1887)闕里硯寬亭孔令貽刻本　一冊

370000－1587－0000285　5156－1

聖門禮誌一卷　（清）孔慶輔纂　（清）孔祥霖續纂　清光緒十三年(1887)闕里硯寬亭孔令貽刻本　二冊

370000－1587－0000286　5156－2

聖門禮誌一卷　（清）孔慶輔纂　（清）孔祥霖續纂　清光緒十三年(1887)闕里硯寬亭孔令貽刻本　二冊

370000－1587－0000287　5158－1

聖門禮誌一卷 （清）孔尚忻纂　清康熙五十五年(1716)孔傳鐸刻本　二冊

370000－1587－0000288　5158－2

聖門禮誌一卷 （清）孔尚忻纂　清康熙五十五年(1716)孔傳鐸刻本　二冊

370000－1587－0000289　5157

聖門樂誌一卷 （清）孔繼汾原録　（清）孔憲毅敬録　清光緒十三年(1887)闕里硯寬亭刻本　一冊

370000－1587－0000290　5159

聖門樂誌一卷 （清）孔尚任纂　（清）孔尚忻彙輯　清康熙五十五年(1716)孔傳鐸刻本　一冊

370000－1587－0000291　5153－1

聖門樂誌一卷 （清）孔繼汾原録　（清）孔憲毅敬録　清光緒十三年(1887)闕里硯寬亭孔令貽刻本　一冊

370000－1587－0000292　5153－2

聖門樂誌一卷 （清）孔尚任纂　（清）孔尚忻彙輯　清康熙五十五年(1716)孔傳鐸刻本　一冊

370000－1587－0000293　5155－1

聖門樂誌一卷 （清）孔繼汾原録　（清）孔憲毅敬録　清光緒十三年(1887)闕里硯寬亭孔令貽刻本　一冊

370000－1587－0000294　5155－2

聖門樂誌一卷 （清）孔尚任纂　（清）孔尚忻彙輯　清康熙五十五年(1716)孔傳鐸刻本　一冊

370000－1587－0000295　5064

聖廟十供圖 清刻本　一冊

370000－1587－0000296　2795

聖武記十四卷 （清）魏源撰　清刻本　十二冊

370000－1587－0000297　4649

聖賢像贊三卷首一卷 （明）呂維祺編　（清）孔憲蘭重輯　清光緒四年(1878)曲阜孔憲蘭會文堂刻本　四冊

370000－1587－0000298　2168

聖賢像贊三卷首一卷 （明）呂維祺編　（清）孔憲蘭重輯　清光緒四年(1878)曲阜孔憲蘭會文堂刻本　四冊

370000－1587－0000299　2169

聖賢像贊三卷首一卷 （明）呂維祺編　（清）孔憲蘭重輯　清光緒四年(1878)曲阜孔憲蘭會文堂刻本　四冊

370000－1587－0000300　2170

聖賢像贊三卷首一卷 （明）呂維祺編　（清）孔憲蘭重輯　清光緒四年(1878)曲阜孔憲蘭會文堂刻本　四冊

370000－1587－0000301　2171

聖賢像贊三卷首一卷 （明）呂維祺編　（清）孔憲蘭重輯　清光緒四年(1878)曲阜孔憲蘭會文堂刻本　三冊　存卷首至先賢罕父子

370000－1587－0000302　2172

聖賢像贊三卷首一卷 （明）呂維祺編　（清）孔憲蘭重輯　清光緒四年(1878)曲阜孔憲蘭會文堂刻本　二冊　存先賢壤父子至先儒陳子

370000－1587－0000303　3643－3

聖學入門書一卷 （清）陳瑚撰　清咸豐四年(1854)蘇源生刻本(明德堂藏板)　一冊

370000－1587－0000304　295

聖諭廣訓不分卷 （清）聖祖玄燁撰　清刻本　三冊　存一至十六條

370000－1587－0000305　1844

聖諭像解二十卷 （清）梁延年編輯　清刻本　一冊　存二卷(四至五)

370000－1587－0000306　3621

師竹軒詩集四卷孔夫人家傳一卷 （清）劉樹堂撰　韻香閣詩草 （清）孔祥淑撰　清光緒十五年(1889)浙江官書局賈詠笙刻本　一冊

370000－1587－0000307　3622

師竹軒詩集四卷孔夫人家傳一卷 （清）劉樹堂撰 韻香閣詩草 （清）孔祥淑撰 清光緒十五年(1889)浙江官書局賈詠笙刻本 一冊

370000－1587－0000308 3623
師竹軒詩集四卷孔夫人家傳一卷 （清）劉樹堂撰 韻香閣詩草 （清）孔祥淑撰 清光緒十五年(1889)浙江官書局賈詠笙刻本 一冊

370000－1587－0000309 3624
師竹軒詩集四卷孔夫人家傳一卷 （清）劉樹堂撰 韻香閣詩草 （清）孔祥淑撰 清光緒十五年(1889)浙江官書局賈詠笙刻本 一冊

370000－1587－0000310 3625
師竹軒詩集四卷孔夫人家傳一卷 （清）劉樹堂撰 韻香閣詩草 （清）孔祥淑撰 清光緒十五年(1889)浙江官書局賈詠笙刻本 一冊

370000－1587－0000311 3626
師竹軒詩集四卷孔夫人家傳一卷 （清）劉樹堂撰 韻香閣詩草 （清）孔祥淑撰 清光緒十五年(1889)浙江官書局賈詠笙刻本 一冊

370000－1587－0000312 3627
師竹軒詩集四卷孔夫人家傳一卷 （清）劉樹堂撰 韻香閣詩草 （清）孔祥淑撰 清光緒十五年(1889)浙江官書局賈詠笙刻本 一冊

370000－1587－0000313 3628
師竹軒詩集四卷孔夫人家傳一卷 （清）劉樹堂撰 韻香閣詩草 （清）孔祥淑撰 清光緒十五年(1889)浙江官書局賈詠笙刻本 一冊

370000－1587－0000314 3629
師竹軒詩集四卷孔夫人家傳一卷 （清）劉樹堂撰 韻香閣詩草 （清）孔祥淑撰 清光緒十五年(1889)浙江官書局賈詠笙刻本 一冊

370000－1587－0000315 3576
詩比興箋四卷 （清）陳沆撰 清光緒九年(1883)長洲彭祖賢刻本 二冊

370000－1587－0000316 3515
詩句題解韻編總彙 （清）倪承瓚編 清光緒十二年(1886)上海點石齋石印本 八冊

370000－1587－0000317 4419
詩韻集成十卷 （清）余照輯 清光緒二十年(1894)書業德刻本 四冊

370000－1587－0000318 3316
詩韻合璧五卷 （清）湯文潞撰 虛字韻藪一卷 （清）潘維城輯 清光緒七年(1881)濟南裕和堂刻本 五冊

370000－1587－0000319 3314
詩韻集成十卷 （清）余照輯 清光緒二十年(1894)書業德刻本 四冊

370000－1587－0000320 3298
詩志八卷 （清）牛運震撰 清嘉慶五年(1800)空山堂刻本 五冊

370000－1587－0000321 3301
詩志八卷 （清）牛運震撰 清嘉慶五年(1800)空山堂刻本 五冊

370000－1587－0000322 3303
詩志八卷 （清）牛運震撰 清嘉慶五年(1800)空山堂刻本 四冊

370000－1587－0000323 5439
續施公案□□卷□□回 （□）□□撰 清刻本 三冊 存八卷(三十二至三十九)

370000－1587－0000324 590
師友劄記四卷 （清）蘇源生輯 清咸豐三年(1853)刻本 二冊

370000－1587－0000325 X－197
奎壁詩經八卷 （宋）朱熹集傳 清光緒三十四年(1908)刻本 三冊 存七卷(一至四、六至八)

370000－1587－0000326 448
試策躍麟一卷 清刻本 一冊 存一百一葉(七十九至一百七十九)

370000－1587－0000327 700
詩法度鍼十卷 （清）徐文弼輯 清乾隆四十二年(1777)天德堂刻本 二冊

370000－1587－0000328 542
詩法入門四卷首一卷新鐫詩韻五卷 （清）游

藝輯　清掃葉山房刻本　四冊

370000 – 1587 – 0000329　319
詩話舫不分卷　（清）沈錦垣撰　清光緒七年
(1881)上海點石齋石印本　六冊

370000 – 1587 – 0000330　4698
詩集傳八卷　（宋）朱熹撰　清刻本　三冊
存六卷(三至八)

370000 – 1587 – 0000331　5368
詩集傳八卷　（宋）朱熹撰　清光緒三十三年
(1907)寶興堂刻本　四冊

370000 – 1587 – 0000332　5410
奎壁詩經八卷　（宋）朱熹撰　清光緒周村益
友堂刻本　一冊　存二卷(一至二)

370000 – 1587 – 0000333　5461
龍光詩經八卷　（宋）朱熹撰　清義合堂刻本
一冊　存二卷(一至二)

370000 – 1587 – 0000334　1484
詩集傳八卷附詩序辯說二卷　（宋）朱熹撰
清同治十一年(1872)山東書局刻光緒十七年
(1891)補刻本　五冊

370000 – 1587 – 0000335　5170
龍光詩經八卷　（宋）朱熹撰　清文酉堂刻本
二冊　存四卷(一至四)

370000 – 1587 – 0000336　2295
詩經思無邪序傳四卷　（清）姜國伊撰　清刻
本　四冊

370000 – 1587 – 0000337　1553 – 1
詩經□□卷詩序一卷　（宋）朱熹集傳　清刻
本　三冊　存十三卷(九至二十、詩序一卷)

370000 – 1587 – 0000338　5486 – 1
詩經八卷　（宋）朱熹集傳　清刻本　一冊
存一卷(五)

370000 – 1587 – 0000339　5486 – 4
奎壁詩經八卷　（宋）朱熹集傳　清刻本　三
冊　存五卷(一至五)

370000 – 1587 – 0000340　5486 – 4

詩經八卷　（宋）朱熹集傳　清刻本　一冊
存二卷(三至四)

370000 – 1587 – 0000341　5486 – 4
詩經精華十卷　（清）薛嘉穎撰　清咸豐元年
(1851)刻本　一冊　存一卷(三)

370000 – 1587 – 0000342　X – 158
詩經八卷　（宋）朱熹集傳　清刻本　一冊
存二卷(三至四)

370000 – 1587 – 0000343　1338
詩經八卷　（宋）朱熹集傳　清同治十一年
(1872)山東書局刻十三經讀本本　四冊

370000 – 1587 – 0000344　1407
詩經八卷附詩序辨說一卷　（宋）朱熹集傳
清光緒七年(1881)金陵書局刻本　四冊

370000 – 1587 – 0000345　1495
詩經八卷　（宋）朱熹集傳　清同治十一年
(1872)山東書局刻本　四冊

370000 – 1587 – 0000346　1520
詩經八卷　（宋）朱熹集傳　清光緒十一年
(1885)善成堂刻本　四冊

370000 – 1587 – 0000347　1532
詩經八卷　（宋）朱熹集傳　清刻本　三冊
存六卷(二、四至八)

370000 – 1587 – 0000348　1673
詩經八卷　（宋）朱熹集傳　清文會堂刻本
三冊　存五卷(一至五)

370000 – 1587 – 0000349　1676
詩經八卷　（宋）朱熹集傳　清刻本　三冊
存六卷(三至八)

370000 – 1587 – 0000350　1677
龍光詩經八卷　（宋）朱熹集傳　清濟南志興
堂刻本(卷三至五補配清刻本)　三冊

370000 – 1587 – 0000351　5486 – 10
詩經八卷　（宋）朱熹集傳　清同治十一年
(1872)山東書局刻十三經讀本本　二冊　存
三卷(一至三)

370000 – 1587 – 0000352　2154

詩經備旨八卷　（清）鄒聖脈輯　（清）鄒庭猷編　清光緒二十二年（1896）書業德刻本八冊

370000 – 1587 – 0000353　2195

詩經備旨補註詳解八卷　（清）鄒聖脈輯（清）鄒庭猷編　清光緒二十四年（1898）寶興堂刻本　六冊

370000 – 1587 – 0000354　X – 218

詩經備旨喈鳳詳解八卷　（清）陳抒孝輯解清刻本　六冊

370000 – 1587 – 0000355　X – 337

詩經備旨喈鳳詳解八卷圖說一卷　（清）陳抒孝輯解　清光緒十七年（1891）刻本（寶興堂藏板）　四冊

370000 – 1587 – 0000356　5486 – 5

詩經集傳八卷　（宋）朱熹撰　清刻本　一冊存一卷（一）

370000 – 1587 – 0000357　5486 – 8

詩經喈鳳詳解八卷　（清）陳抒孝撰　清刻本二冊

370000 – 1587 – 0000358　5450

詩經精華十卷　（清）薛嘉穎撰　清咸豐元年（1851）刻本　一冊　存二卷（一至二）

370000 – 1587 – 0000359　5469

詩經精義集抄四卷　（清）梁中孚編輯　（清）汪汝式叅訂　清刻本　三冊　存三卷（一、三至四）

370000 – 1587 – 0000360　5445

詩經精義旁訓五卷　（清）黃淦精義　（清）徐立綱旁訓　清光緒九年（1883）魏氏古香閣刻本　一冊

370000 – 1587 – 0000361　1525

詩經精義四卷首一卷末一卷　（清）黃淦纂清刻本　一冊　存二卷（一、首一卷）

370000 – 1587 – 0000362　X – 19

詩經嬭嬛集註八卷　（明）黃文煥撰　清刻本

二冊　存二卷（三、五）

370000 – 1587 – 0000363　5486 – 9

詩經融註大全體要八卷　（清）高朝瓔纂（清）沈世楷輯　清刻本　一冊　存三卷（六至八）

370000 – 1587 – 0000364　5486 – 9

詩經融註大全體要八卷　（清）高朝瓔纂（清）沈世楷輯　清刻本　一冊　存三卷（六至八）

370000 – 1587 – 0000365　5486 – 9

詩經融註大全體要八卷　（清）高朝瓔纂（清）沈世楷輯　清刻本　一冊　存三卷（六至八）

370000 – 1587 – 0000366　X – 331

詩經題要□□卷　（清）徐瑄輯著　清刻本一冊　存一卷（二）

370000 – 1587 – 0000367　5486 – 7

詩經體注大全體要八卷　（清）高朝瓔撰（清）沈世楷輯　清刻本　三冊

370000 – 1587 – 0000368　2175

詩經體注圖考八卷　（清）高朝瓔撰　（清）沈世楷輯　清刻本　四冊

370000 – 1587 – 0000369　1530

詩經體注圖考八卷　（清）高朝瓔撰　（清）沈世楷輯　（清）范翔參訂　清道光三年（1823）晉祁書業堂刻本　三冊　存六卷（一至三、六至八）

370000 – 1587 – 0000370　2165

詩經體注圖考大全八卷　（清）高朝瓔撰（清）沈世楷輯　清同治十二年（1873）修文堂記刻本　四冊

370000 – 1587 – 0000371　2166

詩經體注圖考大全八卷　（清）高朝瓔撰（清）沈世楷輯　清宣統二年（1910）刻本　三冊　存五卷（一至五）

370000 – 1587 – 0000372　2167

詩經體注圖考大全八卷　（清）高朝瓔撰

（清）沈世楷輯　清道光三年(1823)刻本　一
冊　存二卷(一至二)

370000 - 1587 - 0000373　X - 291
詩經融註大全體要八卷　（清）高朝瓔纂
（清）沈世楷輯　清刻本　二冊　存三卷(三
至五)

370000 - 1587 - 0000374　X - 4
詩經融註大全體要八卷　（清）高朝瓔纂
（清）沈世楷輯　清光緒十年(1884)刻本(善
成堂藏板)　四冊

370000 - 1587 - 0000375　X - 22
詩經體註圖考大全八卷　（清）高朝瓔撰
（清）沈世楷輯　清咸豐四年(1854)刻本(濟
南志興堂藏板)　一冊　存二卷(一至二)

370000 - 1587 - 0000376　2161
新鐫江晉雲先生詩經衍義集註八卷　（明）江
壤輯著　清嘉慶二十一年(1816)刻本　四冊

370000 - 1587 - 0000377　5151
詩經增訂旁訓四卷　（清）徐立綱撰　（清）張
大受增訂　清嘉慶二年(1797)匠門書屋刻本
(文盛堂藏板)　三冊

370000 - 1587 - 0000378　4601 - 2
詩料英華十四卷　（清）劉豹君輯　（清）張晴
峰校訂　清刻本　一冊　存三卷(十二至十
四)

370000 - 1587 - 0000379　5367
詩林韶濩二十卷　（清）顧嗣立類選　清刻本
　三冊　存五卷(五至八、十四)

370000 - 1587 - 0000380　672
詩論正宗二卷　（清）王廷銓輯　清王氏式穀
堂刻本　一冊

370000 - 1587 - 0000381　999 - 1
詩毛氏傳疏三十卷　（清）陳奐學　清刻本
二冊　存六卷(六至十、二十五)

370000 - 1587 - 0000382　X - 292
詩集傳八卷　（宋）朱熹撰　清刻本　二冊
存五卷(三至四、六至八)

370000 - 1587 - 0000383　X - 309
王鏊等課藝一卷　（清）王鏊等撰　清抄本
一冊

370000 - 1587 - 0000384　X - 156
詩文合簿　清抄本　一冊

370000 - 1587 - 0000385　2595
詩義折中二十卷　（清）傅恆等撰　清刻本
一冊　存三卷(十八至二十)

370000 - 1587 - 0000386　X - 237
詩義折中十二卷　（清）傅恆等撰　清刻本
六冊

370000 - 1587 - 0000387　X - 345
詩韻典要一卷　（清）劉漸逵輯　清光緒四年
(1878)刻本(同文堂藏板)　一冊

370000 - 1587 - 0000388　X - 347
詩韻含英十八卷　（清）劉文蔚輯　清刻本
二冊　存九卷(一至三、十至十五)

370000 - 1587 - 0000389　512
詩韻含英十八卷　（清）劉文蔚輯　清刻本
一冊　存四卷(五至八)

370000 - 1587 - 0000390　935 - 1
詩韻合璧五卷　（清）湯文潞輯　清刻本　三
冊　存三卷(一、三、五)

370000 - 1587 - 0000391　935 - 2
詩韻合璧五卷　（清）湯文潞輯　清末民國石
印本　三冊　存三卷(二至四)

370000 - 1587 - 0000392　935 - 3
詩韻合璧五卷　（清）湯文潞輯　清繡谷文盛
堂刻本　三冊　存三卷(一至三)

370000 - 1587 - 0000393　935 - 4
詩韻合璧五卷　（清）湯文潞輯　清刻本　三
冊　存三卷(二至三、五)

370000 - 1587 - 0000394　935 - 5
詩韻合璧五卷　（清）湯文潞輯　虛字韻藪一
卷　（清）潘維城輯　清末民國石印本　五冊

370000 - 1587 - 0000395　935 - 6

詩韻合璧五卷 （清）湯文潞輯 **分韻文選題解擇要一卷** （清）汪慕杜輯 清咸豐七年(1857)湯湘浦刻本 五冊

370000－1587－0000396 3722－2

詩韻合璧五卷 （清）湯文潞輯 清刻本 五冊

370000－1587－0000397 310

詩韻集成十卷 （清）余照輯 清刻本 一冊 存三卷(五至七)

370000－1587－0000398 1848

詩志八卷 （清）牛運震撰 清嘉慶五年(1800)空山堂刻本 五冊

370000－1587－0000399 456

十八家詩鈔二十八卷 （清）曾國藩纂 （清）李鴻章審訂 （清）王定安校 清刻本 七冊 存七卷(七至八、十一、十五、十八、二十一、二十四)

370000－1587－0000400 3045

十朝東華錄(崇德朝至咸豐朝) 王先謙等編 清光緒二十年(1894)上海積山書局石印本 四十四冊 缺十四卷(嘉慶朝二十四至三十七)

370000－1587－0000401 3047

十朝東華錄(崇德朝至咸豐朝) 王先謙等編 清光緒二十年(1894)上海積山書局石印本 十八冊 存一百卷(咸豐朝一至一百)

370000－1587－0000402 2812

十朝東華錄(崇德朝至咸豐朝)附同治東華錄 王先謙等編 清光緒二十五年(1899)石印本 八十八冊 存崇德朝一至八、天命朝一至四、天聰朝一至十一、順治朝一至三十六、雍正朝一至二十六、康熙朝一至一百十、乾隆朝一至一百二十、嘉慶朝一至五十、道光朝一至六十、咸豐朝一至一百、同治朝一至一百

370000－1587－0000403 4893

十粒金丹十二卷 （□）□□撰 清刻本 二冊 存二卷(八至九)

370000－1587－0000404 3387

十三經類記十六卷 （清）王變元編 清刻本 四冊

370000－1587－0000405 4610

十三經不二字 （清）李鴻藻等編 清上海會文堂書局刻本 一冊

370000－1587－0000406 1343

十三經讀本附校刊記 （清）丁寶楨撰 清同治十一年(1872)山東書局刻本 四冊 存二種六卷(孝經一卷附校刊記一卷、爾雅三卷附校刊記一卷)

370000－1587－0000407 1449

十三經讀本附校刊記 （清）丁寶楨撰 清同治十一年(1872)山東書局刻本 六冊 存二種十二卷(周易四卷附校刊記一卷、書經六卷附校刊記一卷)

370000－1587－0000408 1485

十三經讀本附校刊記 （清）丁寶楨撰 清同治十一年(1872)山東書局刻本 四冊 存二種六卷(孝經一卷附校刊記一卷、爾雅三卷附校刊記一卷)

370000－1587－0000409 1575

十三經讀本附校刊記 （清）丁寶楨撰 清同治十一年(1872)山東書局刻本 四冊 存二種六卷(孝經一卷附校刊記一卷、爾雅三卷附校刊記一卷)

370000－1587－0000410 2600

十三經集字一卷 （清）不敏主人輯 清同治七年(1868)刻本 一冊

370000－1587－0000411 X－273

新增繪圖幼學故事瓊林四卷 （清）程允升撰 （清）鄒可庭參訂 （清）鄒聖脈增補 （清）石韞玉重校 **十三經難字音註一卷** （清）金文源輯 **新增應酬彙選一卷** （清）陸九如撰 清石印本 一冊

370000－1587－0000412 1597

十三經校刊記 （清）丁寶楨等撰 清刻本 一冊

370000－1587－0000413　1643

十三經註疏　明毛氏汲古閣刻本　十二冊
存三種二十二卷(毛詩注疏十三之二、十四之
一、十五之二至之三、十六之一至之二,春秋
左傳註疏三至四、七至十九,爾雅注疏二至
四)

370000－1587－0000414　184

二十三史　清道光四年至十六年（1824－
1836)武英殿重修本　四百十九冊　存十八
種一千五百六十五卷

370000－1587－0000415　2946

十種唐詩選十七卷　（清)王士禛刪纂　清康
熙蘿延齋刻本　五冊

370000－1587－0000416　1113

樂圃集七卷補遺一卷　（清)顏光敏撰　清康
熙十六年(1677)新城王士禛京師刻本　一冊

370000－1587－0000417　2293

石林詩稿三卷　（清)李鼐著　清刻本　三冊

370000－1587－0000418　3195

石蘿山房詩鈔八卷　（清)張維楨撰　清道光
十年(1830)刻本　四冊

370000－1587－0000419　848

石山醫案八種　（明)汪機撰　明祁門樓墅刻
本　十六冊　存六種(脈訣刊誤二卷、石山醫
藥三卷、素問秘鈔三卷、外科理例五卷、痘治
理辨、鍼灸問答二卷)

370000－1587－0000420　820

石室秘錄六卷　（清)陳士鐸述　清刻本　五
冊　存五卷(一至二、四至六)

370000－1587－0000421　3678

石笥山房詩集補遺二卷　（清)胡天游撰　清
宣統二年(1910)國學扶輪社石印本　一冊

370000－1587－0000422　712

食物本草會纂□□卷　（清)沈李龍撰　清刻
本　一冊　存二卷(五至六)

370000－1587－0000423　X－367

時義正法一卷　（清)□□輯　清抄本　一冊

370000－1587－0000424　350

時藝階八卷　（清)路德輯　清同文堂刻本
一冊

370000－1587－0000425　1173

實政錄七卷　（明)呂坤著　清同治十一年
(1872)江蘇書局刻本　六冊

370000－1587－0000426　3170

史記選六卷　（清)儲欣評　清乾隆四十九年
(1784)刻本　三冊

370000－1587－0000427　196

史記一百三十卷　（漢)司馬遷撰　（南朝宋)
裴駰集解　（唐)司馬貞索隱　清同治五年至
九年(1866－1870)金陵書局刻本　二十冊

370000－1587－0000428　4676

史記菁華錄六卷　（清)姚祖恩撰　清光緒二
十二年(1896)上海書局石印本　六冊

370000－1587－0000429　4693

史記菁華錄六卷　（清)姚祖恩撰　清光緒十
三年(1887)上海蜚英館石印本　六冊

370000－1587－0000430　126

史記一百三十卷　（漢)司馬遷撰　（南朝宋)
裴駰集解　（唐)司馬貞索隱　（明)徐孚遠
(明)陳子龍測議　清嘉慶十二年(1807)同人
堂刻本　十五冊

370000－1587－0000431　104

史記一百三十卷　（漢)司馬遷撰　（南朝宋)
裴駰集解　（唐)司馬貞索隱　清光緒四年
(1878)金陵書局刻本　十六冊

370000－1587－0000432　197

史記一百三十卷　（漢)司馬遷撰　（南朝宋)
裴駰集解　（唐)司馬貞索隱　清刻本　二十
三冊　存一百六卷(四至五、八至十二、十六
至八十六、九十四至一百八、一百十八至一百
三十)

370000－1587－0000433　198

史記一百三十卷　（漢)司馬遷撰　（南朝宋)
裴駰集解　（唐)司馬貞索隱　（明)徐孚遠

（明）陳子龍測議　清嘉慶十一年(1806)同人堂刻本　二十三冊　存一百七卷(一至五十七、八十一至一百三十)

370000－1587－0000434　199

史記一百三十卷　（漢）司馬遷撰　（南朝宋）裴駰集解　（唐）司馬貞索隱　清刻本　八冊　存四十一卷(八十七至一百二十二、一百五十一至一百五十五)

370000－1587－0000435　2907

史鑑節要便讀六卷　（清）鮑東里編　清同治刻本　二冊

370000－1587－0000436　X－319

史鑑節要便讀六卷　（清）鮑東里編　清光緒三十年(1904)山東官印書局刻本　一冊　存三卷(一至三)

370000－1587－0000437　X－350

史鑑節要便讀六卷　（清）鮑東里編　清光緒二十八年(1902)刻本(有益堂藏板)　二冊

370000－1587－0000438　4674

史鑑節要便讀六卷　（清）鮑東里編　清光緒二十三年(1897)刻本　一冊

370000－1587－0000439　368

史鑑節要便讀七卷　（清）鮑東里編　清刻本　一冊　存四卷(四至七)

370000－1587－0000440　93

史通削繁四卷　（唐）劉知幾撰　（清）紀昀削繁　（清）浦起龍注　清道光十三年(1833)兩廣節署刻朱墨印本　四冊

370000－1587－0000441　3903

史外韻語書後八卷　（清）柳堂撰　清光緒二十八年(1902)刻本　二冊

370000－1587－0000442　859

矢音集四卷　（清）沈德潛撰　清刻本　一冊

370000－1587－0000443　816

善成堂增訂士材三書八卷　（明）李中梓撰　（清）尤乘增補　清善成堂刻本　六冊

370000－1587－0000444　837

化學指南　清末民國排印本　五冊　存五卷(六至十)

370000－1587－0000445　4058

仕餘吟草四卷　（清）柳堂撰　清光緒三十一年(1905)柳堂筆諫堂刻本　一冊

370000－1587－0000446　886

增補事類統編九十三卷首一卷　（清）黃葆真增輯　清同治十一年(1872)惇裕書林刻本　十冊　存二十三卷(一至四、八至十、五十至五十三、八十至九十一)

370000－1587－0000447　886

增補事類統編九十三卷　（清）王鳳喈撰註　清刻本　一冊　存一卷(十八)

370000－1587－0000448　3809

駱侍御全集四卷附考異一卷　（唐）駱賓王撰　清道光二十九年(1849)駱景誼滋德堂刻本　四冊

370000－1587－0000449　3223

試場新則一卷　（清）林履莊編　清光緒二十四年(1898)刻本　一冊

370000－1587－0000450　3482

試律標準二卷　（清）何桂清輯　清道光二十六年(1846)學署刻本　一冊

370000－1587－0000451　3484

試律標準二卷　（清）何桂清輯　清道光二十六年(1846)學署刻本　一冊

370000－1587－0000452　3486

試律標準二卷　（清）何桂清輯　清道光二十六年(1846)學署刻本　一冊

370000－1587－0000453　3488

試律標準二卷　（清）何桂清輯　清道光二十六年(1846)學署刻本　一冊

370000－1587－0000454　3386

試帖彙鈔十卷　（清）胡吉林輯　清道光十六年(1836)刻本　十冊

370000－1587－0000455　3549

試帖新裁　（清）孫國楨輯　清光緒二十三年

（1897）芷澤堂刻本　一冊

370000－1587－0000456　4455

試策雲梯四卷　（清）孔傳綸編輯　清道光二年（1822）刻本　四冊

370000－1587－0000457　5192

試律彎文集四卷　（清）謝香開評點　（清）王志誠註釋　清嘉慶七年（1802）步雲閣刻本　一冊

370000－1587－0000458　4762

試律大觀三十二卷　（清）竹屏居士輯　清道光七年（1827）鳳池亭刻本　六冊

370000－1587－0000459　241

試律大觀三十二卷　（清）竹屏居士輯　清刻本　七冊　存十八卷（二至十七、二十七至二十八）

370000－1587－0000460　A－88

試律分韻集錦一卷　（清）李宗昉編　清抄本　一冊

370000－1587－0000461　306

七家詩輯註彙鈔　（清）張熙宇　（清）王植桂評註　清刻本　七冊　存六種八卷（桐雲閣試帖輯註二卷、檉花館試帖輯註一卷、修竹齋試帖輯註一卷、尚絅試帖輯註一卷、簡學齋試帖輯註一卷、西漚試帖輯註二卷）

370000－1587－0000462　5375

青雲集分韻試帖詳註四卷　（清）楊逢春（清）蕭應樾輯　（清）沈景福　（清）徐紹曾參　（清）沈錫慶校正　清同治八年（1869）刻本（掃葉山房藏板）　三冊

370000－1587－0000463　5377

試律青雲集四卷　（清）楊逢春　（清）蕭應樾輯　（清）沈景福　（清）徐紹曾參　（清）沈錫慶校正　清刻本　一冊　存二卷（一至二）

370000－1587－0000464　779

試帖玉芙蓉四卷　（清）同文書局主人選輯　清光緒十年（1884）上海同文書局石印本　四冊

370000－1587－0000465　405

適盦試帖一卷適盦賦鈔一卷　（清）姚錫華撰　清刻本　二冊

370000－1587－0000466　3690

適齋居士集四卷　（清）覺羅舒敏撰　清道光二十二年（1842）刻本　二冊

370000－1587－0000467　5296

釋穀四卷　（清）劉寶楠撰　清光緒十四年（1888）廣雅書局刻本　一冊

370000－1587－0000468　5264

釋例補正二十卷　（清）王筠撰　清道光二十八年（1848）安邱王氏刻咸豐二年（1852）補刻本　一冊

370000－1587－0000469　5284

釋名疏證八卷續釋名一卷釋名補遺一卷釋名疏證校議一卷　（清）畢沅撰　清光緒二十年（1894）廣雅書局刻本　二冊

370000－1587－0000470　3643－4

守城救命書一卷　（明）呂坤撰　清咸豐十年（1860）刻本　一冊

370000－1587－0000471　5223

守城錄四卷　（宋）陳規　（宋）湯璹撰（清）錢熙祚校　練兵實記九卷雜集六卷（明）戚繼光撰　（清）錢熙祚校　清道光二十四年（1844）金山錢氏刻守山閣叢書本　四冊

370000－1587－0000472　4308

大佛頂如來密因修證了義諸菩薩萬行首楞嚴經纂註十卷　（唐）釋般刺密帝譯　（明）釋真界纂註　清刻本　一冊　存二卷（三至四）

370000－1587－0000473　698

壽世編　清同治元年（1862）刻本　一冊

370000－1587－0000474　1823

綏藤吟舫詞一卷　（清）孔昭薰撰　清刻本一冊

370000－1587－0000475　3034

書法正傳十卷　（清）馮武編　清世夛堂刻本　四冊

370000 – 1587 – 0000476　3559

司馬氏書儀十卷　（宋）司馬光撰　（清）汪郊
校訂　清同治七年(1868)江蘇書局刻本
一冊

370000 – 1587 – 0000477　4885 – 1

書集傳六卷　（宋）蔡沈撰　清刻本　二冊
存四卷(二至三、五至六)

370000 – 1587 – 0000478　4886 – 2

書集傳六卷　（宋）蔡沈撰　清刻本　二冊
存三卷(二至三、五)

370000 – 1587 – 0000479　1652

書集傳六卷書序一卷書傳問答一卷　（宋）蔡
沈集傳　清光緒十七年(1891)刻本　六冊
存七卷(書集傳六卷、書序一卷)

370000 – 1587 – 0000480　1653

書集傳六卷書序一卷書傳問答一卷　（宋）蔡
沈集傳　清光緒十七年(1891)刻本　二冊
存三卷(書集傳一至二、書序一卷)

370000 – 1587 – 0000481　4884

書集傳六卷　（宋）蔡沈撰　清光緒四年
(1878)刻本　四冊　存四卷(一至二、四至
五)

370000 – 1587 – 0000482　4887

書集傳六卷　（宋）蔡沈撰　清刻本　三冊
存五卷(二至六)

370000 – 1587 – 0000483　4892

書集傳六卷　（宋）蔡沈撰　清光緒十九年
(1893)刻本(寶興堂藏板)　一冊　存一卷
(一)

370000 – 1587 – 0000484　1492

書經備旨輯要六卷　（清）馬大猷輯　（清）汪
右衡鑒定　清經國堂刻本　四冊

370000 – 1587 – 0000485　1089

寄傲山房塾課纂輯書經備旨蔡註捷錄七卷
(清)鄒聖脈纂輯　清刻本　一冊　存一卷
(一)

370000 – 1587 – 0000486　X – 20

書經闡註大全合編六卷　（宋）蔡沈撰　清刻
本　二冊　存四卷(二至三、五至六)

370000 – 1587 – 0000487　X – 13

書經闡註圖考合編六卷　（清）王步青撰　清
道光二十六年(1846)刻本(武水文裕堂藏板)
一冊　存一卷(一)

370000 – 1587 – 0000488　1647

書經集傳六卷　（宋）蔡沈撰　清光緒三十二
年(1906)天津文美齋刻本　四冊

370000 – 1587 – 0000489　1524

書經精義四卷首一卷末一卷　（清）黃淦撰
清嘉慶十三年(1808)刻本　一冊　存二卷
(一至二)

370000 – 1587 – 0000490　1400

書經六卷　（宋）蔡沈集傳　清光緒七年
(1881)金陵書局刻本　四冊

370000 – 1587 – 0000491　1608

書經六卷　（宋）蔡沈集傳　清刻本　四冊
存四卷(三至六)

370000 – 1587 – 0000492　1660

書經六卷　（宋）蔡沈集傳　清嘉慶十五年
(1810)金閶多文堂刻本　四冊

370000 – 1587 – 0000493　1672

書經六卷　（宋）蔡沈集傳　清義興堂刻本
二冊　存三卷(一至三)

370000 – 1587 – 0000494　5471

汲冢周書十卷　（晉）孔晁注　清刻本　一冊
存九卷(二至十)

370000 – 1587 – 0000495　5482

書經六卷　（宋）蔡沈集傳　清刻本　一冊
存二卷(五至六)

370000 – 1587 – 0000496　5504

奎壁書經六卷　（宋）蔡沈集傳　清光緒莆陽
鄭氏金陵奎壁齋刻本　一冊　存二卷(五至
六)

370000 – 1587 – 0000497　X – 10

奎壁書經六卷　（宋）蔡沈集傳　清光緒善成

堂刻本　四冊

370000－1587－0000498　1662
書經體註大全合參六卷　（宋）蔡沈集傳
（清）范翔鑒定　清刻本　一冊　存二卷(五
至六)

370000－1587－0000499　4867
書經體註大全合參六卷　（清）錢希祥纂輯
（清）范翔鑒定　清刻本　二冊　存三卷(二
至四)

370000－1587－0000500　X－17
書經體註大全六卷　（清）范翔参訂　清刻本
三冊　存四卷(二至五)

370000－1587－0000501　5103
書經體註大全合參六卷　（清）錢希祥纂輯
（清）范翔鑒定　**書集傳六卷**　（宋）蔡沈撰
清刻本　三冊

370000－1587－0000502　5108
書經體註大全合參六卷　（清）錢希祥纂輯
（清）范翔鑒定　**書集傳六卷**　（宋）蔡沈撰
清刻本　二冊　存三卷(書經二至四)

370000－1587－0000503　5109
書經體註大全合參六卷　（清）錢希祥纂輯
（清）范翔鑒定　**書集傳六卷**　（宋）蔡沈撰
清刻本　三冊　存五卷(書經二至六)

370000－1587－0000504　5110
書經體註大全合參六卷　（清）錢希祥纂輯
（清）范翔鑒定　**書集傳六卷**　（宋）蔡沈撰
清刻本　二冊　存三卷(書經二至四)

370000－1587－0000505　X－14
書經體註大全合參六卷　（清）錢希祥纂輯
（清）范翔鑒定　清刻本　一冊　存一卷(四)

370000－1587－0000506　X－16
書經體註大全合參六卷　（清）錢希祥纂輯
（清）范翔鑒定　清刻本　二冊　存三卷(二
至四)

370000－1587－0000507　X－279
書經體註大全合參六卷　（清）錢希祥纂輯

（清）范翔鑒定　**書集傳六卷**　（宋）蔡沈撰
清光緒六年(1880)刻本　四冊　存六卷(一
至六)

370000－1587－0000508　X－21
書經體註圖考大全六卷　（清）高塽輯　（清）
范翔参訂　清乾隆五十七年(1792)聚錦堂刻
本　一冊　存一卷(一)

370000－1587－0000509　X－7
書經體註圖考大全六卷　（清）高塽輯　（清）
范翔参訂　清光緒三年(1877)刻本(三盛堂
藏板)　四冊

370000－1587－0000510　5104
書經體註圖考大全六卷　（清）高塽輯　（清）
范翔参訂　清同治三年(1864)刻本　四冊

370000－1587－0000511　5105
書經體註圖考大全六卷　（清）高塽輯　（清）
范翔参訂　清同治十三年(1874)刻本(崇德
堂藏板)　四冊

370000－1587－0000512　5106
書經體註圖考大全六卷　（清）高塽輯　（清）
范翔参訂　清光緒十年(1884)善成堂刻本
四冊

370000－1587－0000513　5107
書經體註圖考大全六卷　（清）高塽輯　（清）
范翔参訂　清同治十三年(1874)刻本(崇德
堂藏板)　四冊　存五卷(一至三、五至六)

370000－1587－0000514　X－260
書集傳六卷　（宋）蔡沈撰　清刻本　三冊
存四卷(一、四至六)

370000－1587－0000515　X－340
書集傳六卷　（宋）蔡沈撰　清光緒七年
(1881)刻本(寶興堂藏板)　四冊

370000－1587－0000516　X－2
書業堂重訂古文釋義新編八卷　（清）余誠評
選　清同治十三年(1874)刻本　四冊

370000－1587－0000517　3897
書札記事四卷　（清）柳堂撰　清光緒三十二

年(1906)筆諫堂刻本　二冊

370000－1587－0000518　X－188
塾課小題分編八集不分卷　（清）王步青撰
清刻本（敦復堂藏板）　八冊　存三集（二至
四）

370000－1587－0000519　2913
蜀道驛程記二卷　（清）王士禛撰　清刻本
一冊

370000－1587－0000520　2196
蜀記一卷蹟說一卷　（清）姜國伊撰　清光緒
三年(1877)刻本　一冊

370000－1587－0000521　2934
蜀輶日記四卷　（清）陶澍撰　清道光刻本
二冊

370000－1587－0000522　2935
蜀輶日記四卷　（清）陶澍撰　清道光刻本
二冊

370000－1587－0000523　2936
蜀輶日記四卷　（清）陶澍撰　清道光刻本
二冊

370000－1587－0000524　X－207
漱芳軒合纂禮記體註四卷　（清）范翔參訂
清三盛堂刻本　四冊

370000－1587－0000525　X－159
漱芳軒合纂四書體註十九卷　（清）范翔參訂
清刻本　一冊　存三卷（一至三）

370000－1587－0000526　X－258
漱芳軒合纂禮記體註四卷　（清）范翔參訂
清刻本　一冊　存一卷（四）

370000－1587－0000527　360
數學啟蒙二卷　（英國）偉烈亞力撰　清光緒
二十四年(1898)上海格致書室刻本　一冊
存一卷（一）

370000－1587－0000528　2784
浙刻雙池遺書八種　（清）汪紱撰　清光緒二
十一年(1895)刻本　八冊

370000－1587－0000529　3703
隻塵譚二卷續二卷　（清）胡承譜撰　清乾隆
五十四年(1789)刻本　二冊

370000－1587－0000530　140
水經注四十卷　（北魏）酈道元撰　清刻本
十四冊

370000－1587－0000531　1459
水經注四十卷　（北魏）酈道元撰　清刻本
六冊

370000－1587－0000532　4361
水鏡集四卷　（清）右髻道人纂　清刻本　一
冊　存一卷（四）

370000－1587－0000533　1052
水明樓詩六卷　（清）顏光猷撰　清刻本
二冊

370000－1587－0000534　2836
說淵十集六十四卷　（明）陸楫輯　清道光元
年(1821)苕溪邵氏西山堂刻本　五冊

370000－1587－0000535　5291
說文本經答問二卷　（清）鄭知同撰　清光緒
十六年(1890)廣雅書局刻本　一冊

370000－1587－0000536　1136
說文釋例二十卷釋例補正二十卷　（清）王筠
撰　清道光二十八年(1848)安邱王筠刻咸豐
二年(1852)補刻本　十二冊

370000－1587－0000537　1266
說文解字通釋四十卷附錄一卷　（五代）徐鍇
撰　清乾隆五十九年(1794)石門馬氏大酉山
房刻龍威秘書本　八冊

370000－1587－0000538　1931
說文解字通釋四十卷　（五代）徐鍇撰　清光
緒九年(1883)江蘇書局刻本　八冊

370000－1587－0000539　980
說文解字校錄十五卷　（清）鈕樹玉撰　清光
緒十一年(1885)江蘇書局刻本　十四冊

370000－1587－0000540　981
說文解字十五卷標目一卷　（漢）許慎撰

(宋)徐鉉等校定　清抄本　十一冊

370000－1587－0000541　1020

說文解字注三十卷六書音均表五卷　(清)段玉裁撰　**說文通檢十四卷首一卷末一卷**(清)黎永椿撰　**說文解字注匡謬八卷**　(清)徐承慶撰　清光緒三十四年(1908)上海錦章書局石印本　八冊

370000－1587－0000542　1127

說文句讀補正三十卷　(清)王筠撰　清咸豐九年(1859)王彥侗刻本　一冊

370000－1587－0000543　1999

說文句讀補正三十卷　(清)王筠撰　清咸豐九年(1859)王彥侗刻本　一冊

370000－1587－0000544　1124

說文解字句讀三十卷　(清)王筠撰　(清)祁春浦鑒定　(清)陳山嵋　(清)陳慶鏞訂正　清咸豐四年(1854)安邱王筠刻本　十五冊

370000－1587－0000545　1996

說文解字句讀三十卷　(清)王筠撰　(清)祁春浦鑒定　(清)陳山嵋　(清)陳慶鏞訂正　清咸豐四年(1854)安邱王筠刻本　十五冊

370000－1587－0000546　1998

說文解字句讀三十卷　(清)王筠撰　(清)祁春浦鑒定　(清)陳山嵋　(清)陳慶鏞訂正　清咸豐四年(1854)安邱王筠刻本　十五冊

370000－1587－0000547　1269

說文解字句讀三十卷說文句讀補正三十卷說文釋例二十卷　(清)王筠撰　(清)祁春浦鑒定　(清)陳山嵋　(清)陳慶鏞訂正　清咸豐四年(1854)安邱王筠刻九年(1859)王彥侗補刻本　二十六冊

370000－1587－0000548　2001

說文解字十五卷　(漢)許慎撰　清初毛氏汲古閣刻本　八冊

370000－1587－0000549　2254

說苑二十卷　(漢)劉向撰　清鉛印本　四冊

370000－1587－0000550　895

說岳全傳二十卷　(清)錢彩撰　清嘉慶三年(1798)刻本　二十冊

370000－1587－0000551　3074

司牧寶鑑一卷　(清)李顒輯　清光緒元年(1875)刻本　一冊

370000－1587－0000552　287

思補堂試帖初集四卷　(清)文格撰　清咸豐十年(1860)刻本　一冊　存二卷(初集一至二)

370000－1587－0000553　288

思補堂試帖初集四卷　(清)文格撰　清咸豐十年(1860)刻本　一冊　存二卷(初集一至二)

370000－1587－0000554　289

思補堂試帖初集四卷續集二卷　(清)文格撰　清同治十三年(1874)刻本　一冊　存二卷(續集二卷)

370000－1587－0000555　290

思補堂試帖初集四卷續集二卷　(清)文格撰　清同治十三年(1874)刻本　一冊　存二卷(續集二卷)

370000－1587－0000556　594

四禮便覽八卷　(朝鮮)李陶庵編　清刻本　二冊　存四卷(五至八)

370000－1587－0000557　X－151

四書微旨一卷　(清)李晃撰　清光緒七年(1881)刻本　一冊

370000－1587－0000558　3766

四書補註附考備旨十卷　(明)鄧林撰　(清)仇兆鰲參補　清光緒十六年(1890)刻本　八冊　存八卷(大學一,上論一,下論三至四,上孟一至二、下孟三至四)

370000－1587－0000559　3793

四書講義大全　(清)史延煇輯　清光緒善成堂刻本　六冊　存十四卷(大學講義一至四、二論講義養正編一至十)

370000－1587－0000560　3259

四書經註集證十九卷 （清）汪廷機撰　清嘉慶三年(1798)江都汪氏刻本　十八冊

370000－1587－0000561　3736

四書考輯要二十卷 （清）陳弘謀輯　（清）陳蘭森編校　清刻本　五冊　存十一卷(七至十三、十七至二十)

370000－1587－0000562　5048

四書章句十九卷 （宋）朱熹集注　清同治十一年(1872)山東書局刻本　六冊

370000－1587－0000563　5498－1

四書章句十九卷 （宋）朱熹集注　清書業德記刻本　六冊　存七卷(孟子一至七)

370000－1587－0000564　5498－2

四書章句十九卷 （宋）朱熹集注　清惠文堂刻本　二冊　存四卷(論語六至七、孟子一至二)

370000－1587－0000565　2118－1

增訂四書補註備旨十卷 （明）鄧林撰　清光緒二十六年(1900)新化三味堂刻本　六冊

370000－1587－0000566　X－353

四書便蒙十九卷 （清）俞長城等注　清光緒二十五年(1899)書業德刻本　六冊

370000－1587－0000567　X－379

四書便蒙十九卷 （清）俞長城等注　清光緒五年(1879)刻本(善成堂藏板)　六冊

370000－1587－0000568　4265

四書補註備旨十卷 （明）鄧林撰　清宣統二年(1910)上海通時書局石印本　一冊

370000－1587－0000569　X－249

四書補註備旨十卷 （明）鄧林撰　（清）杜定基增訂　清刻本　一冊　存一卷(下論四)

370000－1587－0000570　X－283

四書補註備旨十卷 （明）鄧林撰　（清）杜定基增訂　清刻本　三冊　存四卷(下孟三至四、下論三至四)

370000－1587－0000571　X－284

四書補註備旨十卷 （明）鄧林撰　（清）杜定基增訂　清刻本　五冊　存八卷(上孟一至二、下孟三至四,上論一至二、下論三至四)

370000－1587－0000572　X－288

四書補註備旨十卷 （明）鄧林撰　（清）杜定基增訂　清光緒三十二年(1906)刻本　六冊　存十卷(大學一,中庸一,上孟一至二、下孟三至四,上論一至二、下論三至四)

370000－1587－0000573　1055

四書補註附考備旨十卷 （明）鄧林撰　（清）仇兆鰲參補　清同治十三年(1874)崇德堂刻本　八冊　存十卷(大學一,中庸一,上孟一至二、下孟二、四,上論一至二、下論三至四)

370000－1587－0000574　1057

四書補註附考備旨十卷 （明）鄧林撰　（清）仇兆鰲參補　清光緒二十九年(1903)泰和堂刻本　八冊　存九卷(大學一,中庸一,上孟一至二、下孟三至四,上論二、下論三至四)

370000－1587－0000575　1067

四書補註附考備旨十卷 （明）鄧林撰　（清）仇兆鰲補　清同治四年(1865)姑蘇大文堂刻本　九冊　存九卷(學庸,上諭備旨二卷、下諭二卷,上孟二卷、下孟二卷)

370000－1587－0000576　4685

四書補註備旨十卷 （明）鄧林撰　（清）仇兆鰲參補　清光緒十年(1884)刻本　六冊

370000－1587－0000577　X－3

四書補註備旨十卷 （明）鄧林撰　（清）仇兆鰲參補　清宣統二年(1910)承文新刻本　六冊　存六卷(大學一,上孟一至二、下孟三至四,下論四)

370000－1587－0000578　X－365

四書味根錄三十九卷 清光緒七年(1881)姑蘇問竹山房刻本　八冊　存二十四卷(大學一卷,中庸二卷,論語二十卷首一卷)

370000－1587－0000579　5594

四書大全四種四十卷附錄一卷 （明）胡廣等輯　（清）汪份增訂　清康熙四十一年(1702)遄喜齋刻本(孟子集註大全卷四卷五抄配)

二十八冊

370000－1587－0000580　1895

四書典故人物串珠四十卷　（清）臧志仁編輯
清善成堂刻本　二冊　存八卷（一至二、七
至十二）

370000－1587－0000581　X－166

四書反身錄六卷二孟續補二卷　（清）李顒撰
（清）王心敬錄　清刻本　一冊　存二卷
（大學、中庸）

370000－1587－0000582　1944

四書反身錄六卷反身續錄二卷　（清）李顒撰
（清）王心敬錄　清光緒十一年（1885）西安
馬存心堂刻本　二冊　存五卷（四書反身錄
孟子上、下，論語下,反身續錄二卷）

370000－1587－0000583　1879

四書貫珠講義十九卷　（清）林文竹撰　清同
治十一年（1872）兩廣運署刻本　六冊　存十
四卷（大學一、中庸一、論語一至十、孟子二至
三）

370000－1587－0000584　X－287

四書合講十九卷　（清）翁復編　清刻本
六冊

370000－1587－0000585　4579

四書合講十九卷　（清）翁復編　清酌雅齋刻
本　五冊

370000－1587－0000586　1867

四書會解二十七卷　（清）綦澧輯　清還醇堂
刻本　十三冊　存二十六卷（論語會解十卷、
中庸會解二卷、孟子會解十四卷）

370000－1587－0000587　1913

四書會解二十七卷　（清）綦澧輯　清刻本
十二冊　存十四卷（孟子會解一至十四）

370000－1587－0000588　X－371

四書會解二十七卷　（清）綦澧輯　清刻本
一冊　存一卷（十二）

370000－1587－0000589　X－195

四書會要錄三十卷　（清）黃瑞輯　清乾隆十

年（1745）思齊堂刻本　十一冊　存十二卷
（大學二卷、中庸二卷、論語八卷）

370000－1587－0000590　4593－1

四書集益六卷　（清）于光華編次　（清）吳應
達等校訂　清刻本　二冊　存二卷（四、六）

370000－1587－0000591　4593－2

四書集註十九卷　（宋）朱熹集註　清刻本
六冊　存十五卷（孟子集注一至五、論語集注
一至十）

370000－1587－0000592　5335

四書集註正蒙十九卷　（宋）朱熹集註　清光
緒十四年（1888）刻本　五冊

370000－1587－0000593　5337

四書集註正蒙十九卷　（宋）朱熹集註　清光
緒十四年（1888）刻本　一冊　存二卷（大學、
中庸）

370000－1587－0000594　5199

四書箋義纂要十二卷補遺一卷續遺一卷
（宋）趙惪撰　**律呂新論二卷**　（清）江永撰
（清）錢熙祚校　清道光二十四年（1844）金山
錢氏刻守山閣叢書本　三冊

370000－1587－0000595　4593－3

四書經註集證十九卷　（清）吳昌宗撰　清刻
本　二冊　存三卷（孟子二、論語九至十）

370000－1587－0000596　4270

四書考輯要二十卷　（清）陳弘謀輯　清刻本
五冊　存九卷（一至六、十四至十六）

370000－1587－0000597　2144

四書備考□□卷　清刻本　一冊　存一卷
（十六）

370000－1587－0000598　2117

四書聯珠二十卷　（清）章守待纂　（清）章祖
武編　清嘉慶三年（1798）崇文堂刻本　二冊
存二卷（大學一卷、中庸一卷）

370000－1587－0000599　5404

四書琳琅冰鑑五十四卷　（清）董餘峰輯
（清）高其閎註釋　清刻本　一冊　存七卷

(四十八至五十四)

370000－1587－0000600　4601－1
　四書人物類典串珠四十卷　（清）臧志仁編輯
　　清光緒五年(1879)寶興堂刻本　四冊　存
　　十七卷(一至三、六至十一、十七至十九、三十
　　六至四十)

370000－1587－0000601　4595
　四書人物類典串珠四十卷　（清）臧志仁編輯
　　清刻本　二冊　存四卷(三至六)

370000－1587－0000602　4597
　四書人物類典串珠四十卷　（清）臧志仁編輯
　　清刻本　四冊　存十五卷(三至四、十五至
　　十八、二十六至三十四)

370000－1587－0000603　5081
　四書人物類典串珠四十卷　（清）臧志仁編輯
　　清光緒十一年(1885)文會堂刻本　十二冊

370000－1587－0000604　229
　四書五經義策論續編二卷　（清）崇實齋輯
　　清光緒二十年(1894)浙杭編譯局石印本
　　二冊

370000－1587－0000605　X－98
　四書述要四卷　（清）楊玉緒撰　**四書集註十
　九卷**　（宋）朱熹章句　清刻本　一冊　存九
　　卷(四書述要四卷、論語集註六至十)

370000－1587－0000606　1955
　四書題鏡三十六卷　（清）汪鯉翔纂述　清同
　　人堂刻本　六冊　存十四卷(一至十四)

370000－1587－0000607　4583
　四書題鏡三十六卷　（清）汪鯉翔纂述　清同
　　人堂刻本　五冊　存十七卷(孟子一至五、論
　　語一至十二)

370000－1587－0000608　5550
　四書題鏡三十六卷　（清）汪鯉翔纂述　清刻
　　本　一冊　存一卷(論語三)

370000－1587－0000609　5080
　四書玩註詳說一百六十卷首一卷　（清）冉覲
　　祖撰　清刻本　七十五冊　存七十八卷(二

十二至三十三、三十五至六十、八十七至九十
五、一百六至一百二十五、一百三十四至一百
四十四)

370000－1587－0000610　4663
　四書集註十九卷　（宋）朱熹章句　清八旗官
　　學刻本　五冊　存十七卷(論語集註十卷、孟
　　子集註七卷)

370000－1587－0000611　4663
　四書集註十九卷　（宋）朱熹章句　清八旗官
　　學刻本　一冊　存三卷(孟子集註一至三)

370000－1587－0000612　X－220
　四書味根錄三十九卷　（清）金澂輯　清刻本
　　五冊　存十七卷(論語四至二十)

370000－1587－0000613　X－234
　四書味根錄三十九卷　（清）金澂輯　清同治
　　三年(1864)粵東粲花吟館刻本　三冊　存六
　　卷(論語一至三、大學一卷、中庸二卷)

370000－1587－0000614　5077
　重刊宋本十三經註疏　清嘉慶二十年(1815)
　　南昌府學刻本　七十冊　存三種四十二卷
　　(論語注疏解經十二卷附校勘記、春秋左傳二
　　十卷附校勘記、爾雅十卷附校勘記)

370000－1587－0000615　1430
　四書正文　（清）王翼軒校正　清咸豐三年
　　(1853)竹橋齋刻本　一冊　存大學、中庸

370000－1587－0000616　2141
　四書正文　清迴岸山亭氏刻本　二冊　存上
　　論、下論

370000－1587－0000617　1912
　四書直講二十七卷首四卷　（清）易上興纂
　　清光緒三十一年(1905)署東真率堂刻本　二
　　冊　存三卷(大學直講一至二、首一卷)

370000－1587－0000618　X－241
　四書朱子本義匯參四十三卷首四卷　（清）王
　　步青輯　清刻本　三十四冊　存四十一卷
　　(大學三卷首一卷,中庸六卷首一卷,論語二
　　十卷首一卷,孟子七至十四、首一卷)

370000－1587－0000619　　X－351

四書朱子本義匯參四十三卷首四卷　（清）王
步青輯　清乾隆十年(1745)敦復堂刻本　六
冊　存十一卷(大學三卷首一卷、中庸六卷首
一卷)

370000－1587－0000620　　4602

四書朱子本義匯參四十三卷首四卷　（清）王
步青撰　清乾隆十年(1745)敦復堂刻本　十
二冊　存九卷(大學一、首一卷,孟子八至十
四)

370000－1587－0000621　　5458

四雪草堂重訂通俗隋唐演義二十卷一百回
（清）褚人穫撰　清康熙四雪草堂刻本　一冊
存二卷(十五至十六)

370000－1587－0000622　　1182

四裔編年表四卷　（美國）林樂知　（清）嚴良
勳合譯　（清）李鳳苞編　清光緒二十三年
(1897)石印本　四冊

370000－1587－0000623　　490

四注悟真篇　（宋）張伯端撰　（清）傅金銓注
清善成堂刻本　六冊

370000－1587－0000624　　519

松風閣詩鈔二十六卷　（清）彭蘊章撰　清道
光二十六年(1846)刻本　八冊

370000－1587－0000625　　2894

松陽鈔存二卷　（清）陸隴其撰　清同治十三
年(1874)湖南省城書局刻本　一冊

370000－1587－0000626　　2892

松陽講義十二卷　（清）陸隴其撰　清同治十
三年(1874)湖南省城書局刻本　五冊

370000－1587－0000627　　4661

嵩厓尊生書十五卷　（清）景日昣撰　清刻本
八冊

370000－1587－0000628　　2631

重刊宋本十三經注疏附校勘記　清光緒二十
三年(1897)上海點石齋石印本　八冊　存四
種二百八十四卷(周易兼義九卷附音義一卷

注疏校勘記九卷釋文校勘記一卷、附釋音尚
書注疏二十卷附校勘記二十卷、附釋音毛詩
注疏七十卷附校勘記七十卷、附釋音周禮注
疏四十二卷附校勘記四十二卷)

370000－1587－0000629　　2632

重刊宋本十三經注疏附校勘記　清光緒二十
三年(1897)上海點石齋石印本　八冊　存二
種二百四十六卷(附釋音春秋左傳注疏六十
卷附校勘記六十卷、附釋音禮記注疏六十三
卷附校勘記六十三卷)

370000－1587－0000630　　2633

重刊宋本十三經注疏附校勘記　清光緒二十
三年(1897)上海點石齋石印本　八冊　存三
種三百十卷(附釋音禮記注疏六十三卷附校
勘記六十三卷、儀禮注疏五十卷附校勘記五
十卷、附釋音周禮注疏四十二卷附校勘記四
十二卷)

370000－1587－0000631　　2634

重刊宋本十三經注疏附校勘記　清光緒十三
年(1887)上海脈望仙館石印本　二十冊　存
八種六百三十四卷(附釋音毛詩注疏七十卷
附校勘記七十卷、監本附釋音春秋穀梁注疏
二十卷附校勘記二十卷、附釋音禮記注疏六
十三卷附校勘記六十三卷、附釋音周禮注疏
四十二卷附校勘記四十二卷、監本附釋音春
秋公羊注疏二十八卷附校勘記二十八卷、附
釋音春秋左傳注疏六十卷附校勘記六十卷、
附釋音尚書注疏二十卷附校勘記二十卷、孟
子注疏解經十四卷附校勘記十四卷)

370000－1587－0000632　　2635

重刊宋本十三經注疏附校勘記　清光緒二十
三年(1897)上海點石齋石印本　八冊　存八
種三百二十六卷(論語注疏解經二十卷附校
勘記二十卷、孝經注疏九卷附校勘記九卷、監
本附釋音春秋公羊注疏二十八卷附校勘記二
十八卷、孟子注疏解經十四卷附校勘記十四
卷、十三經注疏校勘記識語四卷、附釋音春秋
左傳注疏六十卷附校勘記六十卷、監本附釋
音春秋穀梁注疏二十卷附校勘記二十卷、爾
雅注疏十卷附校勘記十卷)

370000－1587－0000633　2636

重刊宋本十三經注疏附校勘記　清光緒十三年(1887)上海脈望仙館石印本　八冊　存三種一百六十六卷(周易兼義九卷附音義一卷注疏校勘記九卷釋文校勘記一卷、附釋音禮記注疏六十三卷附校勘記六十三卷、爾雅注疏十卷附校勘記十卷)

370000－1587－0000634　3699

宋大家歐陽文忠公文鈔三十二卷　(宋)歐陽修撰　(明)茅坤批評　清刻本　六冊

370000－1587－0000635　2806

宋黃文節公文集正集三十二卷首四卷外集二十四卷首一卷別集十九卷首一卷　(宋)黃庭堅撰　**伐檀集二卷**　(宋)黃庶撰　清乾隆三十年(1765)江右寧州緝香堂刻本　三十二冊

370000－1587－0000636　5234

宋季三朝政要六卷　(宋)□□撰　(清)錢熙祚校　清道光二十四年(1844)金山錢氏刻守山閣叢書本　一冊

370000－1587－0000637　885

宋六十名家詞　(明)毛晉輯　清刻本　三十二冊

370000－1587－0000638　209

宋論五卷　(清)王夫之撰　清公興書局石印本　一冊　存二卷(一至二)

370000－1587－0000639　464

宋詩鈔初集　(清)呂留良　(清)吳之振(清)吳爾堯輯　清康熙十年(1671)吳氏鑑古堂刻本　三十九冊　缺五種五卷(道鄉詩鈔一卷、江東集鈔一卷、退休集鈔一卷、東皋詩鈔一卷、文山詩鈔一卷)

370000－1587－0000640　214

宋史紀事本末一百九卷　(明)馮琦撰　(明)陳邦瞻增訂　清光緒十五年(1889)慎記書莊石印本　六冊　存八十二卷(十九至七十一、八十一至一百九)

370000－1587－0000641　4098

宋史菁華錄三卷　(清)納蘭常安選評　清光

緒二十六年(1900)上海書局石印本　一冊

370000－1587－0000642　193

宋史論三卷　(明)張溥論正　清刻本　一冊　存二卷(一至二)

370000－1587－0000643　1918

屏山全集二十卷　(宋)劉子翬撰　清刻本　四冊　存十九卷(二至二十)

370000－1587－0000644　112

宋書一百卷　(南朝梁)沈約撰　清同治十一年(1872)金陵書局刻本　十六冊

370000－1587－0000645　3689

宋四家詞選一卷　(清)周濟輯　清刻本　一冊

370000－1587－0000646　2941

宋四六選二十四卷　(清)曹振鏞編　清刻本　八冊

370000－1587－0000647　3521

宋四六選二十四卷　(清)曹振鏞編　清刻本　七冊　存二十一卷(一至二十一)

370000－1587－0000648　461

宋四六選二十四卷　(清)彭元瑞　(清)曹振鏞輯　清刻本　一冊　存三卷(二十二至二十四)

370000－1587－0000649　43

宋王復齋鐘鼎款識一卷　(宋)王厚之輯　清嘉慶七年(1802)儀徵阮氏積古齋刻本　一冊

370000－1587－0000650　1380

宋文鑑一百五十卷　(宋)呂祖謙編　清光緒十二年(1886)江蘇書局刻本　二十四冊

370000－1587－0000651　2847

宋文憲公全集五十三卷首四卷　(明)宋濂撰　(清)嚴榮輯　清嘉慶十五年(1810)金華府學刻本　二十四冊

370000－1587－0000652　2966

宋豔十二卷　(清)徐士鑾撰　清光緒十七年(1891)天津徐氏蝶園刻本　六冊

370000－1587－0000653　　3364

宋元名家詞十五種　（清）江標輯　清光緒二十一年(1895)湖南思賢書局刻本　三冊　缺三種四卷(晦庵詞一卷、雁門集一卷、風雅遺音二卷)

370000－1587－0000654　　3362

宋元明詩約鈔三百首二卷　（清）朱梓　（清）冷昌言合輯　（清）華黼臣注　清咸豐五年(1855)保墨閣刻本　一冊

370000－1587－0000655　　2959

宋元學案一百卷　（清）黃宗羲撰　清光緒五年(1879)長沙寄廬刻本　四十冊

370000－1587－0000656　　2840

誦芬詠烈編八十卷首二十五卷　（清）徐琪輯　清光緒十六年(1890)刻本　二十冊

370000　1587　0000657　　3157

蘇老泉批評孟子真本(載詠樓重鐫朱批孟子)二卷　（宋）蘇洵評　清嘉慶元年(1796)玉軸樓刻本　二冊

370000－1587－0000658　　2877

蘇文忠公詩編注集成四十六卷總案四十五卷首一卷目錄一卷附雜綴酌存一卷蘇海識餘四卷賤詩圖一卷　（清）王文誥輯訂　清刻本　八冊　存七卷(蘇文忠公詩編注集成二十四至三十)

370000－1587－0000659　　3552

蘇文忠公詩編注集成四十六卷總案四十五卷首一卷目錄一卷附雜綴酌存一卷蘇海識餘四卷賤詩圖一卷　（清）王文誥輯訂　清光緒十四年(1888)刻本　十冊　存三十二卷(蘇文忠公詩編註集成一至二十三、總案三十七至四十五)

370000－1587－0000660　　2853

蘇文忠公詩集五十卷　（宋）蘇軾撰　（清）紀昀評點　清同治八年(1869)刻本　十二冊

370000－1587－0000661　　1982

蘇詩補注五十卷　（清）查慎行補注　清刻本　四冊　存十三卷(三十八至五十)

370000－1587－0000662　　1461

算經十書　（清）孔繼涵編　清刻本　八冊

370000－1587－0000663　　4360

算學統宗集要大全　（清）黃錫純撰　清光緒二十九年(1903)刻本　一冊

370000－1587－0000664　　304－2

算學集要略解四卷　（清）黃錫純編　清嘉慶刻本　三冊　存三卷(二至四)

370000－1587－0000665　　359

算學集要略解四卷　（清）黃錫純編　清光緒三十年(1904)書業德刻本　一冊　存一卷(一)

370000－1587－0000666　　5505

四雪草堂重訂通俗隋唐演義二十卷一百回　（清）褚人穫撰　清康熙四雪草堂刻本　一冊　存二卷(十七至十八)

370000－1587－0000667　　3532

隨園八十壽言六卷　（清）袁枚輯　清隨園刻本　一冊

370000－1587－0000668　　3664

隨園女弟子詩選六卷　（清）袁枚輯　清光緒十八年(1892)刻本　一冊

370000－1587－0000669　　3663

隨園三十八種　清光緒十八年(1892)勤裕堂、著易堂排印本　二冊　存五種十五卷(飲水詞鈔二卷、箏船詞一卷、捧月樓詞二卷、碧腴齋詩存八卷、何南園詩選二卷)

370000－1587－0000670　　3665

隨園三十八種　清光緒十八年(1892)勤裕堂、著易堂排印本　一冊　存四種六卷(盈書閣遺稿一卷、樓居小草一卷、素文女子遺稿一卷、湘痕閣詩稿二卷詞稿一卷)

370000－1587－0000671　　2866

隨園三十六種　清光緒十九年(1893)倉山舊主石印本　十一冊

370000－1587－0000672　　3662

隨園詩話十六卷補遺十卷　（清）袁枚撰　清

刻本　二冊　存十六卷(詩話十一至十六、補遺一至十)

370000－1587－0000673　3704

隨園詩話十六卷補遺十卷　(清)袁枚撰　清光緒三十四年(1908)上海集成圖書公司排印本　六冊

370000－1587－0000674　3666

隨園隨筆二十八卷　(清)袁枚撰　清刻本　二冊　存十八卷(一至十八)

370000－1587－0000675　1324

隨園女弟子詩選六卷　(清)袁枚輯　清隨園刻本　二冊

370000－1587－0000676　492

隨園女弟子詩選六卷　(清)袁枚輯　清掃葉山房石印本　一冊　存三卷(四至六)

370000－1587－0000677　247

隨園全集　(清)袁枚撰　清刻本　七冊　存五種四十四卷(隨園詩話九至十六,小倉山房詩集八至十三、三十至三十二,隨園隨筆二十二至二十八,小倉山房文集十七至三十三,小倉山房外集一至三)

370000－1587－0000678　1908

隨園全集　(清)袁枚撰　清刻本　五十一冊

370000－1587－0000679　1329

隨園三十種　(清)袁枚撰　清隨園刻本　十冊　存十七種(碧腴齋詩存八卷、捧月樓詞二卷、飲水詞鈔二卷、隨園食單一卷、崇睦山房詞二卷、碧梧山館詞二卷、箏船詞一卷、綠秋草堂詞一卷、玉山堂詞一卷、湄君詩集二卷、筱雲詩集二卷、袁家三妹合稿四卷、素文女子遺稿一卷、南園詩選二卷、續同人集不分卷、袁太史時文不分卷、小倉山房續補詩集不分卷)

370000－1587－0000680　906

隨園詩話補遺十卷　(清)袁枚撰　清刻本　一冊　存五卷(五至九)

370000－1587－0000681　1107

隨園詩話十六卷補遺十卷　(清)袁枚撰　清道光二十四年(1844)崇順堂刻本　七冊　存十六卷(十一至十六、補遺十卷)

370000－1587－0000682　5405

隨園詩話十六卷　(清)袁枚撰　清刻本　一冊　存二卷(十一至十二)

370000－1587－0000683　4848

隨園詩話十六卷詩話補遺十卷　(清)袁枚撰　清嘉慶十四年(1809)隨園刻本　八冊　存十四卷(隨園詩話一至六、九至十六)

370000－1587－0000684　608

隨園食單四卷　(清)袁枚撰　清刻本　二冊　存二卷(二至三)

370000－1587－0000685　4849

隨園隨筆二十八卷隨園詩話十六卷　(清)袁枚撰　清隨園刻本　八冊　存三十卷(隨園隨筆二十八卷、隨園詩話七至八)

370000－1587－0000686　4850

隨園續同人集十七卷　(清)袁枚輯　清刻本　五冊　存四卷(一至四)

370000－1587－0000687　5185

隨園續同人集十七卷　(清)袁枚輯　清光緒十九年(1893)倉山舊主石印本　一冊

370000－1587－0000688　1062

歲科試賦新硎　(清)董序蔚選　清光緒二年(1876)刻本(義合堂藏板)　一冊

370000－1587－0000689　1063

歲科試賦新硎　(清)董序蔚選　清光緒二年(1876)刻本(義合堂藏板)　一冊

370000－1587－0000690　2830

孫徵君日譜錄三十六卷　(清)孫奇逢撰　清光緒十一年(1885)刻本　二十四冊

370000－1587－0000691　5210

孫氏唐韻考五卷　(清)紀容舒撰　(清)錢熙祚校　清道光二十四年(1844)金山錢氏刻守山閣叢書本　二冊

370000－1587－0000692　485

所願學齋書鈔四種　（清）沈夢蘭撰　清嘉慶
二十一年至道光元年(1816－1821)菱湖沈氏
刻本　七冊　存三種四卷(周禮學一卷、孟子
學一卷、五省溝洫圖說一卷補錄一卷)

370000－1587－0000693　1534
所願學齋書鈔四種　（清）沈夢蘭撰　清嘉慶
二十一年至道光元年(1816－1821)菱湖沈氏
刻本　六冊　存三種五卷(周易學二卷、孟子
學一卷、五省溝洫圖說一卷補錄一卷)

370000－1587－0000694　1535
所願學齋書鈔四種　（清）沈夢蘭撰　清嘉慶
二十一年至道光元年(1816－1821)菱湖沈氏
刻本　七冊

370000－1587－0000695　1536
所願學齋書鈔四種　（清）沈夢蘭撰　清嘉慶
二十一年至道光元年(1816－1821)菱湖沈氏
刻本　四冊　存二種三卷(周易學二卷、孟子
學一卷)

370000－1587－0000696　1537
所願學齋書鈔四種　（清）沈夢蘭撰　清嘉慶
二十一年至道光元年(1816－1821)菱湖沈氏
刻本　四冊　存三種四卷(周易學二卷、周禮
學一卷、孟子學一卷)

370000－1587－0000697　1538
所願學齋書鈔四種　（清）沈夢蘭撰　清嘉慶
二十一年至道光元年(1816－1821)菱湖沈氏
刻本　四冊　存一種二卷(周易學二卷)

370000－1587－0000698　524
所願學齋書鈔四種　（清）沈夢蘭撰　清嘉慶
二十一年至道光元年(1816－1821)菱湖沈氏
刻本　七冊

370000－1587－0000699　785
胎產輯要二卷　（清）亟齋居士原本　清刻本
　一冊

370000－1587－0000700　786
胎產輯要二卷　（清）亟齋居士原本　清刻本
　一冊

370000－1587－0000701　787
胎產輯要二卷　（清）亟齋居士原本　清刻本
　一冊

370000－1587－0000702　788
胎產輯要二卷　（清）亟齋居士原本　清刻本
　一冊

370000－1587－0000703　789
胎產輯要二卷　（清）亟齋居士原本　清刻本
　一冊

370000－1587－0000704　790
胎產輯要二卷　（清）亟齋居士原本　清刻本
　一冊

370000－1587－0000705　791
胎產輯要二卷　（清）亟齋居士原本　清刻本
　一冊

370000－1587－0000706　792
胎產輯要二卷　（清）亟齋居士原本　清刻本
　一冊

370000－1587－0000707　793
胎產輯要二卷　（清）亟齋居士原本　清刻本
　一冊

370000－1587－0000708　794
胎產輯要二卷　（清）亟齋居士原本　清刻本
　一冊

370000－1587－0000709　795
胎產輯要二卷　（清）亟齋居士原本　清刻本
　一冊

370000－1587－0000710　796
胎產輯要二卷　（清）亟齋居士原本　清刻本
　一冊

370000－1587－0000711　797
胎產輯要二卷　（清）亟齋居士原本　清刻本
　一冊

370000－1587－0000712　798
胎產輯要二卷　（清）亟齋居士原本　清刻本
　一冊

370000 – 1587 – 0000713　799

胎產輯要二卷　（清）巫齋居士原本　清刻本
　一冊

370000 – 1587 – 0000714　800

胎產輯要二卷　（清）巫齋居士原本　清刻本
　一冊

370000 – 1587 – 0000715　801

胎產輯要二卷　（清）巫齋居士原本　清刻本
　一冊

370000 – 1587 – 0000716　802

胎產輯要二卷　（清）巫齋居士原本　清刻本
　一冊

370000 – 1587 – 0000717　803

胎產輯要二卷　（清）巫齋居士原本　清刻本
　一冊

370000 – 1587 – 0000718　804

胎產輯要二卷　（清）巫齋居士原本　清刻本
　一冊

370000 – 1587 – 0000719　805

胎產輯要二卷　（清）巫齋居士原本　清刻本
　一冊

370000 – 1587 – 0000720　806

胎產輯要二卷　（清）巫齋居士原本　清刻本
　一冊

370000 – 1587 – 0000721　807

胎產輯要二卷　（清）巫齋居士原本　清刻本
　一冊

370000 – 1587 – 0000722　2875

太平廣記五百卷目録十卷　（宋）李昉等纂
清乾隆二十年(1755)天都黄晟刻本　六十三
冊　存四百四十六卷(一至二百六十、三百七
至三百六十六、三百七十五至五百)

370000 – 1587 – 0000723　18

太平寰宇記二百卷目録二卷　（宋）樂史撰
清光緒八年(1882)金陵書局刻本　三十六冊

370000 – 1587 – 0000724　5215

太清神鑑六卷　（五代）王樸撰　（清）錢熙祚

校　清道光二十四年(1844)金山錢氏刻守山
閣叢書本　一冊

370000 – 1587 – 0000725　4309

**太上感應篇一卷關帝覺世經一卷文昌帝陰騭
文一卷先儒勸孝語録一卷**　清末民國排印本
　一冊

370000 – 1587 – 0000726　2235

太上感應篇註解二卷　清光緒十年(1884)刻
本　一冊

370000 – 1587 – 0000727　X – 259

太史張天如詳節春秋綱目左傳句解六卷
（清）韓菼重訂　清刻本　四冊　存五卷(二
至六)

370000 – 1587 – 0000728　5056 – 4

太史張天如詳節春秋綱目左傳句解六卷
（清）韓菼重訂　清刻本　四冊　存五卷(二
至六)

370000 – 1587 – 0000729　4736 – 2

太史張天如詳節春秋綱目左傳句解六卷
（清）韓菼重訂　清刻本　一冊

370000 – 1587 – 0000730　4737

太史張天如詳節春秋綱目左傳句解六卷
（清）韓菼重訂　清刻本　一冊　存一卷(四)

370000 – 1587 – 0000731　4990

太史張天如詳節春秋綱目左傳句解六卷
（清）韓菼重訂　清善成堂刻本　六冊

370000 – 1587 – 0000732　5521

太史張天如詳節春秋綱目左傳句解六卷
（清）韓菼重訂　清刻本　一冊　存一卷(四)

370000 – 1587 – 0000733　4736 – 1

太史張天如詳節春秋綱目左傳句解六卷
（清）韓菼重訂　清刻本　二冊　存二卷(一、
六)

370000 – 1587 – 0000734　736

太素脈二卷　（明）張太素撰　清光緒十四年
(1888)致賀堂刻本　一冊

370000 – 1587 – 0000735　4136

太陽太陰真經一卷　（□）□□撰　清末民國
上海宏大善書局石印本　一冊

370000－1587－0000736　4249

太陽聖君真經一卷　清光緒曲邑樂善社刻本
　一冊

370000－1587－0000737　5258

泰山道里記一卷　（清）聶鈫撰　清刻本
一冊

370000－1587－0000738　1230

泰山志二十卷　（清）金棨纂　清嘉慶二十三
年（1818）刻本　九冊　存十八卷（一至二、五
至二十）

370000－1587－0000739　3201

談天十八卷首一卷附表一卷　（英國）侯失勒
撰　（英國）偉烈亞力口譯　（清）李善蘭筆述
　（清）徐建寅續筹　清刻本　一冊　存九卷
（十一至十八、附表一卷）

370000－1587－0000740　3326

潭影軒詩稿四卷　（清）沈宗約撰　清道光刻
本　二冊

370000－1587－0000741　3328

潭影軒詩稿四卷　（清）沈宗約撰　清道光刻
本　一冊

370000－1587－0000742　559

檀弓辨誣三卷　（清）夏炘撰　清咸豐五年
（1855）景紫堂刻本　一冊

370000－1587－0000743　2818

檀几叢書　（清）王晫　（清）張潮編　清康熙
三十四年至三十六年（1695－1697）新安張氏
霞舉堂刻本　十六冊

370000－1587－0000744　5381

坦庵詩餘甕吟四卷　（清）徐石麒撰　坦庵買
花錢雜劇　（清）徐石麒編　（清）吳綺等評閲
　清南湖享書堂刻坦庵詞曲六種本　一冊

370000－1587－0000745　5213

守山閣叢書　（清）錢熙祚輯　清道光二十四
年（1844）金山錢氏刻本　一冊　存五種二十

七卷（坦齋通編一卷、潁川語小二卷、愛日齋
叢鈔一、周易參同契考異一卷、古文苑二十一
卷校勘記一卷）

370000－1587－0000746　3375

琴隱園詩集六卷　（清）湯貽汾撰　清刻本
六冊

370000－1587－0000747　2855

唐代叢書　（清）王文誥輯　清嘉慶刻本　二
十四冊　存四集（二至四、六）

370000－1587－0000748　119

唐會要一百卷　（宋）王溥撰　清光緒十年
（1884）江蘇書局刻本　十六冊　存七十三卷
（一至四十、四十六至五十、六十至八十三、九
十七至一百）

370000－1587－0000749　1387

唐會要一百卷　（宋）王溥撰　清刻本　八冊
　存三十五卷（四十一至四十五、五十　至五
十九、七十二至七十九、八十四至九十六）

370000－1587－0000750　2947

唐律疏義三十卷律音義一卷洗冤録五卷
（唐）長孫無忌等撰　清光緒十七年（1891）刻
本　八冊

370000－1587－0000751　2944

唐人萬首絶句選七卷　（宋）洪邁輯　（清）王
世禎選　清刻本　二冊

370000－1587－0000752　3378

唐詩別裁集引典備註二十卷　（清）沈德潛選
　（清）俞汝昌增注　清光緒二十一年（1895）
文海書局石印　八冊

370000－1587－0000753　3442

唐詩合解箋註十二卷　（清）王堯衢註　（清）
李模　（清）李桓同校　清綠蔭巽記刻本　二
冊　存八卷（一至四、九至十二）

370000－1587－0000754　2036

唐詩合解箋註十二卷　（清）王堯衢註　（清）
李模　（清）李桓同校　清周村益友堂刻本
五冊

370000－1587－0000755　2242

唐詩三百首　(清)蘅塘退士(孫洙)編　清李光明莊刻本　二冊

370000－1587－0000756　X－33

唐詩三百首　(清)蘅塘退士(孫洙)編　清抄本　一冊

370000－1587－0000757　1989

唐詩三百首注釋六卷　(清)蘅塘退士(孫洙)編　(清)章燮注　清同治十年(1871)刻本　二冊

370000－1587－0000758　1991

唐詩三百首注疏六卷　(清)蘅塘退士(孫洙)編　(清)章燮注　清刻本　一冊　存一卷(五)

370000－1587－0000759　1988

唐詩三百首注疏六卷　(清)蘅塘退士(孫洙)編　(清)章燮注　清道光二十七年(1847)刻本　六冊

370000－1587－0000760　4926

唐詩三百首注疏六卷　(清)蘅塘退士(孫洙)編　**唐詩三百首續選**　(清)于慶元編　清刻本　四冊　存三卷(一至三)

370000－1587－0000761　3656

唐詩三百首補註八卷　(清)陳婉俊輯　清光緒十八年(1892)刻本　四冊

370000－1587－0000762　3654

唐詩三百首補註八卷　(清)陳婉俊輯　清刻本　四冊

370000－1587－0000763　3249

唐詩三百首注疏六卷　(清)蘅塘退士(孫洙)編　(清)章燮注　清咸豐刻本　四冊　存四卷(一至四)

370000－1587－0000764　3382

唐詩金粉十卷　(清)沈炳震纂輯　清光緒七年(1881)會稽徐氏八杉齋刻本　十冊

370000－1587－0000765　3668

唐詩直解七卷　(明)李攀龍選　(明)葉羲昂

直解　**古詩直解十二卷首一卷**　(明)葉羲昂直解　清乾隆四十九年(1784)刻本　六冊

370000－1587－0000766　292

唐詩別裁集引典備註二十卷　(清)沈德潛選　(清)俞汝昌注　清刻本　三冊　存五卷(二、九至十、十四至十五)

370000－1587－0000767　2969

唐詩別裁集引典備註二十卷　(清)沈德潛選　(清)俞汝昌注　清道光十七年(1837)刻本　十二冊

370000－1587－0000768　4451

詩經精粹□□卷易經精粹□□卷書經精粹□□卷　清道光二十六年(1846)刻本　六冊　存九卷(詩經精粹一至四、易經精粹三至五、書經精粹一至二)

370000－1587－0000769　2240

唐詩鼓吹注解十卷　(元)郝天挺注　(明)廖文炳解　清刻本　四冊

370000－1587－0000770　773

唐詩合選詳解十二卷　(清)劉文蔚注　清道光十一年(1831)刻本　六冊

370000－1587－0000771　2052

唐詩近體四卷　(清)胡本淵評選　(清)張兆楠　(清)張兆棟校刊　清光緒六年(1880)萬軸山房刻本　二冊

370000－1587－0000772　541

唐詩鯨碧八卷　(清)邵仁泓輯　清康熙四十六年(1707)歸安邵氏刻本　四冊

370000－1587－0000773　903－2

唐詩韻匯譜三卷　(清)施端教輯　清刻本　一冊

370000－1587－0000774　903－1

唐詩韻匯不分卷　(清)施端教輯　清刻本　十五冊

370000－1587－0000775　3764

唐宋八大家類選十四卷　(清)儲欣評　清乾隆四十五年(1780)受祉堂刻本　八冊

370000－1587－0000776　3315

唐宋舊經樓詩稿六卷　（清）孔璐華撰　清嘉慶二十年(1815)刻本　一冊

370000－1587－0000777　688

唐宋詩醇四十七卷目錄二卷　（清）高宗弘曆輯　清刻本　十二冊　存十六卷(一至二、六至八、十三至十四、十七至二十一、三十六、三十九至四十一)

370000－1587－0000778　399

昌黎先生全集錄八卷　（唐）韓愈撰　（清）儲欣錄　清刻本　一冊　存一卷(一)

370000－1587－0000779　3723

唐文粹一百卷　（宋）姚鉉輯　**唐文粹補遺二十六卷**　（清）郭麐纂　清光緒十一年(1885)江蘇書局刻本　二十冊

370000－1587　0000780　3133

唐文評注讀本　王文濡編　清刻本　一冊

370000－1587－0000781　3687

唐五代詞選三卷　（清）成肇麐編　清刻本　二冊

370000－1587－0000782　2948

唐賢三昧集三卷　（清）王士禎編　清刻本　一冊

370000－1587－0000783　537

唐賢三昧集箋注三卷　（清）王士禎撰　清刻本　二冊　存一卷(中)

370000－1587－0000784　4423

唐一菴先生文集輯要四卷　（明）唐樞撰　（清）王表正刪述　（清）項繼甲纂要　（清）王錫申參訂　清刻本　一冊　存一卷(二)

370000－1587－0000785　5464

唐一菴先生文集輯要四卷　（明）唐樞撰　（清）王表正刪述　（清）嚴經世纂輯　（清）項繼甲糸訂　清刻本　一冊　存一卷(四)

370000－1587－0000786　4680

唐音統籤一千三十六卷　（明）胡震亨輯　清刻本　五冊　存六十四卷(一百四至一百二十、四百至四百十二、四百四十六至四百六十六、三百九至三百二十一)

370000－1587－0000787　3657

唐音統籤一千三十六卷　（明）胡震亨輯　清康熙二十六年(1687)南益堂刻本　三十冊　存二百六十五卷(五百五十三至八百十七)

370000－1587－0000788　5272

唐音統籤一千三十六卷　（清）胡震亨輯　清刻本　十四冊　存一百八十卷(八至二十五、五十一至一百三、一百二十一至一百五十、二百十二至二百九十)

370000－1587－0000789　5226

唐語林八卷　（宋）王讜撰　**校勘記一卷**　（清）錢熙祚撰　清道光二十四年(1844)金山錢氏刻守山閣叢書本　四冊

370000－1587－0000790　2896

潛書四卷　（清）唐甄撰　清光緒九年(1883)中江李氏刻本　四冊

370000－1587－0000791　2303

桃花泉棋譜二卷　（清）范世勳撰　清進道堂刻本　四冊

370000－1587－0000792　1021

桃花扇傳奇二卷　（清）孔尚任撰　清刻本　四冊

370000－1587－0000793　4752

桃花扇傳奇二卷　（清）孔尚任撰　清康熙刻本　一冊

370000－1587－0000794　1023

桃花扇傳奇四卷首一卷　（清）孔尚任撰　清光緒二十一年(1895)蘭雪堂刻本　五冊　存五卷(一至四、首一卷)

370000－1587－0000795　5485

陶靖節先生詩集四卷　（晉）陶潛撰　清刻本　一冊

370000－1587－0000796　X－377

黃淳耀熊伯龍課藝　（清）黃淳耀　（清）熊伯龍撰　清抄本　一冊

370000－1587－0000797　5147
陶淵明集八卷首一卷末一卷　（晉）陶潛撰
清光緒五年(1879)廣州翰墨園刻朱墨套印本
　二冊

370000－1587－0000798　5145
陶淵明詩一卷　（晉）陶潛撰　清光緒元年
(1875)刻本　一冊

370000－1587－0000799　1275
檮杌閒評五十卷首一卷　（明）□□撰　清刻
本　六冊　存十六卷(一至二、九至二十二)

370000－1587－0000800　1177
提牢備考四卷　（清）趙舒翹輯　清光緒十九
年(1893)東甌官舍刻本　二冊

370000－1587－0000801　5232
天步真原人命部三卷　（波蘭）穆尼閣撰
(清)錢熙祚校　清道光二十四年(1844)金山
錢氏刻守山閣叢書本　一冊

370000－1587－0000802　3449
天崇合鈔　（清）祝松雲輯　清刻本　一冊
存上孟、中孟、下孟

370000－1587－0000803　3002
天蓋樓偶評　（清）呂留良編　清順治三年
(1646)刻本　十二冊

370000－1587－0000804　3772
刻天仙正理直論增註　（明）伍守陽撰　清刻
本(謙益堂藏板)　一冊

370000－1587－0000805　609
天演論二卷　（英國）赫胥黎造論　嚴復達恉
　清光緒上海斌記書莊石印本　一冊

370000－1587－0000806　3292
鐵山園詩稿八卷　（清）孔慶鎔撰　清嘉慶刻
本　四冊

370000－1587－0000807　3291
鐵山園詩集七卷　（清）孔慶鎔撰　清道光十
年(1830)刻本　七冊

370000－1587－0000808　4259
鐵版神數一卷　（唐）袁天罡　（唐）李淳風會

選　清崇文堂刻本　一冊

370000－1587－0000809　3293－1
鐵山園詩稿八卷　（清）孔慶鎔撰　清刻本
一冊　存三卷(四至六)

370000－1587－0000810　3293－2
鐵山園詩稿八卷　（清）孔慶鎔撰　清刻本
一冊　存一卷(五)

370000－1587－0000811　2927
亭林詩集五卷　（清）顧炎武撰　清光緒二年
(1876)湖南書局刻本　二冊

370000－1587－0000812　404
聖祖仁皇帝庭訓格言一卷　（清）聖祖玄燁撰
　（清）世宗胤禛編　清同治十年(1871)潘蔚
刻本　一冊

370000－1587－0000813　489
聖祖仁皇帝庭訓格言一卷　（清）聖祖玄燁撰
　（清）世宗胤禛編　清江蘇書局刻本　一冊

370000－1587－0000814　2799
通德遺書所見錄七十二卷　（漢）鄭玄撰
（清）孔廣林輯　清光緒十六年(1890)山東書
局刻本　四冊

370000－1587－0000815　3052
通典二百卷　（唐）杜佑纂　清乾隆十二年
(1747)刻本　三十四冊　存一百八十一卷
(八至十二、十九至一百五十、一百五十三至
一百八十、一百八十五至二百)

370000－1587－0000816　152
資治通鑑地理今釋十六卷　（清）吳熙載撰
清光緒八年(1882)江蘇書局刻本　三冊

370000－1587－0000817　95
通鑑紀事本末二百三十九卷　（宋）袁樞編輯
　清刻本　八十冊

370000－1587－0000818　213
通鑑紀事本末二百三十九卷　（宋）袁樞編輯
　清光緒十五年(1889)慎記書莊石印本　十
五冊　存一百四十五卷(一至五、二十一至三
十、四十九至七十一、八十五至一百二十二、

一百三十四至一百六十六、一百七十六至一百八十二、一百九十三至一百九十九、二百十至二百十六、二百二十五至二百三十九)

370000－1587－0000819　159

明紀六十卷　（明)陳鶴撰　清光緒十六年(1890)上海積山書局石印本　六冊

370000－1587－0000820　172

通鑑釋文辨誤十二卷　（元)胡三省撰　清光緒五年(1879)刻本　二冊

370000－1587－0000821　169

資治通鑑外紀十卷　（宋)劉恕編集　（清)胡克家注補　清同治十年(1871)江蘇書局刻本　六冊

370000－1587－0000822　5332

御撰資治通鑑綱目三編二十卷　（清)張廷玉等編　清光緒二十八年(1902)聚和堂刻本　六冊

370000－1587－0000823　477

通鑑輯要正編十九卷　（清)姚培謙　（清)張景星撰　清刻本　四冊　存十卷(十至十九)

370000－1587－0000824　72

通雅五十二卷首三卷　（明)方以智撰　清康熙五年(1666)寶慈軒刻本　二十冊

370000－1587－0000825　2900

通義堂集二卷　（清)劉毓崧撰　清光緒十六年(1890)思賢講舍刻本　一冊

370000－1587－0000826　141

通志二百卷　（宋)鄭樵撰　清刻本　一百十三冊

370000－1587－0000827　1540

通志堂經解一百四十種一千八百六十卷
(清)成德編　清康熙通志堂刻本　四冊　存二十三卷(周易本義集成一至二、周易玩辭十一至十六第十六葉、丙子學易編一卷、易學啟蒙小傳一卷古經傳一卷、水村易鏡一卷、周易本義附錄纂註三至十三)

370000－1587－0000828　181

通志堂經解一百四十種一千八百六十卷
(清)成德編　清康熙通志堂刻本　五百四冊
　　缺十一種一百七卷(易禆傳一卷外篇一卷、易圖說三卷、易學啟蒙通釋二卷圖一卷、周易玩辭十六卷、俞氏易集說十三卷、三山拙齋林先生尚書全解二十四至四十、詩疑二卷、龍學孫公春秋經解十五卷、新定三禮圖二十卷、夏小正戴氏傳四卷、大學通一卷、中庸通一卷、論語通十卷)

370000－1587－0000829　182

通志堂經解一百四十種一千八百六十卷
(清)成德編　清康熙通志堂刻本　八冊　存二十二卷(晦庵先生朱文公易說二至二十三)

370000－1587－0000830　463

國朝同館詩賦解題十二科五卷首一卷國朝同館詩賦解題三十五科七卷首一卷　（清)魏茂林輯　清刻本　二冊　存四卷(十二科一至二、首一卷,三十五科八)

370000－1587－0000831　5027

同仁堂虔修諸門應症丸散膏丹總目一卷
(清)同仁堂編　清宣統二年(1910)京都同仁堂刻本　一冊

370000－1587－0000832　3455

桐城吳氏文法教科書二編　吳闓生編　清光緒二十八年(1902)刻本　一冊

370000－1587－0000833　3093

桐雲閣試帖輯註二卷　（清)楊庚撰　檉花館試帖輯註一卷　（清)路德撰　尚絅試帖輯註一卷　（清)劉嗣綰撰　清刻本　四冊

370000－1587－0000834　X－244

桐雲閣試帖輯註二卷　（清)楊庚著　（清)張熙宇輯評　（清)王植桂輯註　清刻本　一冊

370000－1587－0000835　2901

銅鼓書堂遺稿三十二卷　（清)查禮撰　清刻本　四冊

370000－1587－0000836　665

養正韻語一卷　（清)載振撰　清光緒二十八年(1902)上洋天章石印本　一冊

370000 - 1587 - 0000837　3722 - 1

詩韻合璧五卷　（清）湯文潞編　清光緒六年
(1880)刻本(姑蘇善成堂藏板)　五冊

370000 - 1587 - 0000838　5441 - 5

新訂四書補註備旨十卷　（明）鄧林撰　（清）
祁文友校刊　（清）杜定基增訂　清刻本　二
冊　存四卷(大學一卷、中庸一卷、論語三至
四)

370000 - 1587 - 0000839　3510

種瑤草堂詩鈔二卷　（清）文元星撰　清道光
四年(1824)刻本　一冊

370000 - 1587 - 0000840　3420

圖繪寶鑒八卷補遺一卷　（元）夏文彥撰　清
怡堂刻本　四冊

370000 - 1587 - 0000841　484

圖民錄四卷　（清）袁守定著　清光緒五年
(1879)江蘇書局刻本　二冊

370000 - 1587 - 0000842　953

圖註八十一難經辨真四卷圖註脈訣辨真四卷
　（明）張世賢註　清善成堂刻本　六冊

370000 - 1587 - 0000843　380

退園續集八卷　（清）孫卿裕撰　清石印本
一冊　存三卷(三至五)

370000 - 1587 - 0000844　X - 364

橐中集不分卷　（清）王汝驤著　清乾隆王氏
牆東草堂刻本　一冊　存一卷(上論)

370000 - 1587 - 0000845　750

外科正宗十二卷　（明）陳實功撰　清刻本
一冊　存二卷(三至四)

370000 - 1587 - 0000846　3321

晚悔堂詩集八卷　（清）李西堂撰　清光緒十
八年(1892)歷下刻本　四冊

370000 - 1587 - 0000847　3338 - 1

晚笑堂畫傳一卷　（清）上官周編並繪　清乾
隆八年(1743)刻本　一冊

370000 - 1587 - 0000848　1667

晚學集八卷　（清）桂馥撰　清嘉慶元年

(1796)刻本　三冊

370000 - 1587 - 0000849　2289

菇麗園詩　呂美蓀撰　清刻本　一冊

370000 - 1587 - 0000850　373

皖江校士錄　清刻本　一冊

370000 - 1587 - 0000851　944

萬國公法四卷　（美國）惠頓撰　（美國）丁韙
良譯　清四明茹古書局鉛印本　四冊

370000 - 1587 - 0000852　945

萬國史記二十卷首一卷　（日本）岡本監輔著
　清光緒二十四年(1898)上海書局石印本
八冊

370000 - 1587 - 0000853　3752

萬全玉匣記　（晉）許真君(許遜)撰　清光緒
刻本　一冊

370000 - 1587 - 0000854　743

萬應靈方七卷　（清）□□編　清光緒三年
(1877)刻本　一冊

370000 - 1587 - 0000855　3443

汪狀元稿不分卷　（清）汪如洋撰　清刻本
二冊

370000 - 1587 - 0000856　3105

王船山先生遺書　（清）王夫之撰　清同治四
年(1865)湘鄉曾氏金陵節署刻本　三十九冊

370000 - 1587 - 0000857　X - 247

小題五集精詣二卷小題六集大觀二卷小題七
集老鏡二卷小題八集別情二卷　（清）王步青
編　清刻本　六冊　存六卷(小題五集精詣
下、小題六集大觀二卷、小題七集老鏡上、小
題八集別情二卷)

370000 - 1587 - 0000858　3055

王會篇箋釋三卷　（清）何秋濤撰　清光緒十
七年(1891)江蘇書局刻本　三冊

370000 - 1587 - 0000859　1125

王菉友九種　（清）王筠撰　清道光、咸豐間
刻本　五冊　存五種三十四卷(說文繫傳校
錄三十卷、夏小正正義一卷、弟子職正音一

卷、毛詩重言一卷、毛詩雙聲疊韻說一卷）

370000－1587－0000860　3522

王摩詰集六卷 清光緒十年(1884)上海同文書局石印本　二冊

370000－1587－0000861　2206

王農山文選不分卷 （清）王廣心撰　清刻本　一冊

370000－1587－0000862　5321

王氏經說六卷 （清）王紹蘭撰　清刻本　一冊

370000－1587－0000863　840

王叔和圖註難經脈訣 （明）張世賢註　清刻本　四冊

370000－1587－0000864　2993

尊道堂別集六卷 （清）王材任撰　清王材振刻本　六冊

370000－1587－0000865　3152

玉谿生詩詳註八卷首一卷 （唐）李商隱撰（清）馮浩註　清乾隆四十五年(1780)德聚堂刻本　八冊

370000－1587－0000866　2839

王陽明先生全集二十二卷首一卷 （明）王守仁撰　（清）俞嶙編　清余姚敦厚堂刻本　二十四冊

370000－1587－0000867　5425

王陽明集外集九卷 （明）王守仁撰　清教育圖書館排印本　一冊　存二卷(一至二)

370000－1587－0000868　3805

王右丞集箋注二十八卷首一卷末一卷 （唐）王維撰　（清）趙殿成箋注　清刻本　十二冊

370000－1587－0000869　3097

王右丞集六卷 （唐）王維撰　清刻本　四冊

370000－1587－0000870　1680

往深齋詩集八卷 （清）顧彩撰　（清）孔毓圻鑒定　清康熙四十六年(1707)闕里孔毓圻辟疆園刻本　四冊

370000－1587－0000871　1681

往深齋詩集八卷 （清）顧彩撰　（清）孔毓圻鑒定　清康熙四十六年(1707)闕里孔毓圻辟疆園刻本　四冊

370000－1587－0000872　1682

往深齋詩集八卷 （清）顧彩撰　（清）孔毓圻鑒定　清康熙四十六年(1707)闕里孔毓圻辟疆園刻本　四冊

370000－1587－0000873　1683

往深齋詩集八卷 （清）顧彩撰　（清）孔毓圻鑒定　清康熙四十六年(1707)闕里孔毓圻辟疆園刻本　二冊　存四卷(一至四)

370000－1587－0000874　2593－1

微波榭叢書 （清）孔繼涵輯　清乾隆中曲阜孔氏刻本　六冊　存七種二十四卷(春秋地名一卷、春秋長歷一卷、春秋金鎖匙一卷、國語補音二卷、五經文字二卷、新加九經字樣一卷、孟子十四卷)

370000－1587－0000875　2593－2

微波榭叢書 （清）孔繼涵輯　清乾隆中曲阜孔氏刻本　十六冊　存九種(春秋地名一卷、春秋長歷一卷、春秋金鎖匙一卷、國語補音三卷、五經文字三卷、新加九經字樣一卷、孟子十四卷、勾股割圜記三卷、算經十書)

370000－1587－0000876　2593－4

微波榭叢書 （清）孔繼涵輯　清乾隆中曲阜孔氏刻本　一冊　存一種八卷(水經釋地八卷)

370000－1587－0000877　3313

月齋文集八卷詩集四卷 （清）張穆撰　清刻本　三冊　存五卷(文集一至五)

370000－1587－0000878　2991

韋齋集十二卷首一卷 （宋）朱松撰　**玉瀾集一卷** （宋）朱槔撰　清刻本　四冊

370000－1587－0000879　243

為吏集覽□□卷 清抄本　三冊　存三卷(一至三)

370000－1587－0000880　1262

為吏集覽□□卷　清抄本　十五冊　存十五卷(六至二十)

370000－1587－0000881　482

韋蘇州集十卷　(唐)韋應物撰　清刻本　一冊

370000－1587－0000882　3509

圍棋近譜不分卷　(清)金秝志編　清刻本　二冊

370000－1587－0000883　X－84

闈墨分類必售編(闈墨八集)　(清)吳勖選　清刻本　一冊　存闈墨八集總目

370000－1587－0000884　1068

闈墨分類必售續編　(清)吳勖選　清嘉慶六年(1801)刻本　一冊　存二集(初集至二集)

370000－1587－0000885　4440

闈墨八集　清刻本　四冊　存二集(三集至四集)

370000－1587－0000886　5198

緯畧十二卷　(宋)高似孫撰　(清)錢熙祚校　清道光二十四年(1844)金山錢氏刻守山閣叢書本　二冊

370000－1587－0000887　3452

未谷詩集四卷　(清)桂馥撰　清刻本　一冊

370000－1587－0000888　276

未能信錄四卷涇陽張公歷任岳長衡三郡風行錄五卷續二卷　(清)張五緯撰　清嘉慶十八年(1813)刻本　十一冊

370000－1587－0000889　1053

未信堂近稿不分卷　(清)顏光敏撰　清康熙曲阜顏氏樂圃刻本　二冊

370000－1587－0000890　3480

未學齋集十卷　(清)仇養正撰　清刻本　二冊

370000－1587－0000891　3306

味閒堂課鈔□□卷味閒堂課鈔三刻賦二卷　(清)陶然著　清刻本　六冊　存六卷(課鈔一至三、五,三刻賦二卷)

370000－1587－0000892　3306

味閒堂課鈔□□卷味閒堂課鈔三刻賦二卷　(清)陶然著　清刻本　一冊　存一卷(課鈔五)

370000－1587－0000893　3306

味閒堂賦鈔一卷續鈔一卷　(清)陶然著　清刻本　一冊

370000－1587－0000894　1986

味餘書室全集定本四十卷隨筆二卷目錄四卷　(清)仁宗顒琰撰　清刻本　三十二冊

370000－1587－0000895　5082

衛濟餘編十八卷(通天曉)　(清)王纕堂編　清道光二十三年(1843)刻本　六冊

370000－1587－0000896　710

衛生易筋經二卷　原題(南朝梁)達摩撰　(唐)釋般刺密諦譯義　清光緒元年(1875)刻本　一冊

370000－1587－0000897　115

魏書一百十四卷　(北齊)魏收撰　清同治十一年(1872)金陵書局刻本　二十冊

370000－1587－0000898　3381

溫飛卿詩集箋注九卷　(唐)溫庭筠著　(明)曾益注　(清)顧予咸補注　清宣統二年(1910)石印本　四冊

370000－1587－0000899　707

溫病條辨六卷　(清)吳瑭著　清刻本　四冊

370000－1587－0000900　2298

溫國文正公文集八十卷　清影印本　十六冊

370000－1587－0000901　2249

文昌帝君大洞仙經　(□)□□撰　清同治三年(1864)刻本　一冊

370000－1587－0000902　3780

文昌帝君覺世鴻文圖說四卷　(清)沈維基撰　清乾隆三十三年(1768)東平州署刻本　四冊

370000－1587－0000903　2191

文昌帝君戒淫天律　（□）□□撰　清光緒八年(1882)曲阜會文堂刻本　一冊

370000－1587－0000904　2192

文昌帝君戒淫天律　（□）□□撰　清光緒八年(1882)曲阜會文堂刻本　一冊

370000－1587－0000905　3760

文昌帝君陰騭文像注四卷　（□）□□撰　清道光四年(1824)刻本　四冊

370000－1587－0000906　3776

文昌帝君振聾啟瞶經文纂要一卷關聖帝君振聾啟瞶經義纂要一卷　（□）□□撰　清光緒二十年(1894)東昌敬文堂書坊刻本　二冊

370000－1587－0000907　1731

文昌廟樂章一卷　（□）□□撰　清刻本　一冊

370000－1587－0000908　998

文房肆考圖說八卷　（清）唐秉鈞纂　（清）康愷繪圖　清刻本　六冊

370000－1587－0000909　1897

文富堂四書體注合講十九卷　（清）翁復編　清文富堂刻本　六冊

370000－1587－0000910　X－214

文公家禮儀節八卷　（宋）朱熹撰　（明）楊慎輯　清刻本　八冊

370000－1587－0000911　3127

見南樓集　（清）任蘭芝撰　清刻本　一冊　存二卷(一至二)

370000－1587－0000912　2162

文廟從祀位次考一卷　（清）陳錦撰　清光緒十二年(1886)橘蔭軒刻本　一冊

370000－1587－0000913　2163

文廟從祀位次考一卷　（清）陳錦撰　清光緒十二年(1886)橘蔭軒刻本　一冊

370000－1587－0000914　1720

文廟祀典一卷　（清）陳栻校　清道光十五年(1835)青浦縣學刻本　一冊

370000－1587－0000915　1845

文廟祀位考略六卷　（清）劉榘撰　清刻本　一冊　存二卷(五至六)

370000－1587－0000916　2150

文廟樂舞全譜樂譜一卷舞譜一卷附錄一卷　（清）孔繼汾輯錄　清乾隆十一年(1746)刻本　一冊

370000－1587－0000917　2151

文廟樂舞全譜樂譜一卷舞譜一卷附錄一卷　（清）孔繼汾輯錄　清乾隆十一年(1746)刻本　一冊

370000－1587－0000918　2152

文廟樂舞全譜樂譜一卷舞譜一卷附錄一卷　（清）孔繼汾輯錄　清乾隆十一年(1746)刻本　一冊

370000－1587－0000919　2153

文廟樂舞全譜樂譜一卷舞譜一卷附錄一卷　（清）孔繼汾輯錄　清乾隆十一年(1746)刻本　一冊

370000－1587－0000920　1710

文廟樂舞全譜樂譜一卷舞譜一卷附錄一卷　（清）孔繼汾輯錄　清乾隆十一年(1746)刻本　一冊

370000－1587－0000921　1711

文廟樂舞全譜樂譜一卷舞譜一卷附錄一卷　（清）孔繼汾輯錄　清乾隆十一年(1746)刻本　一冊

370000－1587－0000922　1712

文廟樂舞全譜樂譜一卷舞譜一卷附錄一卷　（清）孔繼汾輯錄　清乾隆十一年(1746)刻本　一冊

370000－1587－0000923　1713

文廟樂舞全譜樂譜一卷舞譜一卷附錄一卷　（清）孔繼汾輯錄　清乾隆十一年(1746)刻本　一冊

370000－1587－0000924　1714

文廟樂舞全譜樂譜一卷舞譜一卷附錄一卷

（清）孔繼汾輯錄　清乾隆十一年(1746)刻本
　　一册

370000－1587－0000925　1715

文廟樂舞全譜樂譜一卷舞譜一卷附錄一卷

（清）孔繼汾輯錄　清乾隆十一年(1746)刻本
　　一册

370000－1587－0000926　1716

文廟樂舞全譜樂譜一卷舞譜一卷附錄一卷

（清）孔繼汾輯錄　清乾隆十一年(1746)刻本
　　一册

370000－1587－0000927　1717

文廟樂舞全譜樂譜一卷舞譜一卷附錄一卷

（清）孔繼汾輯錄　清乾隆十一年(1746)刻本
　　一册

370000－1587－0000928　1718

文廟樂舞全譜樂譜一卷舞譜一卷附錄一卷

（清）孔繼汾輯錄　清乾隆十一年(1746)刻本
　　一册

370000－1587－0000929　1719

文廟樂舞全譜樂譜一卷舞譜一卷附錄一卷

（清）孔繼汾輯錄　清乾隆十一年(1746)刻本
　　一册

370000－1587－0000930　5243

文始真經言外經旨三卷　（宋）陳顯微撰
（清）錢熙祚校　清道光二十四年(1844)金山
錢氏刻守山閣叢書本　一册

370000－1587－0000931　3227

思補堂試帖續集三卷　（清）文格撰　清抄本
（清習靜軒主人跋）　三册

370000－1587－0000932　521

文獻公全集十一卷　（元）黃溍撰　（明）宋濂
　（明）王韋輯　清刻本　九册　存十卷(一
至十)

370000－1587－0000933　1077

文獻通考纂二十二卷　（清）郎星等輯　清刻
本　六册　存十一卷(一至十一)

370000－1587－0000934　1362

文獻通考三百四十八卷　（元）馬端臨纂　明
嘉靖馮天馭刻本　四册　存十九卷(七至八、
三十至三十三、一百九十六至二百二、二百十
八至二百二十三)

370000－1587－0000935　560

文獻通考詳節二十四卷　（元）馬端臨纂
（清）嚴虞惇錄　清光緒二十八年(1902)石印
本　六册

370000－1587－0000936　1016

文獻通考詳節二十四卷　（元）馬端臨纂
（清）嚴虞惇錄　清光緒元年(1875)上海著易
堂書局排印本　四册

370000－1587－0000937　1026

文獻通考纂二十四卷　（元）馬端臨撰　（清）
郎星輯　清刻本　十册　存十一卷(十二至
二十二)

370000－1587－0000938　863

文心雕龍輯注十卷　（南朝梁）劉勰撰　（清）
黃叔琳輯注　清乾隆六年(1741)黃氏養素堂
刻本　四册

370000－1587－0000939　862

文心雕龍十卷　（南朝梁）劉勰撰　清道光十
三年(1833)兩廣節署刻朱墨印本　四册

370000－1587－0000940　864

文心雕龍十卷　（南朝梁）劉勰撰　清刻本
三册　存八卷(三至十)

370000－1587－0000941　3268

文選六十卷　（南朝梁）蕭統輯　（唐）李善注
　　清乾隆五十九年(1794)玉軸樓刻本　十
二册

370000－1587－0000942　3392

文選六十卷　（南朝梁）蕭統輯　（唐）李善注
　文選考異十卷　（清）胡克家撰　清同治八
年(1869)湖北崇文書局刻本　二十三册　存
六十八卷(文選六十卷,考異一至二、五至十)

370000－1587－0000943　314

文選考異十卷　（清）胡克家撰　清刻本

一冊

370000－1587－0000944　5440

文選理學權輿八卷　（清）汪師韓撰　清嘉慶
四年(1799)桐川顧氏刻本　一冊　存二卷
(七至八)

370000－1587－0000945　4997

文選六十卷　（南朝梁）蕭統輯　（唐）李善等
注　清乾隆二十四年(1759)汲古閣刻本
八冊

370000－1587－0000946　3060

文選六十卷　（南朝梁）蕭統輯　（唐）李善注
　文選考異十卷　（清）胡克家撰　清宣統三
年(1911)上海會文堂粹記石印本　十六冊

370000－1587－0000947　2940

文苑英華一千卷　（宋）李昉輯　清刻本　八
冊　存八十卷(五百十一至五百九十)

370000－1587－0000948　5324

文苑英華一千卷　（宋）李昉輯　清刻本　一
冊　存十卷(五百九十一至六百)

370000－1587－0000949　599

文章遊戲初編八卷　（清）繆艮選　清嘉慶八
年(1803)藕花館刻本　四冊

370000－1587－0000950　3421

文章遊戲初編八卷二編八卷三編八卷　（清）
繆艮選　清同治四年(1865)刻本　二十冊

370000－1587－0000951　3679

文貞公集十二卷　（清）張玉書撰　清乾隆五
十七年(1792)京口張氏松蔭堂刻本　三冊
存六卷(三至六、九至十)

370000－1587－0000952　5245

文子二卷　（周）辛鈃撰　**校勘記一卷**　（清）
錢熙祚撰　清道光二十四年(1844)金山錢氏
刻守山閣叢書本　一冊

370000－1587－0000953　986

文字蒙求四卷　（清）王筠撰　清光緒十三年
(1887)梁谿浦氏刻本　二冊

370000－1587－0000954　1126

文字蒙求四卷　（清）王筠撰　清刻本　一冊

370000－1587－0000955　X－204

闈式堂明文小題傳薪八卷　（清）臧岳評釋
清易知齋刻本　一冊

370000－1587－0000956　X－105

[萬曆]汶上縣志八卷　（明）栗可仕修
（明）王命新纂　清康熙五十六年(1717)刻本
一冊　存三卷(六至八)

370000－1587－0000957　2800

倭文端公遺書十一卷首二卷　（清）倭仁撰
清光緒二十年(1894)山東書局刻本　八冊

370000－1587－0000958　X－312

李振裕等課藝　（清）□□輯　清抄本　一冊

370000－1587－0000959　4868

**毋不敬齋全書三十一卷附膠西課存一卷包軒
遺編三卷**　（清）方潛撰　清光緒十五年
(1889)方敦吉濟南刻本　七冊　存七卷(無
不敬齋全書一至七)

370000－1587－0000960　4662

**毋不敬齋全書三十一卷附膠西課存一卷包軒
遺編三卷**　（清）方潛撰　清光緒十五年
(1889)方敦吉濟南刻本　九冊　存二十七卷
(毋不敬齋全書九至三十一卷、膠西課存一
卷、包軒遺編三卷)

370000－1587－0000961　2980

吾學錄初編二十四卷　（清）吳榮光述　清同
治九年(1870)江蘇書局刻本　六冊

370000－1587－0000962　3647

吳魯客聞過齋集八卷附補遺　（元）吳海撰
清刻本　二冊

370000－1587－0000963　2930

吳詩集覽二十卷　（清）吳偉業撰　（清）靳榮
藩輯　清乾隆刻本　十五冊　存十九卷(一
至十九)

370000－1587－0000964　5225

吳郡志五十卷　（宋）范成大撰　**校勘記一卷**
（清）錢熙祚撰　清道光二十四年(1844)金

山錢氏刻守山閣叢書本　四冊　存四十卷
（一至四十）

370000－1587－0000965　1117－1

吳詩補註二十卷　（清）吳偉業撰　（清）靳榮
藩輯注　清刻本　一冊　存十六卷（五至二
十）

370000－1587－0000966　1117－2

吳詩補註二十卷吳詩談藪二卷　（清）吳偉業
撰　（清）靳榮藩輯注　清刻本　一冊　存六
卷（吳詩補註一至四、吳詩談藪二卷）

370000－1587－0000967　1115

吳詩集覽二十卷　（清）吳偉業撰　（清）靳榮
藩輯　清乾隆四十年（1775）凌雲亭刻本　十
八冊　存十九卷（一至三、五至二十）

370000－1587－0000968　1116

吳詩集覽二十卷　（清）吳偉業撰　（清）靳榮
藩輯　清蘇州綠蔭堂刻本　十三冊　存十九
卷（一至六、八至二十）

370000－1587－0000969　5268

吳詩集覽二十卷　（清）吳偉業撰　（清）靳榮
藩輯　清刻本　一冊　存二卷（五至六）

370000－1587－0000970　5269

吳詩集覽二十卷　（清）吳偉業撰　（清）靳榮
藩輯　清刻本　二冊　存二卷（二、四）

370000－1587－0000971　5534

吳詩集覽二十卷　（清）吳偉業撰　（清）靳榮
藩輯　**吳詩談藪二卷**　（清）靳榮藩輯　清乾
隆凌雲亭刻本　一冊　存三卷（吳詩集覽二
十、吳詩談藪二卷）

370000－1587－0000972　852

吳氏醫學述第三種本草從新六卷　（清）吳儀
洛輯　清經綸堂刻本　六冊

370000－1587－0000973　2783

廣雅書局叢書　（清）廣雅書局輯　清光緒中
廣雅書局刻民國九年（1920）番禺徐紹棨彙編
重印本　十二冊　存六種三十六卷（吳氏遺
箸五卷附錄一卷、輶軒使者絕代語釋別國方

言箋疏十三卷校勘記一卷、愈愚錄六卷、句溪
雜著六卷、易林釋文二卷、說文本經答問二
卷）

370000－1587－0000974　5328

吳氏遺箸五卷　（清）吳炗雲撰　**附錄一卷**
（清）王宗涑撰　清光緒十七年（1891）廣雅書
局刻本　二冊

370000－1587－0000975　5323

無事為福齋隨筆二卷　（清）韓泰華撰　**南澗
文集二卷**　（清）李文藻撰　清光緒中吳縣潘
氏刻本　一冊

370000－1587－0000976　283

無他技堂遺稿十六卷　（明）蔣臣撰　清刻本
一冊　存三卷（二至四）

370000－1587－0000977　1348

五大洲政治通考四十八卷　（清）急先務齋主
人輯　清光緒二十七年（1901）急先務齋石印
本　六冊

370000－1587－0000978　117

五代會要三十卷　（宋）王溥撰　清光緒十二
年（1886）江蘇書局刻本　六冊

370000－1587－0000979　3422

五代詩話十卷　（清）王士禛輯　清嘉慶刻本
四冊　存八卷（一至八）

370000－1587－0000980　1678

五經備旨　（清）鄒聖脈纂輯　清光緒十二年
（1886）石印本　十二冊

370000－1587－0000981　2670

五經合纂大成四十四卷　清石印本　二十四
冊　存二十卷（禮記合纂大成七至十、春秋合
纂大成一至十六）

370000－1587－0000982　2671

五經合纂大成四十四卷　（清）慎記書莊編
清光緒二十九年（1903）慎記書莊石印本　九
冊　存十三卷（易經合纂大成四卷,詩經合纂
大成一至二、五、八,書經合纂大成三至四,禮
記合纂大成一至二、六）

370000 - 1587 - 0000983　2672

五經合纂大成四十四卷　清石印本　六冊
存十七卷(禮記合纂大成一至三、九至十,春
秋合纂大成一至十二)

370000 - 1587 - 0000984　4763

五經合纂大成四十四卷　(清)同文書局編
清石印本　八冊　存二十卷(春秋合纂大成
五至十六,書經合纂大成一至二、五至六,詩
經合纂大成三至四,禮記合纂大成四至五)

370000 - 1587 - 0000985　2597

五經類編二十八卷　(清)周世樟編　清刻本
　三冊　存五卷(二至三、十一至十二、二十
八)

370000 - 1587 - 0000986　4921

五經類編二十八卷　(清)周世樟編　清穀詒
堂刻本　十冊

370000 - 1587 - 0000987　X - 29

五經樓小題拆字六卷　(清)山仲甫等輯　清
貴文堂刻本　一冊　存三卷(大學一卷、中庸
一卷、上論一卷)

370000 - 1587 - 0000988　2689

五經義匯海不分卷四書義匯海不分卷　清刻
本　十一冊　存(五經義匯海:禮記一冊、尚
書一冊、周易二冊、春秋一冊,四書義匯海:孟
子二冊、中庸一冊、論語三冊)

370000 - 1587 - 0000989　1285

五禮通考二百六十二卷總目二卷首四卷
(清)秦蕙田編輯　(清)方觀承同訂　清光緒
六年(1880)江蘇書局刻本　一百冊

370000 - 1587 - 0000990　X - 203

五名家賞心集　(清)張聲有評選　清刻本
三冊　存大學、論語

370000 - 1587 - 0000991　145

五省溝洫圖說一卷　(清)沈夢蘭撰　清光緒
六年(1880)江蘇書局刻願學齋書鈔本　十
三冊

370000 - 1587 - 0000992　2300

五十名家書札十二卷　(清)陸心源輯　清石
印本　三冊　存九卷(四至十二)

370000 - 1587 - 0000993　5209

五星行度解一卷　(清)王錫闡撰　(清)錢熙
祚校　**數學八卷續數學一卷**　(清)江永撰
(清)錢熙祚校　清道光二十四年(1844)金山
錢氏刻守山閣叢書本　二冊　缺一卷(續數
學一卷)

370000 - 1587 - 0000994　5127

五言詩十七卷　(清)王士禎選　(清)宋犖校
　清刻本　一冊　存七卷(一至七)

370000 - 1587 - 0000995　1670

五知齋琴譜八卷　(清)徐祺撰　(清)周魯封
輯　清刻本　六冊　存七卷(一至六、八)

370000 - 1587 - 0000996　1000

五洲圖考　(清)龔柴　(清)許彬撰　清光緒
二十四年(1898)上海徐家匯印書館鉛印本
四冊

370000 - 1587 - 0000997　684

五子近思錄發明十四卷　(清)施璜纂注　清
桐城李寄鴻堂刻本　八冊

370000 - 1587 - 0000998　500

午樹堂詩集八卷　(清)崔振宗撰　清嘉慶二
十一年(1816)青州德順書舖刻本　三冊

370000 - 1587 - 0000999　3077

武定詩續鈔二十四卷　(清)李佐賢編輯　清
同治六年(1867)利津李氏刻石泉書屋全集本
　八冊

370000 - 1587 - 0001000　73

三國志六十五卷　(晉)陳壽撰　(南朝宋)裴
松之注　**武英殿本二十三史考證**　清刻本
十冊　存三十八卷(吳志二十卷、蜀志十五
卷、魏志考證一卷、蜀志考證一卷、吳志考證
一卷)

370000 - 1587 - 0001001　166

武英殿聚珍版書　清乾隆四十二年(1777)福
建刻道光、同治遞修光緒二十一年(1895)增

刻本　一千四十九冊　存十六卷(易緯十二卷、易緯乾坤鑿度二卷、易緯稽覽圖二卷)

370000 – 1587 – 0001002　1299

戊戌政變記九卷　梁啟超撰　清末鉛印本　三冊

370000 – 1587 – 0001003　3746

悟真篇約註三卷周易參同契脈望三卷讀參同契雜義一卷　(清)陶素耜著　清康熙刻本　二冊

370000 – 1587 – 0001004　5175

悟真直指四卷　(宋)張伯端撰　(清)劉一明解註　清嘉慶二十一年(1816)刻本　一冊　存二卷(一至二)

370000 – 1587 – 0001005　5397

悟真直指四卷　(宋)張伯端撰　(清)劉一明解註　**通關文二卷**　(清)劉一明撰　清刻本　一冊　存三卷(悟真直指三至四、通關文上)

370000 – 1587 – 0001006　3304

婺學治事續編二卷　(清)繼良輯　清光緒二十九年(1903)膠州成文書局刻本　一冊

370000 – 1587 – 0001007　120

西漢會要七十卷　(宋)徐天麟撰　清光緒十年(1884)江蘇書局刻本　十冊

370000 – 1587 – 0001008　1259

西湖志四十八卷　(清)李衛等修　清雍正刻本　十五冊　存三十七卷(一至三十七)

370000 – 1587 – 0001009　2846

西澗草堂集四卷詩集四卷困勉齋私記四卷　(清)閻循觀撰　清乾隆三十七年(1772)刻本　四冊

370000 – 1587 – 0001010　3037

西漚全集十卷外集八卷　(清)李惺撰　(清)童槶等編輯　清同治七年(1868)天瑞堂刻本　十八冊

370000 – 1587 – 0001011　3802

西堂雜組一集八卷二集八卷三集八卷　(清)

尤侗撰　清康熙刻本　六冊

370000 – 1587 – 0001012　118

西夏紀事本末三十六卷年表一卷　(清)張鑑撰　清光緒十年(1884)江蘇書局刻本　四冊

370000 – 1587 – 0001013　1352

西學啟蒙十六種　(英國)艾約瑟譯　清光緒二十四年(1898)上海盈記書莊石印本　十六冊

370000 – 1587 – 0001014　4299

西藥匯編　(□)□□撰　清光緒二十一年(1895)香港威建大藥房石印本　一冊

370000 – 1587 – 0001015　717

西醫內科全書　(清)孔慶高筆譯　(美國)嘉約翰校正　清光緒八年(1882)博濟醫局刻本　六冊

370000 – 1587 – 0001016　5113 – 2

西遊原旨一百回　(明)吳承恩撰　(清)劉一明解　清刻本　十冊　存四十三回(三十二至七十四)

370000 – 1587 – 0001017　960

西遊原旨一百回　(明)吳承恩撰　(清)劉一明解　清刻本　六冊　存二十六回(七十五至一百)

370000 – 1587 – 0001018　5113 – 1

西遊真詮一百回　(清)陳士斌詮解　清刻本　七冊　存四十七回(四至五十)

370000 – 1587 – 0001019　961

西遊真詮一百回　(清)陳士斌詮解　清刻本　六冊　存五十回(五十一至一百)

370000 – 1587 – 0001020　328

息盦尺牘二卷　(清)陳觀圻撰　清光緒十年(1884)上海申報館鉛印申報館叢書本　一冊　存一卷(上)

370000 – 1587 – 0001021　3415

息影偶錄八卷　(清)張埏輯　清嘉慶九年(1804)南潯書屋刻本　八冊

370000 – 1587 – 0001022　3302

惜抱軒九經說十七卷　（清）姚鼐撰　清刻本
　一冊　存六卷（一至六）

370000－1587－0001023　227
惜抱軒文集十六卷文後集十卷詩集十卷後詩
集一卷外集一卷題跋三卷筆記八卷左傳補注
一卷公羊補注一卷穀梁補注一卷國語補注一
卷九經說十七卷五言今體詩鈔九卷七言今體
詩鈔九卷　（清）姚鼐撰　清同治五年（1866）
省心閣刻本　五冊　存二十六卷（文集一至
五、文後集七至十、詩集五至十、九經說七至
十七）

370000－1587－0001024　2772
惜分陰齋詩鈔十六卷　（清）李棻撰　清刻本
　六冊

370000－1587－0001025　4828
熙朝紀政四卷　（清）王慶雲撰　清刻本　一
冊　存一卷（三）

370000－1587－0001026　515
熙朝紀政四卷　（清）王慶雲撰　清光緒二十
八年（1902）山東書局排印本　三冊　存三卷
（一、三至四）

370000－1587－0001027　516
熙朝紀政四卷　（清）王慶雲撰　清刻本　二
冊　存二卷（一至二）

370000－1587－0001028　3085
熙朝新語十六卷　（清）余金輯　清道光二年
（1822）刻本（有金堂藏板）　八冊

370000－1587－0001029　3445
習靜軒詩集□□卷　（清）鼇圖撰　清刻本
一冊

370000－1587－0001030　1977
習之先生全集錄二卷　（唐）李翱撰　（清）儲
欣錄　（清）吳蔚起參校　清光緒八年（1882）
江蘇書局刻唐宋十大家全集錄本　二冊

370000－1587－0001031　601
洗心語錄　（唐）呂巖撰　清刻本　一冊

370000－1587－0001032　1304

洗冤錄表四卷　（清）曾恆德撰　清刻本
一冊

370000－1587－0001033　1296
洗冤錄詳義四卷首一卷　（宋）宋慈撰　（清）
許槤編　洗冤錄撫遺二卷　（清）葛元煦輯
清刻本　六冊

370000－1587－0001034　2924
夏時考訓蒙一卷　（清）鄭曉如錄集　清同治
八年（1869）刻本　一冊

370000－1587－0001035　3324
僊蜋樓詩存四卷　（清）吳頤吉撰　清光緒十
五年（1889）晚香堂刻本　一冊

370000－1587－0001036　5230
咸淳遺事二卷　（宋）□□撰　大金弔伐錄四
卷　（金）□□撰　清道光二十四年（1844）金
山錢氏刻守山閣叢書本　一冊　存三卷（咸
淳遺事二卷、大金弔伐錄　）

370000－1587－0001037　3371
閒談消夏錄十二卷　（清）朱翊清撰　清刻本
十二冊

370000－1587－0001038　3558
香樹齋詩集十八卷　（清）錢陳羣撰　清刻本
六冊

370000－1587－0001039　269
香樹齋文集二十八卷詩續集三十六卷　（清）
錢陳羣撰　清刻本　六冊　存二十六卷（文
集一至十八、二十四至二十八,詩續集三十四
至三十六）

370000－1587－0001040　2850
香蘇山館古體詩鈔十四卷今體詩鈔十六卷
（清）吳嵩梁撰　清刻本　八冊

370000－1587－0001041　X－305
國朝墨卷秘笈　（清）□□輯　清刻本　一冊
存一卷（二）

370000－1587－0001042　X－209
庚子辛丑恩正併科鄉墨菁華　（清）□□輯
清京都琉璃廠刻本　二冊

370000－1587－0001043　X－324

鄉墨校士　（清）□□輯　清抄本　一冊

370000－1587－0001044　X－61

鄉試會試硃卷　清刻本　一冊

370000－1587－0001045　X－307

鄉試會試硃卷　清刻本　一冊

370000－1587－0001046　X－62

直省鄉墨大觀　清刻本　一冊　存二卷（五至六）

370000－1587－0001047　4113

湘中草六卷　（明）湯傳楹撰　清刻本　一冊　存三卷（四至六）

370000－1587－0001048　3191

居業堂課童草一卷　（清）劉九官撰　清光緒四年（1878）文成堂刻本　一冊

370000－1587－0001049　2876

有正味齋試帖詳註四卷　（清）吳錫麒撰（清）吳掄　（清）吳敬恒註　清道光二十六年（1846）書業德刻本　四冊

370000－1587－0001050　4105

詳批西園課孫草　題（清）張衡菴撰　（清）楊蔚批點　清刻本　一冊

370000－1587－0001051　5557

詳批西園課孫草　題（清）張衡菴撰　（清）楊蔚批點　清醉經堂刻本　一冊

370000－1587－0001052　2732－1

項城袁氏家集　（清）丁振鐸編輯　清宣統三年（1911）清芬閣排印本　五十六冊

370000－1587－0001053　2732－2

項城袁氏家集　（清）丁振鐸編輯　清宣統三年（1911）清芬閣排印本　五十六冊　缺二卷（闇學公集文稿拾遺一卷、詩稿拾遺一卷）

370000－1587－0001054　2732－3

項城袁氏家集　（清）丁振鐸編輯　清宣統三年（1911）清芬閣排印本　五十五冊　缺三卷（文誠公奏議卷六、文稿拾遺一卷、詩稿拾遺一卷）

370000－1587－0001055　2732－4

項城袁氏家集　（清）丁振鐸編輯　清宣統三年（1911）清芬閣排印本　五十六冊

370000－1587－0001056　2732－5

項城袁氏家集　（清）丁振鐸編輯　清宣統三年（1911）清芬閣排印本　五十六冊

370000－1587－0001057　3498

小倉山房詩集三十二卷　（清）袁枚撰　清刻本　五冊　存十七卷（一至四、九至二十一）

370000－1587－0001058　1355

小倉山房尺牘十卷牘外餘言一卷　（清）袁枚著　清光緒十八年（1892）勤裕堂石印本　二冊

370000－1587－0001059　1327

小倉山房詩集三十七卷　（清）袁枚著　清隨園刻本　十二冊

370000－1587－0001060　1356

小倉山房詩集三十七卷補遺二卷　（清）袁枚著　清光緒十八年（1892）影印本　五冊　存三十四卷（六至三十七、補遺二卷）

370000－1587－0001061　1137

小倉山房詩集三十七卷文集三十五卷　（清）袁枚著　清刻本　十二冊　存三十八卷（詩集二十二至三十六、文集一至二十三）

370000－1587－0001062　1138

小倉山房詩集三十七卷文集三十五卷外集八卷　（清）袁枚著　清刻本　七冊　存二十四卷（詩集五至八、文集二十四至三十五、外集八卷）

370000－1587－0001063　1328

小倉山房文集三十五卷　（清）袁枚著　清隨園刻本　十三冊

370000－1587－0001064　1354

小倉山房文集三十五卷　（清）袁枚著　清光緒十八年（1892）勤裕堂石印本　四冊

370000－1587－0001065　1325

小倉山房外集八卷　（清）袁枚著　清刻本

（隨園藏板）　三冊

370000 – 1587 – 0001066　1353

音註小倉山房尺牘八卷　（清）袁枚著　（清）胡光斗箋釋　清長沙同文譯社石印本　四冊

370000 – 1587 – 0001067　949

小初詩薰八卷　（清）王之藩撰　清刻本　一冊　存五卷(一至五)

370000 – 1587 – 0001068　2895

增訂漢魏叢書　（清）王謨輯　清刻本　二十冊　存十九種九十五卷(新書十卷、新論十卷、新序十卷、汲冢周書十卷、穆天子傳六卷、孔叢子二卷、淮南鴻烈解二十一卷、汉武帝內傳一卷、飞燕外傳一卷、雜事秘辛一卷、群輔錄一卷、神仙傳十卷、蓮社高賢傳一卷、高士傳三卷、英雄記鈔一卷、參同契一卷、陰苻經一卷、素書一卷、法言十卷)

370000 – 1587 – 0001069　5303

小爾雅訓纂六卷　（清）宋翔鳳撰　清光緒十六年(1890)廣雅書局刻本　一冊

370000 – 1587 – 0001070　2811

小方壺齋輿地叢鈔十二帙　（清）王錫祺輯　清光緒十七年(1891)排印本　六十二冊　缺三十九卷(水道總考一卷、水經要覽一卷、各省水道圖說一卷、江道編一卷、江源記一卷、江源考一卷、江防總論一卷、防江形勢考一卷、入江巨川編一卷、長江津要一卷、淮水編一卷、淮水考一卷、淮水說一卷、尋淮源記一卷、入淮巨川編一卷、黃河編一卷、黃河說一卷、河源記一卷、河源圖說一卷、河源異同辨一卷、全河備考一卷、入河巨川編一卷、東西二漢水辨一卷、漢水發源考一卷、濟瀆考一卷、黑龍江水道編一卷、東北海諸水編一卷、十三道嘎牙河紀略一卷、盛京諸水編一卷、熱河源記一卷、京畿諸水編一卷、畿南河渠通論一卷、畿東河渠通論一卷、永定河源考一卷、水利雜記一卷、大陸澤圖說一卷、漳河源流考一卷、汴水說一卷、汝水說一卷)

370000 – 1587 – 0001071　3724

小嫏環山館彙刊類書十二种(琅環獺祭十二

种)　（清）小嫏環山館增訂　清同治六年(1867)刻本　十二冊

370000 – 1587 – 0001072　3524

小嫏環山館彙刊類書十二种(琅環獺祭十二种)　（清）小嫏環山館增訂　清咸豐元年(1851)刻本　十冊　存八種十七卷(均藻五卷、謝華啟秀四卷、歷代史腴下、左傳蒙求註一卷、左傳紺珠二卷、六經蒙求一卷、爾雅貫珠一卷、文選集腋二卷)

370000 – 1587 – 0001073　3508

小山泉閣詩存八卷　（清）汪為霖著　清道光二十年(1840)刻本　二冊　存三卷(一至三)

370000 – 1587 – 0001074　2983

小題正鵠三集附訓蒙草一卷養正草一卷　（清）李元慶編輯　清光緒五年(1879)刻本　八冊

370000 – 1587 – 0001075　3091

小題正鵠初集二集三集　（清）李元慶編輯　清同治八年(1869)刻本　八冊

370000 – 1587 – 0001076　344

小題六集大觀二卷　（清）王步青評　清刻本　一冊

370000 – 1587 – 0001077　5473

小題四集參變二卷　（清）王步青評　清刻本　一冊

370000 – 1587 – 0001078　347

小題五集精詣二卷　（清）王步青評　清刻本　一冊　存一卷(下)

370000 – 1587 – 0001079　X – 201

小題心裁一卷巧答心裁一卷　清刻本　一冊

370000 – 1587 – 0001080　5475

小題芝蘭一卷　（清）史鑑輯　清同治十年(1871)文會堂刻本　一冊

370000 – 1587 – 0001081　3166

小學集註六卷　（清）張伯行集註　**近思錄集註十四卷**　（清）江永集注　**詩經**　清同治十一年(1872)江西府署刻本　三冊

370000－1587－0001082　3166
朱子原訂近思錄集註十四卷校勘記一卷考訂
朱子世家一卷 （清）江永撰　清光緒十一年
(1885)江西書局刻本　四冊

370000－1587－0001083　3166
詩集傳八卷 （宋）朱熹撰　清同治十三年
(1874)江西書局刻本　四冊

370000－1587－0001084　3528
小學韻語二卷 （清）羅澤南撰　清光緒三十
年(1904)刻本(善成堂藏板)　二冊

370000－1587－0001085　244
小學紺珠十卷 （元）王應麟撰　清刻本　一
冊　存二卷(三至四)

370000－1587－0001086　1438
小學體註大成六卷 （清）毛繼登　（清）沈若
愚　（清）李宗元輯　**忠經體註大全約說大成
一卷孝經體註大全約說大成一卷** （清）沈士
衡輯　清佛山老會賢堂刻本　三冊　存七卷
(小學體註大成一至五、忠經體註大全約說大
成一卷、孝經體註大全約說大成一卷)

370000－1587－0001087　866
小學弦歌八卷 （清）李元度輯　清光緒八年
(1882)漢文書局刻本　五冊　存七卷(一至
三、五至八)

370000－1587－0001088　X－27
小學韻語二卷 （清）羅澤南撰　清宣統二年
(1910)濟南義和堂刻本　一冊　存一卷(下)

370000－1587－0001089　1444
小學韻語二卷 （清）羅澤南撰　清宣統二年
(1910)濟南義和堂刻本　一冊

370000－1587－0001090　1445
小學韻語一卷 （清）羅澤南撰　清光緒二十
六年(1900)福成堂刻本　一冊

370000－1587－0001091　1446
小學韻語一卷 （清）羅澤南撰　清光緒三十
年(1904)濟南新設官書局刻本　一冊

370000－1587－0001092　1447

370000－1587－0001092　1447
小學韻語二卷 （清）羅澤南撰　清宣統二年
(1910)濟南義和堂刻本(孔德成題簽)　一冊
　存一卷(下)

370000－1587－0001093　1436
**小學纂注六卷朱子小學總論一卷文公朱夫子
[熹]年譜一卷** （清）高愈撰　清同治八年
(1869)江蘇書局刻本　二冊

370000－1587－0001094　5513
詩集傳八卷 （宋）朱熹撰　清刻本　一冊
　存一卷(五)

370000－1587－0001095　4427
**小隱齋課蒙草六卷小隱齋塾課三卷小隱齋制
藝三卷** （清）王振綱撰　清光緒二年至四年
(1876－1878)刻本　十三冊　缺一卷(小隱
齋塾課學庸一卷)

370000－1587－0001096　5088
小知錄十二卷 （清）陸鳳藻輯　清嘉慶九年
(1804)琴雅堂刻本　八冊

370000－1587－0001097　3681
小重山房初稿一卷 （清）張祥河撰　清刻本
　一冊

370000－1587－0001098　3403
孝行錄初編四卷次編□□卷 （清）顏崇魯撰
　清刻本　三冊　存六卷(初編四卷、次編一
至二)

370000－1587－0001099　1558
孝經一卷 清光緒十一年(1885)上海同文書
局石印本　一冊

370000－1587－0001100　1563
孝經一卷 清濟公庫序刻本　一冊

370000－1587－0001101　1564
孝經一卷 清濟公庫序刻本　一冊

370000－1587－0001102　1565
孝經一卷 清濟公庫序刻本　一冊

370000－1587－0001103　1566
孝經一卷 清濟公庫序刻本　一冊

370000－1587－0001104　1567

孝經一卷　清濟公庫序刻本　一冊

370000－1587－0001105　1568

孝經一卷　清濟公庫序刻本　一冊

370000－1587－0001106　1569

孝經一卷　清濟公庫序刻本　一冊

370000－1587－0001107　1570

孝經一卷　清濟公庫序刻本　一冊

370000－1587－0001108　1571

孝經一卷　清濟公庫序刻本　一冊

370000－1587－0001109　1572

孝經一卷　清濟公庫序刻本　一冊

370000－1587－0001110　4060

孝經一卷　清光緒十一年(1885)上海同文書局石印本　一冊

370000－1587－0001111　1548

孝經一卷　(唐)玄宗李隆基注　**附二十四孝圖說**　清末民國影印本　一冊

370000－1587－0001112　1549

孝經一卷　(唐)玄宗李隆基注　**附二十四孝圖說**　清末民國影印本　一冊

370000－1587－0001113　1552

孝經集傳四卷　(明)黃道周集傳　清成都學道街至古堂刻本　四冊

370000－1587－0001114　1554

孝經集傳四卷　(明)黃道周集傳　清成都學道街至古堂刻本　四冊

370000－1587－0001115　1594

孝經一卷尺牘存一卷　(清)姜國伊著　清刻本　一冊

370000－1587－0001116　253

廿四史約編　(清)鄭元慶編　清刻本　三冊

370000－1587－0001117　4900

廿四史約編　(清)鄭元慶編　清光緒二十二年(1896)上海煥文書局石印本　八冊

370000－1587－0001118　3722－3

校補詩韻合璧五卷　(清)湯文潞編　清光緒十一年(1885)文英堂書坊刻本　五冊

370000－1587－0001119　3250

校訂困學紀聞二十卷　(元)王應麟撰　(清)閻若璩　(清)何焯　(清)全祖望箋　清嘉慶九年(1804)刻本　八冊

370000－1587－0001120　3098

校刊詞律二十卷　(清)萬樹撰　**詞律拾遺六卷詞律補注二卷**　(清)徐本立撰　**詞律補遺一卷**　(清)杜文瀾編　清刻本　十二冊

370000－1587－0001121　3557

校增字學舉隅一卷　(清)龍啓瑞撰　清同治十三年(1874)刻本　一冊

370000－1587－0001122　3056

校正增廣尚友錄統編二十四卷　題(清)錢湖釣徒編　清光緒十四年(1888)鴻章書局石印本　十六冊

370000－1587－0001123　784

校正增廣驗方新編二十四卷　(清)鮑相璈輯　清光緒二十年(1894)上海寶善書局石印本　十二冊

370000－1587－0001124　908

驗方新編十六卷首一卷　(清)鮑相璈輯　清光緒三十年(1904)上海洽記書局石印本　六冊

370000－1587－0001125　5370

校正真草隸篆四體三字經　(元)王應麟撰　清錦章圖書局石印本　一冊

370000－1587－0001126　X－193

校正重刊官板宋朝文鑑一百五十卷　(宋)呂祖謙輯　清刻本　一冊　存四卷(三十三至三十六)

370000－1587－0001127　475

校正重刊官板宋朝文鑑一百五十卷　(宋)呂祖謙輯　清刻本　二冊　存八卷(五十二至五十九)

370000－1587－0001128　3112

諧史四卷　（清）程森泳輯　清嘉慶五年
(1800)酉酉山刻本　四冊

370000－1587－0001129　3240

寫定尚書一卷　（清）吳汝綸校疏　清光緒十
八年(1892)桐城吳氏家塾石印本　一冊

370000－1587－0001130　4261

寫心雜劇十八種十八卷　（清）徐爔撰　清乾
隆五十四年(1789)徐氏夢生堂刻本　一冊
存三種三卷(游湖一卷、述夢一卷、醒鏡一卷)

370000－1587－0001131　X－374

寫信必讀十卷　（清）唐芸洲編　清末民國石
印本　一冊　存八卷(三至十)

370000－1587－0001132　4615

般若心經口義別一卷　（清）釋大璸譯　清宣
統元年(1909)揚州藏經院刻本(李純居士跋)
一冊

370000－1587－0001133　829

清窶齋心賞編一卷　（明）王象晉輯　清刻本
一冊

370000－1587－0001134　392

心政經合編二卷　（宋）真德秀輯撰　清末江
蘇書局刻本　一冊

370000－1587－0001135　3720

心政錄八卷　（清）雅爾圖撰　清乾隆刻本
八冊　存五卷(一至五)

370000－1587－0001136　X－267

新訂鄧退菴先生家授四書講義補註附考備旨
十卷　（明）鄧林撰　（清）鄧煜編　（清）仇
兆鰲　（清）祁文友校訂　清刻本　一冊　存
一卷(孟子一)

370000－1587－0001137　1655

曲江書屋新訂批註左傳快讀十八卷首一卷
(清)李紹崧選訂　清光緒五年(1879)崇文堂
刻本　十六冊

370000－1587－0001138　5441－1

新訂四書補注備旨十卷　（明）鄧林撰　（清）

杜定基增訂　（清）祁文友校　清刻本　十
六冊

370000－1587－0001139　5441－2

新訂四書補注備旨十卷　（明）鄧林撰　（清）
杜定基增訂　（清）祁文友校　清刻本　一冊
存一卷(下孟三)

370000－1587－0001140　X－245

新訂四書補注備旨十卷　（明）鄧林撰　（清）
鄧煜編　（清）祁文友重校　（清）杜定基增訂
清光緒三十年(1904)刻本(泰和堂藏板)
四冊　存六卷(大學一、中庸一、上論一至二、
下論三、下孟四)

370000－1587－0001141　5102

新訂四書補注備旨十卷　（明）鄧林撰　（清）
仇兆鰲補　清光緒十二年(1886)刻本　三十
三冊

370000－1587－0001142　5432

新訂四書補注備旨十卷　（明）鄧林撰　（清）
仇兆鰲補　清刻本　三冊

370000－1587－0001143　5476

新訂四書補注備旨十卷　（明）鄧林撰　（清）
仇兆鰲補　清刻本　一冊　存一卷(三)

370000－1587－0001144　5542

新訂四書補注備旨十卷　（明）鄧林撰　（清）
仇兆鰲補　清刻本　一冊　存一卷(下孟四)

370000－1587－0001145　5441－4

新訂四書補註附考備旨十卷　（明）鄧林手著
（清）杜定基增訂　清刻本　二冊　存三卷
(上論一至二、下孟三)

370000－1587－0001146　X－103

新訂四書補註附考備旨十卷　（明）鄧林手著
（清）杜定基增訂　清刻本　一冊　存一卷
(上孟二)

370000－1587－0001147　X－277

新訂四書補註附考備旨十卷　（明）鄧林手著
（清）杜定基增訂　清乾隆五十七年(1792)

集義堂刻本　　三冊　　存六卷(大學一卷、中庸一卷、孟子四卷)

370000－1587－0001148　364

新輯撫豫宣化錄十卷　（清）田文鏡撰　清刻本　一冊　存一卷(三)

370000－1587－0001149　555

新輯撫豫宣化錄十卷　（清）田文鏡撰　清光緒二十二年(1896)石印本　七冊　存九卷(一至二、四至十)

370000－1587－0001150　5486－6

新鐫江晉雲先生詩經衍義集註八卷　（明）江環撰　清刻本　一冊　存三卷(六至八)

370000－1587－0001151　5467

新鐫神峯張先生通考闢謬命理正宗大全六卷　（清）張楠撰　（清）杜春芳校正　清紹城問奇齋刻本　一冊　存一卷(一)

370000－1587－0001152　4738

新鐫五言千家詩會義直解二卷註解二卷　(清)王相選注　（清）任福祐重輯　清書業德刻本　一冊

370000－1587－0001153　5435

新鐫五言千家詩箋註二卷　（清）王相選註 (清)鄭漢校梓　**唐司空圖詩品詳註**　（唐）司空圖撰　**笠翁對韻二卷**　（清）李漁著　清刻本　一冊

370000－1587－0001154　X－5

新鐫校正評註分類百子金丹全書十卷　（明）郭偉選注　（明）郭中吉編次　**述記三卷**　(清)任兆麟述　清刻本　　八冊

370000－1587－0001155　4920

新鐫易經體註大全四卷　（清）來爾繩撰　清末聚錦堂刻本　　二冊

370000－1587－0001156　5040

新鐫增註周易備旨一見能解六卷　（清）黃淳耀撰　（清）嚴而寬增補　清刻本　二冊　存三卷(二至四)

370000－1587－0001157　X－152

新鐫註解三字經一卷　（元）王應麟著　（清）王相註解　清三益堂刻本　一冊

370000－1587－0001158　1580

新刊爾雅翼三十二卷　（宋）羅願著　（明）畢效欽校　明嘉靖畢效欽刻五雅本　一冊　存六卷(七至十二)

370000－1587－0001159　3737

新刊合併官板音義評註淵海子平五卷　（宋）徐升編　（明）楊淙增校　清啟新書局石印本　四冊

370000－1587－0001160　5511

新刊祕訣三命指迷賦一卷　（□）珞琭子撰 (宋)岳珂補注　清嘉慶四年(1799)桐川顧氏刻讀畫齋叢書本　一冊

370000－1587－0001161　1149

新刊聖蹟圖　（清）孔憲蘭繪　清同治十三年(1874)刻本　　一冊

370000－1587－0001162　433

新刊五百家註音辯昌黎先生詩集四十卷　(唐)韓愈撰　清末民國影印本　二十一冊　存三十八卷(三至二十七、二十九至四十一)

370000－1587－0001163　1244

[道光]博平縣志六卷　（清）楊祖憲修 (清)烏竹芳纂　清道光刻本　一冊　存一卷(五)

370000－1587－0001164　1252

[康熙]東阿縣志十二卷　（清）劉沛先修 (清)王吉臣纂　（清）鄭廷瑾續修　（清）蘇日增續纂　清康熙四年(1665)刻五十四年(1715)增刻本　　五冊

370000－1587－0001165　1255

[康熙]東平州志六卷　（清）張聰　（清）張承賜修　（清）單民功纂　清康熙十九年(1680)刻本　　四冊　存四卷(一至二、四、六)

370000－1587－0001166　1258

[康熙]新修萊蕪縣志十卷　（清）鍾國義等纂修　清康熙十二年(1673)刻本　　四冊

370000－1587－0001167　1256

[康熙]新修萊蕪縣志十卷　（清）鍾國義等纂
修　清康熙十二年(1673)刻本　四冊

370000－1587－0001168　1248

[康熙]臨淄縣志十六卷　（清）鄧性修
（清）李煥章等纂　清刻本　四冊　存十五卷
(一至十五)

370000－1587－0001169　1243

[康熙]蒙陰縣志四卷　（清）屈逸乘修
（清）王運升纂　清康熙十一年(1672)刻本
一冊　存一卷(四)

370000－1587－0001170　1241

掖縣全志四種十八卷首二卷　（清）魏起鵬等
輯　清乾隆至光緒間刻光緒十九年(1893)印
本　一冊　存一卷(掖縣志卷四)

370000－1587－0001171　1198

[道光]沂水縣志十卷　（清）張燮修　（清）
劉承謙等纂　清道光七年(1827)刻本　二冊

370000－1587－0001172　1197

[乾隆]沂州府志三十六卷首一卷　（清）李希
賢修　（清）潘遇莘　（清）丁愷曾纂　清乾隆
二十五年(1760)刻本　二冊　存六卷(二十
八至二十九、三十三至三十六)

370000－1587－0001173　1238

[萬曆]汶上縣志八卷　（明）栗可仕　（明）
王命新纂修　清康熙五十六年(1717)西泠聞
元炅刻本　一冊　存一卷(一)

370000－1587－0001174　1261

[光緒]費縣志十六卷首一卷　（清）李敬修纂
修　清光緒二十二年(1896)刻本　十冊

370000－1587－0001175　1245

[康熙]重修任丘縣志四卷　（清）姚原溈修
（清）邊之鑾纂　清康熙十九年(1680)刻本
四冊

370000－1587－0001176　1219

[光緒]滋陽縣志十四卷　（清）莫熾修
（清）黃恩彤纂　（清）李兆霖等續修　（清）

黃師閻等續纂　清光緒十四年(1888)刻本
九冊

370000－1587－0001177　1220

[光緒]滋陽縣志十四卷　（清）莫熾修
（清）黃恩彤纂　（清）李兆霖等續修　（清）
黃師閻等續纂　清光緒十四年(1888)刻本
八冊　存十二卷(一至四、七至十四)

370000－1587－0001178　1204

[光緒]鄒縣續志十二卷　（清）吳若灝修
（清）錢樘纂　清光緒十八年(1892)刻本
四冊

370000－1587－0001179　1203

[康熙]鄒縣志三卷　（清）婁一均纂修　清康
熙五十五年(1716)刻本　四冊

370000－1587－0001180　1201

[光緒]費縣志十六卷首一卷　（清）李敬修纂
修　清光緒二十二年(1896)刻本　二冊　存
三卷(三、五至六)

370000－1587－0001181　1160

[光緒]湖南通志二百八十八卷首八卷末十九
卷　（清）李瀚章修　清光緒十一年(1885)刻
本　一百六十八冊

370000－1587－0001182　1181

[道光]濟南府志七十二卷首一卷　（清）王贈
芳等修　（清）成瓘纂　清道光二十年(1840)
刻本　四十冊

370000－1587－0001183　952

[光緒丁酉科]山東鄉試題名錄一卷　清光緒
二十三年(1897)刻本　一冊

370000－1587－0001184　931

[光緒丁酉科]山東鄉試硃卷不分卷　清光緒
二十三年(1897)刻本　八冊

370000－1587－0001185　1069

[光緒戊子科]江西闈墨一卷　清光緒十四年
(1888)奎宿堂刻本　一冊

370000－1587－0001186　1770

[江南高淳漆橋]孔氏宗譜　清光緒刻本　十

冊　存十卷（三十一至四十）

370000－1587－0001187　1771
[江南高淳漆橋]孔氏宗譜　清光緒刻本　十
冊　存十卷（四十一至五十）

370000－1587－0001188　1772
[江南高淳漆橋]孔氏宗譜　清光緒刻本　十
冊　存十卷（二十一至三十）

370000－1587－0001189　1773
[江南高淳漆橋]孔氏宗譜　清光緒刻本　十
冊　存十卷（五十一至六十）

370000－1587－0001190　1239
[康熙]續修汶上縣志六卷　（清）聞元炅續編
　清康熙五十六年（1717）刻本　一冊　存一
卷（下）

370000－1587－0001191　1251
[乾隆]濟寧直隸州志三十四卷　（清）胡德琳
修　清乾隆五十年（1785）刻本　十五冊　存
二十七卷（一、五至十七、二十至三十二）

370000－1587－0001192　1223
[乾隆]萊州府志十六卷首一卷　（清）嚴有禧
纂修　清乾隆刻本　二冊　存四卷（一至四）

370000－1587－0001193　1225
[乾隆]曲阜縣志一百卷　（清）潘相修　清乾
隆三十九年（1774）刻本　七冊　存六十三卷
（三至八、十五至四十五、六十二至八十七）

370000－1587－0001194　1226
[乾隆]曲阜縣志一百卷　（清）潘相修　清乾
隆三十九年（1774）刻本　二冊　存十四卷
（三至八、十五至二十二）

370000－1587－0001195　1227
[乾隆]曲阜縣志一百卷　（清）潘相修　清乾
隆三十九年（1774）刻本　一冊　存六卷（九
至十四）

370000－1587－0001196　1228
[乾隆]曲阜縣志一百卷　（清）潘相修　清乾
隆三十九年（1774）刻本　一冊　存六卷（九
至十四）

370000－1587－0001197　1229
[乾隆]曲阜縣志一百卷　（清）潘相修　清乾
隆三十九年（1774）刻本　一冊　存六卷（九
至十四）

370000－1587－0001198　1202
[道光]泰安縣志十二卷　（清）徐宗幹修
（清）蔣大慶等纂　清道光八年（1828）刻本
十四冊

370000－1587－0001199　1237
[乾隆]濰縣志六卷首一卷末一卷　（清）張耀
璧修　清乾隆二十五年（1760）刻本　六冊

370000－1587－0001200　1039
[清雍正二年]硃批諭旨　清刻本　一冊

370000－1587－0001201　1045
[清雍正二年]硃批諭旨　清刻本　一冊

370000－1587－0001202　1041
[清雍正九年]硃批諭旨　清刻本　一冊

370000－1587－0001203　1040
[清雍正七年]硃批諭旨　清刻本　一冊

370000－1587－0001204　1042
[清雍正三年]硃批諭旨　清刻本　一冊

370000－1587－0001205　1044
[清雍正三年]硃批諭旨　清刻本　一冊

370000－1587－0001206　1048
[清雍正四年]硃批諭旨　清刻本　一冊

370000－1587－0001207　1043
[清雍正元年]硃批諭旨　清刻本　一冊

370000－1587－0001208　1046
[清雍正元年]硃批諭旨　清刻本　一冊

370000－1587－0001209　1047
[清雍正元年]硃批諭旨　清刻本　一冊

370000－1587－0001210　1257
[同治]即墨縣志十二卷　（清）林溥修　清同
治十二年（1873）刻本　八冊

370000－1587－0001211　1249

[康熙]曹州志二十卷　（清）佟企聖修
（清）蘇毓眉等纂　清康熙十三年(1674)刻本
　一册　存六卷(五至十)

370000－1587－0001212　1250
[康熙]曹州志二十卷　（清）佟企聖修
（清）蘇毓眉等纂　清康熙十三年(1674)刻本
　一册　存六卷(五至十)

370000－1587－0001213　780
[道光癸卯科]山東鄉試第捌房同名姓氏
（清）佚名編　清刻本　一册

370000－1587－0001214　781
[道光癸卯科]山東鄉試第捌房同名姓氏
（清）佚名編　清刻本　一册

370000－1587－0001215　3461
[光緒丁酉科]鄉試硃卷　清刻本　一册

370000－1587－0001216　725
[同治壬戌科]河南鄉試第四房同門硃卷　清
同治元年(1862)刻本　一册

370000－1587－0001217　726
[同治壬戌科]河南鄉試第四房同門硃卷　清
同治元年(1862)刻本　一册

370000－1587－0001218　727
[同治壬戌科]河南鄉試第四房同門硃卷　清
同治元年(1862)刻本　一册

370000－1587－0001219　728
[同治壬戌科]河南鄉試第四房同門硃卷　清
同治元年(1862)刻本　一册

370000－1587－0001220　729
[同治壬戌科]河南鄉試第四房同門硃卷　清
同治元年(1862)刻本　一册

370000－1587－0001221　X－89
增補矮屋必須九卷　（清）朱雲亭輯　清光緒
刻本　一册　存五卷(五至九)

370000－1587－0001222　89
愛蓮書屋詩稿□□卷　（清）孔廣權撰　清抄
本　六册

370000－1587－0001223　459
愛日堂壽言四卷　屈映光輯　清刻本　一册
存三卷(二至四)

370000－1587－0001224　5218
愛日齋叢鈔五卷　（宋）葉寘撰　清道光二十
二年(1842)刻守山閣叢書本　一册　存四卷
(二至五)

370000－1587－0001225　2872
安德明詩選遺一卷二學亭文渙四卷硯思集六
卷西圃叢辨三十二卷西圃文說三卷西圃詞說
一卷　（清）田雯撰　清乾隆刻本　十一册

370000－1587－0001226　4614
安徽叢書第二期全書樣本特價簡章　清刻本
　一册

370000－1587－0001227　3670
安樂延年室試帖三卷　清光緒刻本　一册

370000－1587－0001228　305
安蔬草堂試帖詳注二卷　（清）李廷芳撰　清
道光十八年(1838)新聚堂刻本　一册

370000－1587－0001229　2933
安吳四種　（清）包世臣撰　清刻本　八册
存兩種(管情三義、齊民四術)

370000－1587－0001230　3146
安吳四種　（清）包世臣撰　清咸豐刻本　三
册　存一種七卷(中衢一勺七卷)

370000－1587－0001231　3811
安雅堂未刻稿八卷附入蜀集二卷安雅堂書啟
一卷祭皋陶一卷　（清）宋琬撰　清乾隆刻本
十册

370000－1587－0001232　X－178
暗室燈二卷　王崇實撰　清刻本　一册　存
一卷(上)

370000－1587－0001233　1865
八代詩選二十卷　王闓運撰　清光緒十六年
(1890)江蘇書局刻本　八册

370000－1587－0001234　3103
八家古文精選　（清）呂留良輯　（清）呂葆中

批點　清康熙四十三年(1704)呂氏家塾刻本
　十冊

370000－1587－0001235　3312－1
八家四六文注八卷　(清)許貞幹撰　清光緒
十八年(1892)刻本　八冊

370000－1587－0001236　3312－2
八家四六文注八卷　(清)許貞幹撰　清光緒
十八年(1892)刻本　三冊　存三卷(一、四、
七上)

370000－1587－0001237　X－356
注釋八銘塾鈔初集五卷　(清)吳懋政編次
清刻本　四冊

370000－1587－0001238　X－219
增注八銘塾鈔二集六卷　(清)吳懋政編次
清刻本　五冊

370000－1587－0001239　3247
八賢手札　(清)郭慶藩輯　清光緒十一年
(1885)上海同文書局石印本　二冊

370000－1587－0001240　3113
八秩壽詩　(清)高宗弘曆撰　清刻本　一冊

370000－1587－0001241　W010231
白虎通二卷　(漢)班固撰　清刻汪士漢秘書
二十一種本　一冊

370000－1587－0001242　1346
白虎通四卷　(漢)班固撰　(清)莊述祖輯
清乾隆四十九年(1784)盧氏刻抱經堂叢書本
　二冊

370000－1587－0001243　3505
白香山詩集二十卷後集十七卷別集一卷補遺
　二卷　(唐)白居易撰　年譜一卷　(清)汪立
名撰　年譜舊本一卷　(宋)陳振孫撰　清康
熙四十一年至四十二年(1702－1703)汪立名
一隅草堂刻本　六冊　存二十二卷(後集十
七卷、別集一卷、補遺二卷,白香山年譜一卷,
年譜舊本一卷)

370000－1587－0001244　3503
白香山詩集二十卷後集十七卷別集一卷補遺

二卷　(唐)白居易撰　年譜一卷　(清)汪立
名撰　年譜舊本一卷　(宋)陳振孫撰　清康
熙四十一年至四十二年(1702－1703)汪立名
一隅草堂刻本　六冊　存二十卷(詩集二十
卷)

370000－1587－0001245　1118
白香山詩集二十卷後集十七卷別集一卷補遺
　二卷　(唐)白居易撰　年譜一卷　(清)汪立
名撰　年譜舊本一卷　(宋)陳振孫撰　清康
熙四十一年至四十二年(1702－1703)汪立名
一隅草堂刻本　六冊　存二十一卷(一至二
十、年譜舊本一卷)

370000－1587－0001246　2782
白香山詩集二十卷後集十七卷別集一卷補遺
　二卷　(唐)白居易撰　年譜一卷　(清)汪立
名撰　年譜舊本一卷　(宋)陳振孫撰　清康
熙四十一年至四十二年(1702－1703)汪立名
一隅草堂刻本　　一冊　存四十卷(白香山詩
集二十卷、後集十七卷、別集一卷、補遺二卷)

370000－1587－0001247　3067
百川匯海　清刻本　十五冊

370000－1587－0001248　4578
般若波羅蜜多心經一卷　(唐)釋玄奘譯　清
刻本　一冊

370000－1587－0001249　3343
板橋詞鈔一卷　(清)鄭燮撰　清刻本　一冊

370000－1587－0001250　3437
板橋集六卷　(清)鄭燮撰　清刻本　四冊

370000－1587－0001251　3341
板橋詩鈔二卷　(清)鄭燮撰　清刻本　一冊
　存一卷(三)

370000－1587－0001252　3450
板橋詩鈔二卷　(清)鄭燮撰　清刻本　一冊

370000－1587－0001253　3345
板橋集六卷　(清)鄭燮撰　清刻本　一冊
　存二卷(板橋家書、板橋題畫)

370000－1587－0001254　4137

寶誥便誦三尼醫世陀羅尼合編　清影印本
一冊

370000－1587－0001255　4358

寶鏡圖　清朱墨套印本　一冊

370000－1587－0001256　232

保赤彙編七種十六卷　（清）朱之榛輯　清光
緒五年（1879）蘇州刻本　四冊　存四種十一
卷（錫麟寶訓四卷、達生編二卷、保嬰易知錄
二卷、錢氏小兒要證直訣三卷）

370000－1587－0001257　4313

葆真山人養性編一卷　（清）柯懷經撰　清光
緒十七年（1891）北學草堂刻本　一冊

370000－1587－0001258　4429

寶誥便誦三尼醫世陀羅尼合編　清刻本
一冊

370000－1587－0001259　1035

寶鐵齋詩錄不分卷　（清）韓崇元撰　清道光
二十九年（1849）潯江郡舍刻本　二冊

370000－1587－0001260　918

寶文堂四書遵注合講　清刻本　二冊

370000－1587－0001261　4731

寶興堂重評古文釋義新編八卷　（清）余誠評
注　清刻本　二冊　存二卷（六、八）

370000－1587－0001262　52

碑傳集一百六十卷　（清）錢儀吉纂錄　清光
緒十九年（1893）刻本　六十冊

370000－1587－0001263　4291

北斗本命延生尊經　清刻本　一冊

370000－1587－0001264　297

北海經學七錄八卷　（清）孔廣林錄　清乾隆
三十九年（1774）刻本　一冊　存一卷（卷七
之一至之八）

370000－1587－0001265　2748

北海經學七錄八卷　（清）孔廣林錄　清光緒
十二年（1886）刻本　一冊

370000－1587－0001266　2749

北海經學七錄八卷　（清）孔廣林錄　清光緒
十二年（1886）刻本　一冊

370000－1587－0001267　2750

北海經學七錄八卷　（清）孔廣林錄　清光緒
十二年（1886）刻本　一冊

370000－1587－0001268　2751

北海經學七錄八卷　（清）孔廣林錄　清光緒
十二年（1886）刻本　一冊

370000－1587－0001269　2752

北海經學七錄八卷　（清）孔廣林錄　清光緒
十二年（1886）刻本　一冊

370000－1587－0001270　2753

北海經學七錄八卷　（清）孔廣林錄　清光緒
十二年（1886）刻本　一冊

370000－1587－0001271　2754

北海經學七錄八卷　（清）孔廣林錄　清光緒
十二年（1886）刻本　一冊

370000－1587－0001272　2755

北海經學七錄八卷　（清）孔廣林錄　清光緒
十二年（1886）刻本　一冊

370000－1587－0001273　2756

北海經學七錄八卷　（清）孔廣林錄　清光緒
十二年（1886）刻本　一冊

370000－1587－0001274　2757

北海經學七錄八卷　（清）孔廣林錄　清光緒
十二年（1886）刻本　一冊

370000－1587－0001275　2758

北海經學七錄八卷　（清）孔廣林錄　清光緒
十二年（1886）刻本　一冊

370000－1587－0001276　2759

北海經學七錄八卷　（清）孔廣林錄　清光緒
十二年（1886）刻本　一冊

370000－1587－0001277　2760

北海經學七錄八卷　（清）孔廣林錄　清光緒
十二年（1886）刻本　一冊

370000－1587－0001278　2761

北海經學七錄八卷　（清）孔廣林録　清光緒
十二年(1886)刻本　一冊

370000－1587－0001279　2999

北夢瑣言二十卷　（宋）孫光憲撰　清刻本
四冊

370000－1587－0001280　113

北齊書五十卷　（唐）李百藥撰　清同治十三
年(1874)刻本　四冊

370000－1587－0001281　4082

北上吟草二卷　（清）柳堂撰　清光緒二十八
年(1902)刻本　一冊

370000－1587－0001282　109

北史一百卷　（唐）李延壽撰　清同治十二年
(1873)刻本　二十冊

370000－1587－0001283　1322

北洋公牘類纂二十五卷　（清）甘厚慈輯　清
光緒三十三年(1907)京城益森印刷有限公司
鉛印本　二十冊

370000－1587－0001284　4858

本草備要八卷　（清）汪昂撰　清刻本　一冊
　存一卷(一)

370000－1587－0001285　4447

本草備要八卷醫方湯頭歌括一卷經絡歌訣一
卷續增日食菜物一卷醫方集解三卷　（清）汪
昂撰　清刻本　五冊　缺本草備要草部、醫
方集解上之一、二

370000－1587－0001286　739

本草備要八卷　（清）汪昂撰　清光緒五年
(1879)掃葉山房刻本　五冊

370000－1587－0001287　236

本草綱目五十二卷　（明）李時珍撰　清光緒
十一年(1885)刻本　三十六冊　存五十一卷
(一至十二、十四至五十二)

370000－1587－0001288　239

本草綱目五十二卷　（明）李時珍撰　清刻本
　二十四冊　存二十八卷(二十四至五十一)

370000－1587－0001289　823

本草原始十二卷　（明）李中立撰　清道光二
十四年(1844)信元堂刻本　四冊

370000－1587－0001290　5270

本朝試賦新硎五卷　（清）陸貽穀　（清）李光
瓊輯評　清刻本　三冊　存三卷(二、四至
五)

370000－1587－0001291　4432

本朝同聲集六卷附玉堂清課一卷　（清）胡浚
選注　（清）寶大宗師鑒定　清刻本　四冊

370000－1587－0001292　3641

本朝應制詩賦鳳池集　（清）沈玉亮　（清）吳
陳琰輯　清刻本　五冊

370000－1587－0001293　604

本經逢原四卷　（清）張璐撰　清刻本　一冊
　存一卷(一)

370000－1587－0001294　689

筆花醫鏡四卷　（清）江湧曠著　清同治五年
(1866)影印本　一冊

370000－1587－0001295　3379

苾芻閣賦鈔六卷　清同治九年(1870)刻本
一冊

370000－1587－0001296　458

碧江集　（清）楊在浦撰　清刻本　一冊

370000－1587－0001297　3226

碧江集　（清）楊在浦撰　清刻本　一冊

370000－1587－0001298　X－264

便記録一卷　清抄本　一冊

370000－1587－0001299　5246

辨惑編四卷附録一卷　（元）謝應芳撰　（清）
錢熙祚校　清刻本　一冊

370000－1587－0001300　814

辨證録十四卷　（清）陳士鐸撰　清同治八年
(1869)刻本　八冊　存八卷(一至八)

370000－1587－0001301　770

辨證録十四卷　（清）陳士鐸撰　清刻本
一冊

370000－1587－0001302　2992

表異錄二十卷 （明）王志堅輯　**清異錄不分卷** （宋）陶穀撰　清刻本　二冊

370000－1587－0001303　748

瀕湖脈學一卷附奇經脈訣考不分卷 （明）李時珍撰　清光緒五年(1879)三元堂刻本　一冊

370000－1587－0001304　3502

丙申北遊詩詞小草一卷 （清）孔昭薰撰　清刻本　一冊

370000－1587－0001305　2228

稟啟零紈四卷 （清）姜士堯輯　清上海申報館鉛印本　一冊　存二卷(一至二)

370000－1587－0001306　338

博古齋書目 （清）博古齋編　清石印本　六冊　存第五、第七、第九、第十三、第十五、第十七期

370000－1587－0001307　1305

駁案新編三十二卷 （清）全士潮等編　清刻本　十六冊　存十九卷(一至十、二十四至三十二)

370000－1587－0001308　1307

駁案新編三十二卷駁案新編續七卷 （清）全士潮等編　清刻本　八冊　存一卷(駁案新編三十二)

370000－1587－0001309　517

卜筮正宗十四卷 （清）王洪緒輯　清石印本　四冊

370000－1587－0001310　5393

卜筮正宗十四卷 （清）王洪緒輯　清刻本　一冊　存五卷(十至十四)

370000－1587－0001311　3190

補註正續唐詩三百首八卷新選唐詩三百首續刻 （清）陳婉俊輯　清光緒十二年(1886)刻本　八冊

370000－1587－0001312　1163

捕蝗要訣一卷除蝻八要一卷 （清）錢炘和輯　清光緒十七年(1891)江蘇書局刻本　一冊

370000－1587－0001313　5423

補紅樓夢四十八回 （清）娜嬛山樵撰　清刻本　三冊　存十二回(三十三至四十、四十五至四十八)

370000－1587－0001314　1334

重刊補註洗冤錄集證六卷 （宋）宋慈輯　（清）王又槐增輯　（清）李觀瀾補輯　（清）阮其新補注　清道光二十四年(1844)刻三色套印本　四冊

370000－1587－0001315　2880

才調集補注十卷 （五代）韋縠編　（清）殷元勳箋註　（清）宋邦綏補註　（清）馮舒（清）馮班評閱　清光緒二十年(1894)刻本　四冊

370000－1587－0001316　2832

采菽嘗評選戰國策十二卷 （清）陳祚明評選　清刻本　四冊

370000－1587－0001317　X－250

參訂增補周易備旨一見能解六卷 （清）黃淳耀撰　清光緒二十五年(1899)刻本　一冊　存一卷(上經一)

370000－1587－0001318　5174

參同契經文直指三篇 （漢）魏伯陽撰　（清）劉一明解　（清）羅文續　清嘉慶四年(1799)刻本　一冊

370000－1587－0001319　5173

參同契直指箋注三篇 （漢）徐真人撰　（清）劉一明解　清刻本　一冊

370000－1587－0001320　1171

蠶桑萃編十五卷 （清）衛傑編　清光緒二十五年(1899)刻本　八冊

370000－1587－0001321　1164

蠶桑輯要合編一卷 （清）尹蓮溪輯　清光緒二年(1876)荷池書局刻本　一冊

370000－1587－0001322　2765

蠶尾集十卷 （清）王士禛撰　清刻本　五冊

370000－1587－0001323　　2764

蠶尾集十卷續集二卷後集二卷　（清）王士禎
撰　清刻本　六冊

370000－1587－0001324　　5399

倉頡篇補本二卷　（清）陶方琦撰　清刻本
一冊

370000－1587－0001325　　1968

倉頡篇輯三卷續一卷補一卷　（清）孫星衍學
　清光緒十六年（1890）刻本　一冊　存四卷
（倉頡篇輯三卷、續一卷）

370000－1587－0001326　　525

滄溟先生集三十卷　（明）李攀龍撰　清道光
二十七年（1847）刻本　四冊　存十五卷（一
至十五）

370000－1587－0001327　　472

藏密廬文稿四卷　（清）鄭喬遷撰　清刻本
二冊

370000－1587－0001328　　X－372

曹南坡擬作試題文　（清）陳池鳳　（清）呂肇
堂編次　清刻本　二冊

370000－1587－0001329　　X－58

曹寅穀制藝不分卷　（清）曹寅穀撰　清嘉慶
十三年（1808）刻本　一冊

370000－1587－0001330　　X－136

[康熙]曹州志二十卷　（清）佟企聖修
（清）蘇毓眉等纂　清刻本　一冊　存二卷
（五、十）

370000－1587－0001331　　X－137

[康熙]曹州志二十卷　（清）佟企聖修
（清）蘇毓眉等纂　清刻本　一冊　存四卷
（八至十一）

370000－1587－0001332　　3459

漕河禱冰圖詩錄四卷首一卷　（清）陶澍輯
清刻本　一冊

370000－1587－0001333　　3658

漕河禱冰圖詩錄四卷首一卷　（清）陶澍輯
清刻本　一冊　存二卷（一至二）

370000－1587－0001334　　3659

漕河禱冰圖詩錄四卷首一卷　（清）陶澍輯
清刻本　一冊

370000－1587－0001335　　5383

草堂詩餘正集六卷續集二卷　（宋）何士信輯
（明）顧從敬等選　清刻本　二冊　存五卷
（正集四至六、續集二卷）

370000－1587－0001336　　876

策學續編　清鉛印本　一冊

370000－1587－0001337　　4899

策學淵萃四十六卷　（清）□□輯　清光緒十
四年（1888）積山書局石印本　四冊

370000－1587－0001338　　4764

策學淵海統纂大成□□卷　（清）陳登龍述
（清）朱錫穀補注　（清）陳一津分疏　清光緒
十四年（1888）京都琉璃廠刻本　二十四冊

370000－1587－0001339　　3695

岑襄勤公[毓英]年譜十卷　（清）趙藩編　清
光緒二十五年（1899）刻本　五冊

370000－1587－0001340　　3697

岑襄勤公奏稿三十卷首一卷　（清）岑毓英撰
　清光緒二十三年（1897）武昌督糧官署刻本
三十一冊　存三十卷（奏稿三十卷）

370000－1587－0001341　　3288

岑襄勤公奏稿總目一卷　（清）岑毓英撰　清
光緒二十三年（1897）武昌督糧官署刻本
一冊

370000－1587－0001342　　1726

曾廟從祀議薈二卷　（清）洪恩波輯　清光緒
二十九年（1903）刻本　二冊

370000－1587－0001343　　1727

曾廟從祀議薈二卷　（清）洪恩波輯　清光緒
二十九年（1903）刻本　二冊

370000－1587－0001344　　3365

曾文正公大事記四卷家書十卷家訓二卷榮哀
錄一卷　清光緒十三年（1887）鉛印本　八冊

370000－1587－0001345　　4768－1

曾文正公家書十卷　（清）曾國藩撰　清刻本
四冊　存四卷(一至三、七)

370000－1587－0001346　5483

曾文正公家書十卷　（清）曾國藩撰　清刻本
一冊　存一卷(十)

370000－1587－0001347　3436－1

曾文正公家訓二卷　（清）曾國藩撰　清光緒
五年(1879)刻本　一冊　存一卷(上)

370000－1587－0001348　4768－2

曾文正公家訓二卷　（清）曾國藩撰　清刻本
一冊　存一卷(下)

370000－1587－0001349　X－111

曾文正公家訓摘抄　（清）曾國藩撰　清刻本
一冊

370000－1587－0001350　3430

曾文正公[國藩]年譜十二卷　（清）黎庶昌編
清光緒二年(1876)傳忠書局刻本　四冊
存五卷(一至四、九)

370000－1587－0001351　3424－1

曾文正公批牘六卷　（清）曾國藩撰　清光緒
二年(1876)傳忠書局刻本(卷三補配)　六冊

370000－1587－0001352　3424－2

曾文正公批牘六卷　（清）曾國藩撰　清光緒
二年(1876)刻本　一冊　存一卷(三)

370000－1587－0001353　2788

曾文正公全集十五種　（清）曾國藩撰　清同
治十三年(1874)刻本　八冊　存三種十五卷
(詩集一至四,文集一、四、首一卷,書劄十一
至十四、三十至三十三)

370000－1587－0001354　3428

曾文正公書劄三十三卷　（清）曾國藩撰　清
刻本　五冊　存七卷(二至四、十九至二十、
二十八、三十三)

370000－1587－0001355　5278

曾文正公書劄三十三卷　（清）曾國藩撰　清
刻本　七冊　存十五卷(十五至二十九)

370000－1587－0001356　2906

曾文正公文集四卷　（清）曾國藩撰　清刻本
二冊　存二卷(二至三)

370000－1587－0001357　3434

曾文正公文集四卷　（清）曾國藩撰　清刻本
一冊　存一卷(二)

370000－1587－0001358　3432

曾文正公雜著四卷　（清）曾國藩撰　清刻本
一冊　存一卷(二)

370000－1587－0001359　2908

曾文正公雜著四卷　（清）曾國藩撰　清同治
十三年(1874)刻本　二冊

370000－1587－0001360　3426

曾文正公奏稿三十六卷　（清）曾國藩撰　清
刻本　四冊　存四卷(十五、十九、二十二、三
十一)

370000－1587－0001361　3667

曾文正公奏議十卷首一卷末一卷補編四卷詩
鈔四卷文鈔四卷　（清）曾國藩撰　清同治十
三年(1874)刻本　二十冊

370000－1587－0001362　5484

曾文正公奏議十卷首一卷末一卷　（清）曾國
藩撰　清光緒二十二年(1896)上海圖書集成
印書局印本　一冊　存四卷(一至三、首一
卷)

370000－1587－0001363　5532

曾文正公奏議十卷首一卷末一卷　（清）曾國
藩撰　清刻本　一冊　存四卷(八至十、末一
卷)

370000－1587－0001364　365

茶香室經說十六卷　（清）俞樾撰　清光緒十
八年(1892)刻本　四冊

370000－1587－0001365　5028

茶餘客話十二卷　（清）阮葵生撰　清刻本
二冊

370000－1587－0001366　4093

禪門日誦二卷　清刻本　一冊　存一卷(上)

370000－1587－0001367　884

產寶一卷　（清）倪枝維撰　清光緒十年（1884）刻本　一冊

370000－1587－0001368　732
產後編二卷　（明）傅青主著　清同治七年（1868）刻本　一冊

370000－1587－0001369　1980
昌黎全集錄八卷　（清）儲欣錄　清光緒八年（1882）刻本　二冊　存二卷（一至二）

370000－1587－0001370　431
昌黎先生集四十卷　（唐）李漢編　清同治八年（1869）刻本　八冊　存三十六卷（一至八、十三至四十）

370000－1587－0001371　260
長短經九卷　（唐）趙蕤撰　清刻本　三冊　存三卷（三至四、九）

370000　1587－0001372　600
長恨歌傳□□卷　（唐）陳鴻傳　（唐）白居易撰歌　清刻本　一冊　存一卷（十四）

370000－1587－0001373　721
長生殿二卷　（清）洪昇填詞　（清）舒鳬論文　（清）徐麟昭樂句　清刻本　二冊

370000－1587－0001374　X－313
天雨花三十回　（清）陶貞懷撰　清刻本　一冊　存一回（十一）

370000－1587－0001375　4068
塵不到齋詩稿一卷　（清）須彌保撰　清刻本　一冊

370000－1587－0001376　3186
陳文恭公手劄　（清）陳宏謀撰　清光緒十七年（1891）刻本　一冊

370000－1587－0001377　3184
陳文恭公手劄　（清）陳宏謀撰　清光緒十七年（1891）刻本　一冊

370000－1587－0001378　3204
陳星齋文稿　（清）陳兆崙撰　清光緒二十年（1894）刻本　一冊

370000－1587－0001379　2771
勤餘文牘六卷續編二卷學廬自鏡語附幼學錄一卷東溟校伍錄二卷綠雲山房詩草二卷首一卷末一卷大簏吟草六卷　（清）陳錦撰　清光緒五年（1879）橘蔭軒刻本　十四冊

370000－1587－0001380　449
舊雨草堂時文一卷　（清）陳康祺撰　清同治九年（1870）刻本　一冊

370000－1587－0001381　111
陳書三十六卷　（唐）姚思廉撰　清同治十二年（1873）刻本　四冊

370000－1587－0001382　X－202
陳星齋制藝四卷　（清）陳兆崙撰　清刻本　一冊

370000－1587－0001383　4224
靈素節要集註十二卷　（清）陳念祖輯注　（清）陳元犀參訂　清刻本　三冊　存六卷（三至六、十一至十二）

370000－1587－0001384　4449
陳修園醫書七十種　（清）陳念祖撰　清光緒三十四年（1908）上海章福記書局石印本　十冊　存三十種

370000－1587－0001385　3906
陳修園醫書四十種　（清）陳念祖輯注　清光緒刻本　二十四冊

370000－1587－0001386　2918
檉華館詩集四卷　（清）路德撰　清刻本　二冊

370000－1587－0001387　3062
檉華館試帖彙鈔輯注十卷　（清）路德輯注　清道光二十七年（1847）刻本　十冊

370000－1587－0001388　5531
檉華館試帖彙鈔輯注十卷　（清）路德撰　清刻本　二冊　存二卷（三、九）

370000－1587－0001389　2916
檉華館文集六卷　（清）路德撰　清刻本　六冊

370000－1587－0001390　242

榿華館試帖彙鈔輯注十卷　（清）路德撰　清同治六年(1867)刻本　三冊　存四卷(一至二、九至十)

370000－1587－0001391　824

成方切用十二卷　（清）吳儀洛輯　清乾隆二十六年(1761)刻本　八冊

370000－1587－0001392　3571

程氏家塾讀書分年日程三卷　（元）程端禮撰　清同治十年(1871)山東尚志堂刻本　一冊

370000－1587－0001393　3572

程氏家塾讀書分年日程三卷　（元）程端禮撰　清同治八年(1869)江蘇書局刻本　一冊

370000－1587－0001394　1437－2

程氏家塾讀書分年日程三卷　（元）程端禮撰　清同治十年(1871)山東尚志堂刻本　一冊

370000－1587－0001395　565

程式編三卷　（清）沈味蔗輯　清刻本　五冊

370000－1587－0001396　X－332

澄衷蒙學堂字課圖說四卷　清光緒三十二年(1906)石印本　一冊

370000－1587－0001397　3030

池北偶談二十六卷　（清）王士禎撰　清刻本　六冊

370000－1587－0001398　437

池北偶談二十六卷　（清）王士禎撰　清刻本　一冊　存三卷(十四至十六)

370000－1587－0001399　321

池北偶談二十六卷　（清）王士禎撰　清刻本　八冊

370000－1587－0001400　478

分類尺牘新裁六卷　（清）涂謙撰　清刻本　三冊　存三卷(二至三、六)

370000－1587－0001401　4466

尺木堂古文觀止十二卷　（清）吳乘權　（清）吳大職編　（清）吳雷村鑒定　清刻本　一冊　存一卷(三)

370000－1587－0001402　3698

赤幟編□□卷　張之潤編　清刻本　一冊　存二卷(一至二)

370000－1587－0001403　3700

赤幟編□□卷　張之潤編　清刻本　一冊　存一卷(一)

370000－1587－0001404　4658

赤幟前編四卷　張之潤撰　清末民國初石印本　一冊

370000－1587－0001405　3672

四書五經義策論初編不分卷　清光緒二十九年(1903)崇實齋刻本　三冊　存四書義、五經義、史論

370000－1587－0001406　488

崇辨堂墨選不分卷　（清）胡希周評選　清刻本　二冊　存論語卷、孟子卷

370000－1587－0001407　1064

字彙十二集首一卷末一卷　（明）梅膺祚撰　清崇文堂刻本　十四冊

370000－1587－0001408　4679

崇正闢謬永吉通書十四卷　（清）李泰來編輯　清刻本　四冊　存七卷(五至九、十三至十四)

370000－1587－0001409　5465

仇滄柱先生增補詩經備旨□□卷　（清）祁文友　（清）尹源進增定　清乾隆三十年(1765)文盛堂刻本　一冊　存四卷(一至二、八至九)

370000－1587－0001410　1274

酬世錦囊二集七卷三集二卷四集二卷　（清）鄒景揚輯　清刻本　六冊

370000－1587－0001411　4654

酬世錦囊書啓合編初集八卷　（清）鄒景揚輯　清乾隆三十六年(1771)寶興堂刻本　六冊

370000－1587－0001412　256

酬世錦囊初集八卷二集七卷　（清）鄒景揚輯　清刻本　四冊　存七卷(初集七、二集三至

八)

370000 – 1587 – 0001413　151

籌濟編三十二卷　（清）楊景仁輯　清光緒五年(1879)刻本　八冊

370000 – 1587 – 0001414　2805

初白庵蘇詩補注五十卷　（清）查慎行補注　清乾隆二十六年(1761)刻本　十二冊　存三十七卷(一至三十七)

370000 – 1587 – 0001415　3483

初唐四杰文集二十一卷　清刻本　四冊

370000 – 1587 – 0001416　3370

初學檢韻袖珍十二卷附佩文詩韻一卷　（清）姚文登撰　清同治十年(1871)刻本　四冊

370000 – 1587 – 0001417　989

初學檢韻袖珍十二卷　（清）姚文登撰　清刻本　四冊

370000 – 1587 – 0001418　2214

初學字課簡說四卷　清宣統二年(1910)濟南正益石印館石印本　一冊

370000 – 1587 – 0001419　2899

楚北校士錄　（清）孔祥霖編　清光緒二十年(1894)刻本　四冊

370000 – 1587 – 0001420　3369

楚辭集註八卷辨證二卷後語六卷　（宋）朱熹集注　清光緒八年(1882)刻本　四冊

370000 – 1587 – 0001421　3367

楚辭十七卷　清刻本　四冊

370000 – 1587 – 0001422　2917

楚騷綺語六卷　（明）張之象撰　清刻本　一冊　存一卷(六)

370000 – 1587 – 0001423　X – 92

儲中子時文　（清）儲欣撰　清金閶寶翰樓刻本　一冊　存論語

370000 – 1587 – 0001424　1180

處分則例圖要六卷　（清）蔡逢年編　清同治九年(1870)江蘇書局刻本　一冊

370000 – 1587 – 0001425　408

處分則例圖要六卷　（清）蔡逢年編　清刻本　一冊　存一卷(五)

370000 – 1587 – 0001426　X – 121

黜奢尚儉例冊一卷　清刻本　一冊

370000 – 1587 – 0001427　X – 122

黜奢尚儉例冊一卷　清刻本　一冊

370000 – 1587 – 0001428　X – 123

黜奢尚儉例冊一卷　清刻本　一冊

370000 – 1587 – 0001429　X – 124

黜奢尚儉例冊一卷　清刻本　一冊

370000 – 1587 – 0001430　X – 125

黜奢尚儉例冊一卷　清刻本　一冊

370000 – 1587 – 0001431　X – 126

黜奢尚儉例冊一卷　清刻本　一冊

370000 – 1587 – 0001432　4357

傳真詞　清光緒三十三年(1907)刻本　一冊

370000 – 1587 – 0001433　3008

船山詩草二十卷　（清）張問陶撰　清嘉慶二十年(1815)刻本　八冊

370000 – 1587 – 0001434　225

傳言適用方　清光緒四年(1878)刻本　十二冊

370000 – 1587 – 0001435　1668

炊香詞二卷　（清）孔傳鐸著　（清）余兆晟訂　（清）唐肇參　清刻本　一冊

370000 – 1587 – 0001436　3320

春草堂詞集二卷春草堂四六一卷　（清）謝堃撰　清刻本　一冊

370000 – 1587 – 0001437　3447

春草堂黃河遠二卷　（清）謝堃撰　清刻本　二冊

370000 – 1587 – 0001438　2976

春草堂詩話十六卷　（清）謝堃撰　清刻本　四冊

370000－1587－0001439　2978

春草堂詩話十六卷　（清）謝堃撰　清刻本
四冊

370000－1587－0001440　3318－2

春草堂詩集八卷　（清）謝堃撰　清刻本
一冊

370000－1587－0001441　3318－1

春草堂詩集十二卷　（清）謝堃撰　清刻本
三冊

370000－1587－0001442　487

春及園蟲鳴草四卷　（清）孔昭恢撰　清刻本
一冊　存二卷（一至二）

370000－1587－0001443　1599

春秋傳三十卷　（宋）胡安國撰　清刻本　二
冊　存八卷（二至六、二十四至二十六）

370000－1587－0001444　4857

春秋傳三十卷　（宋）胡安國撰　清刻本　一
冊　存五卷（三至七）

370000－1587－0001445　5385

春秋別典十五卷　（明）薛虞畿撰　清刻本
一冊　存七卷（九至十五）

370000－1587－0001446　1617

春秋傳十二卷　（清）牛運震撰　清嘉慶四年
（1799）空山堂刻本　四冊

370000－1587－0001447　1618

春秋傳十二卷　（清）牛運震撰　清嘉慶四年
（1799）空山堂刻本　四冊

370000－1587－0001448　1619

春秋傳十二卷　（清）牛運震撰　清嘉慶四年
（1799）空山堂刻本　四冊

370000－1587－0001449　1849

春秋傳十二卷　（清）牛運震撰　清刻本
四冊

370000－1587－0001450　1850

春秋傳十二卷　（清）牛運震撰　清刻本　四
冊　存十卷（三至十二）

370000－1587－0001451　1851

孟子論文七卷　（清）牛運震著　（清）張魯文
（清）韓冬　（清）孫毓址共校　清乾隆五十
六年（1791）刻空山堂全集本　二冊

370000－1587－0001452　1852

孟子論文七卷　（清）牛運震著　（清）張魯文
（清）韓冬　（清）孫毓址共校　清乾隆五十
六年（1791）刻空山堂全集本　二冊

370000－1587－0001453　90

春秋大事表五十卷　（清）顧棟高撰　清刻本
二十冊

370000－1587－0001454　91

春秋大事表五十卷　（清）顧棟高撰　清刻本
二十冊

370000－1587－0001455　1644

春秋大事表五十卷附錄一卷春秋輿圖十三卷
（清）顧棟高撰　清乾隆十三年（1748）刻本
二十冊

370000－1587－0001456　1451

春秋公羊傳十一卷　（漢）何休解詁　（唐）陸
德明音義　**校刊記一卷**　（清）丁寶楨等撰
清同治十一年（1872）山東書局刻本　四冊

370000－1587－0001457　1483

春秋公羊傳十一卷　（漢）何休解詁　（唐）陸
德明音義　**校刊記一卷**　（清）丁寶楨等撰
清同治十一年（1872）山東書局刻本　四冊

370000－1587－0001458　1639

春秋公羊傳十一卷　（漢）何休解詁　（唐）陸
德明音義　**校刊記一卷**　（清）丁寶楨等撰
清同治十一年（1872）刻本　四冊

370000－1587－0001459　5331

春秋公羊註疏質疑二卷　（清）何若瑤撰　清
廣雅書局刻本　一冊

370000－1587－0001460　5574

春秋穀梁傳二十卷　（晉）范甯撰　（唐）陸德
明音義　（唐）楊士勛疏　清乾隆四年（1739）
武英殿刻十三經註疏刻本　四冊

370000－1587－0001461　1408

春秋穀梁傳十二卷　（晉）范甯集解　（唐）陸

德明音義　清同治七年(1868)金陵書局刻本
　二冊

370000－1587－0001462　1497

春秋穀梁傳十二卷　（晉)范寧集解　（唐)陸
德明音義　**校刊記一卷**　（清)丁寶楨等撰
清同治十一年(1872)山東書局刻本　四冊

370000－1587－0001463　1607

春秋穀梁傳十二卷　（晉)范寧集解　（唐)陸
德明音義　**校刊記一卷**　（清)丁寶楨等撰
清同治十一年(1872)山東書局刻本　四冊

370000－1587－0001464　1640

春秋穀梁傳十二卷　（晉)范寧集解　（唐)陸
德明音義　**校刊記一卷**　（清)丁寶楨等撰
清同治十一年(1872)山東書局刻本　四冊

370000－1587－0001465　1546

春秋穀梁傳注疏二十卷　（晉)范寧集解　（唐)
陸德明音義　（唐)楊士勛疏　清刻本　四冊

370000－1587－0001466　5290

春秋規過考信三卷　（清)陳晉熙撰　清光緒
十五年(1889)刻本　三冊

370000－1587－0001467　92

春秋集傳二十卷　（明)胡廣撰　清刻本
十冊

370000－1587－0001468　5351

春秋金鎖匙一卷　（元)趙汸撰　清紅榈書屋
刻本　一冊

370000－1587－0001469　X－236

春秋經傳集解三十卷　（晉)杜預注　（宋)林
堯叟編注　（明)穆文熙編纂　清康熙二十八
年(1689)映旭齋刻本　十二冊　存二十四卷
(一至九、十二至二十三、二十八至三十)

370000－1587－0001470　X－348

春秋經傳集解三十卷　（晉)杜預注　（宋)林
堯叟編注　（明)穆文熙編纂　清刻本　八冊
　存十五卷(十六至三十)

370000－1587－0001471　1526

春秋精義四卷首一卷　（清)黃淦撰　清嘉慶
刻本　一冊　存三卷(三至四、首一卷)

370000－1587－0001472　1598

畏齋春秋客難二十四卷首一卷　（清)龔元玠
著　清刻本　一冊　存四卷(四至七)

370000－1587－0001473　1092

春秋全經左傳句解八卷首一卷　（宋)朱申撰
　（明)孫鑛批點　清道光二十五年(1845)令
德堂刻本　二冊　存二卷(一、五)

370000－1587－0001474　4856

春秋傳三十卷　（宋)胡安國撰　清乾隆五年
(1740)刻本　五冊　存十九卷(一至十五、二
十七至三十)

370000－1587－0001475　1616

春秋傳義十二卷附讀書別墅書目　（清)姜國
伊撰　清刻本　六冊

370000－1587－0001476　1962

春秋屬辭辨例編六十卷首二卷　（清)張應昌
撰　清同治十二年(1873)刻本　十五冊　存
二十八卷(四至八、十四至十五、二十四至四
十、五十七至五十八、首二卷)

370000－1587－0001477　5320

春秋屬辭辨例編六十卷首二卷　（清)張應昌
撰　清刻本　十六冊　存三十四卷(一至三、
十一至十三、十六至二十三、四十一至六十)

370000－1587－0001478　2781

春秋述義拾遺八卷春秋規過考信三卷　（清)
陳晉熙撰　**三國志考證八卷**　（清)潘眉撰
諸史考異十八卷　（清)洪頤煊撰　清光緒刻
廣雅書局叢書本　十冊

370000－1587－0001479　5283

春秋述義拾遺八卷首一卷末一卷　（清)陳晉
熙撰　清光緒刻廣雅書局叢書本　二冊

370000－1587－0001480　X－194

春秋體註四卷　（宋)胡安國傳　（清)范翔參
訂　清刻本　三冊　存三卷(二至四)

370000－1587－0001481　X－251

春秋體註四卷　（宋)胡安國傳　（清)范翔參
訂　清乾隆四十年(1775)刻本　一冊　存一
卷(一)

370000－1587－0001482　X－15

春秋體註大全合桼四卷　（清）周熾纂輯　清刻本　二冊　存二卷（三至四）

370000－1587－0001483　5149

春秋增訂旁訓四卷　（清）徐立綱撰　（清）竺靜甫　（清）竺子壽增訂　清嘉慶二年（1797）刻本　二冊

370000－1587－0001484　5239

春秋正旨一卷　（明）高拱撰　（清）錢熙祚校　左傳補注六卷　（清）惠棟撰　（清）錢熙祚校　清刻本　一冊　存三卷（一至三）

370000－1587－0001485　5224

春秋左傳補注六卷　（清）惠棟撰　清刻本　一冊　存三卷（四至六）

370000－1587－0001486　1401

春秋左傳杜注補輯三十卷首一卷　（清）姚培謙撰　清光緒九年（1883）江南書局刻本　八冊

370000－1587－0001487　5389

春秋左傳杜注三十卷首一卷　（晉）杜預注　（清）姚培謙學　清刻本　一冊　存三卷（十七至十九）

370000－1587－0001488　5075

春秋左傳彙輯四十卷　（清）吳炳文摘錄　清乾隆四十八年（1783）刻本　十五冊　存二十五卷（一、二至九、十一至十二、十四至十六、十九至二十、二十二至二十六、二十八至二十九、三十二至三十三）

370000－1587－0001489　5128

春秋左傳彙輯四十卷　（清）吳炳文摘錄　清刻本　五冊　存十二卷（十七至十八、二十一、三十至三十一、三十四至四十）

370000－1587－0001490　1398

春秋經傳集解三十卷　（晉）杜預撰　（唐）陸德明音義　春秋名號歸一圖二卷　（五代）馮繼先撰　清同治十三年（1874）江西書局刻本　十六冊

370000－1587－0001491　5055－1

春秋左傳五十卷　（晉）杜預注　（唐）陸德明音義　（宋）林堯叟注釋　清刻本　五冊　存二十一卷（一至二十一）

370000－1587－0001492　5055－2

春秋左傳五十卷　（晉）杜預注　（唐）陸德明音義　（宋）林堯叟注釋　清刻本　八冊　存四十七卷（一至四十一、四十四至四十九）

370000－1587－0001493　X－11

春秋左傳五十卷　（晉）杜預注　（唐）陸德明音義　（宋）林堯叟注釋　清刻本　八冊　存二十七卷（一至二十二、二十九至三十三）

370000－1587－0001494　3499

春秋左氏傳賈服注輯述二十卷　（清）李貽德撰　清光緒八年（1882）刻本　六冊

370000－1587－0001495　1957

春秋左繡三十卷　（清）馮李驊　（清）陸浩評輯　清刻本　八冊　存十五卷（春秋經傳集解十六至三十）

370000－1587－0001496　1542

春秋左繡三十卷　（清）馮李驊　（清）陸浩評輯　清刻本　八冊　存十六卷（春秋經傳集解十五至三十）

370000－1587－0001497　1628

春秋左繡三十卷　（清）馮李驊　（清）陸浩評輯　清刻本　一冊　存二卷（春秋二十四至二十五）

370000－1587－0001498　4619

春秋左繡三十卷首一卷　（清）馮李驊　（清）陸浩評輯　清宏道堂刻本　十一冊

370000－1587－0001499　1060

春宵囈語二卷　（清）愼甫撰　清刻本　二冊

370000－1587－0001500　3138

春在堂尺牘五卷　（清）俞樾撰　清刻本　一冊

370000－1587－0001501　3036

輟耕錄三十卷　（元）陶宗儀撰　清刻本

八冊

370000－1587－0001502　3028

詞林典故八卷　（清）張廷玉編　清乾隆十三
年(1748)刻本　八冊

370000－1587－0001503　3495

詞林海錯十二卷　（明）夏樹芳輯　清刻本
十二冊

370000－1587－0001504　3398

紅荳軒詞牌一卷　清刻本　一冊

370000－1587－0001505　3675

詞源二卷　（宋）張炎編　**詞旨一卷**　（元）陸
輔之述　**樂府指迷一卷**　（宋）沈義父撰　清
刻本　一冊

370000－1587－0001506　2852

詞綜補遺二十卷　（清）陶樑輯　清道光十四
年(1834)刻本　四冊

370000－1587－0001507　3033

詞綜補遺二十卷　（清）陶樑輯　清刻本
八冊

370000－1587－0001508　2768

詞學叢書　（清）秦恩復輯　清嘉慶、道光間
江都秦氏享帚精舍刻本　七冊　存十八卷
（樂府雅詞一至三附拾遺、詞林韻釋一、草堂
詩餘一至三、詞源二卷、陽春白雪一至八、外
集一卷）

370000－1587－0001509　2775

詞苑叢談十二卷　（清）徐釚編　清康熙刻本
八冊

370000－1587－0001510　2776

詞苑叢談十二卷　（清）徐釚編　清康熙刻本
四冊

370000－1587－0001511　3794

從政觀法録三十卷　（清）朱方增輯　清刻本
八冊

370000－1587－0001512　667

促織經一卷　（宋）賈似道編　（明）周履靖續
編　清末民國排印本　一冊

370000－1587－0001513　514

維揚書屋文鈔□□卷　清刻本　一冊　存一
卷(下)

370000－1587－0001514　3270

萃錦唫□□卷　（清）奕訢撰　清光緒十一年
(1885)刻本　四冊　存四卷(一至四)

370000－1587－0001515　3573

萃錦唫□□卷　（清）奕訢撰　清刻本　一冊
存二卷(一至二)

370000－1587－0001516　3645

寸心知室詩存□□卷　清刻本　一冊　存二
卷(三至四)

370000－1587－0001517　4087

達生保嬰稀痘全編二卷　（清）巫齋居士撰
清光緒二十四年(1898)刻本　一冊

370000－1587－0001518　695

達生保嬰稀痘全編二卷　（清）巫齋居士撰
清光緒二十四年(1898)刻本　一冊

370000－1587－0001519　694

達生編二卷　（清）巫齋居士撰　清光緒十九
年(1893)刻本　一冊

370000－1587－0001520　693

達生編三卷　（清）巫齋居士撰　清宣統三年
(1911)刻本　一冊

370000－1587－0001521　2247

大悲懺儀合節　清抄本　一冊

370000－1587－0001522　5285

大戴禮記解詁十三卷　（清）王聘珍撰　清光
緒十三年(1887)廣雅書局刻本　三冊

370000－1587－0001523　5244

大方廣佛華嚴經音義四卷　（唐）釋慧苑撰
（清）錢熙祚校　清刻本　一冊

370000－1587－0001524　X－375

大美中含　清抄本　一冊

370000－1587－0001525　X－71

大明會典二百二十八卷　清刻本　一冊　存

一卷(十七)

370000－1587－0001526　830－1

大千圖說三卷　(清)江希張撰　清刻本　一
冊　存一卷(二)

370000－1587－0001527　830－2

大千圖說三卷　(清)江希張撰　清排印本
一冊　存一卷(卷中)

370000－1587－0001528　X－117

大清光緒二年時憲書一卷　清刻朱墨套印本
一冊

370000－1587－0001529　X－30

大清光緒二十二年歲次丙申時憲書一卷　清
刻朱墨套印本　一冊

370000－1587－0001530　4911

大清光緒二十三年歲次丁酉時憲書一卷
(清)欽天監編修　清光緒刻本　一冊

370000－1587－0001531　X－148

大清光緒九年時憲書一卷　清刻朱墨套印本
一冊

370000－1587－0001532　X－118

大清光緒十年時憲書一卷　清刻朱墨套印本
一冊

370000－1587－0001533　730

大清搢紳全書　(清)寶明堂編　清光緒十六
年(1890)榮祿堂朱墨印本　四冊

370000－1587－0001534　731

大清搢紳全書　(清)寶明堂編　清光緒十六
年(1890)日順濟局刻本　四冊

370000－1587－0001535　5366

大清律例全纂集成四十卷　(清)姚潤纂　清
嘉慶四年(1799)刻本　九冊　存二十三卷
(一至二十三)

370000－1587－0001536　1240

大清律例統纂集成四十卷　(清)姚潤輯　清
光緒刻本　二十冊

370000－1587－0001537　1242

大清律例統纂集成四十卷　(清)姚潤輯　清
刻本　七冊　存十六卷(五至八、十一至二十
二)

370000－1587－0001538　1195

**大清律例統纂集成四十卷督捕則例附纂二卷
附洗冤錄檢屍圖格**　(清)姚潤輯　清刻本
二十四冊

370000－1587－0001539　X－90

大清律例增修統纂集成四十卷　(清)姚潤輯
清刻朱墨套印本　一冊　存一卷(一)

370000－1587－0001540　5255

大清律例增修統纂集成四十卷　(清)姚潤輯
清刻本　六冊　存十二卷(十一至十二、十
六至二十二、三十三至三十五)

370000－1587－0001541　1323

大清律例總類不分卷　清光緒十五年(1889)
江蘇書局刻本　四冊

370000－1587－0001542　3416

大清仁宗睿皇帝聖訓一百十卷　清刻本　一
百十冊

370000－1587－0001543　3059

大清通禮五十四卷　(清)穆克登額撰　清刻
本　八冊　存四十八卷(七至五十四)

370000－1587－0001544　4995

大清通禮五十四卷　(清)來保纂修　清刻本
六冊

370000－1587－0001545　X－116

大清同治七年時憲書一卷　清刻朱墨套印本
一冊

370000－1587－0001546　4912

大清同治十二年時憲書一卷　(清)欽天監編
修　清刻本　一冊

370000－1587－0001547　4910

大清同治十三年歲次甲戌時憲書一卷　(清)
欽天監編修　清刻本　一冊

370000－1587－0001548　X－149

大清同治十四年時憲書一卷　清朱墨印本

一冊

370000 – 1587 – 0001549　4906

大清同治時憲書一卷　(清)欽天監編修　清
刻本　一冊

370000 – 1587 – 0001550　1311

大清刑律分則草案不分卷　清光緒三十三年
(1907)法律館鉛印本　一冊　存第二編一至
三十六章

370000 – 1587 – 0001551　1310

大清刑律分則草案不分卷　清光緒三十三年
(1907)法律館鉛印本　一冊　存第二編一至
三十六章

370000 – 1587 – 0001552　5016

事類異名雜摭一卷　(清)孔昭恢輯　稿本
(清道光十年三月孔昭恢題記)　一冊

370000 – 1587 – 0001553　1178

大清一統志表不分卷　(清)徐午輯　清刻本
一冊

370000 – 1587 – 0001554　1293

大清郵政章程　清光緒三十四年(1908)刻本
一冊

370000 – 1587 – 0001555　1294

大清郵政章程　清光緒三十四年(1908)刻本
一冊

370000 – 1587 – 0001556　921

大清中樞備覽大清搢紳全書二卷　清榮祿堂
刻本　六冊

370000 – 1587 – 0001557　922

大清中樞備覽二卷　清榮祿堂刻本　六冊

370000 – 1587 – 0001558　923

大清中樞備覽二卷　清來鹿堂刻本　六冊

370000 – 1587 – 0001559　924

大清中樞備覽二卷　清榮祿堂刻本　二冊

370000 – 1587 – 0001560　925

大清中樞備覽二卷　清榮祿堂刻本　四冊

370000 – 1587 – 0001561　926

大清中樞備覽二卷　清榮祿堂刻本　二冊

370000 – 1587 – 0001562　5219

大唐西域記十二卷　(唐)釋玄奘譯　清刻本
一冊　存四卷(九至十二)

370000 – 1587 – 0001563　3501

大小雅堂詩集四卷附冰蠶詞一卷　(清)承齡
撰　清光緒十八年(1892)刻本　二冊

370000 – 1587 – 0001564　1435

大學集註直解　(宋)朱熹集註　(明)張居正
直解　清末民國古嬴民眾學校石印本　一冊

370000 – 1587 – 0001565　1431

大學古本述注一卷中庸古本述注一卷　(清)
姜國伊撰　清刻本　一冊

370000 – 1587 – 0001566　2766

大學衍義補輯要十二卷　(明)邱濬撰　(清)
陳宏謀纂輯　清道光二十二年(1842)刻本
十二冊

370000 – 1587 – 0001567　1945

大學衍義講授□□卷　(清)□震武撰　清刻
本　一冊　存三卷(一至三)

370000 – 1587 – 0001568　1896

大學衍義四十三卷　(宋)真德秀輯　清同治
十三年(1874)金陵書局刻本　八冊

370000 – 1587 – 0001569　2003

大學衍義四十三卷　(宋)真德秀著　(明)陳
仁錫評閱　清同治十三年(1874)朱墨印本
十六冊

370000 – 1587 – 0001570　592

大學臆說二卷　(清)蘇源生輯　清咸豐十一
年(1861)刻本　一冊

370000 – 1587 – 0001571　1663

大宗戶分支譜(清道光十八年至 1957 年)
(清)孔廣寅録　清道光十八年(1838)至 1957
年抄本　一冊

370000 – 1587 – 0001572　3705

帶經堂集九十二卷　(清)王士禛撰　(清)程
哲編　清刻本　十八冊

370000－1587－0001573　2680

戴氏遺書十三種　（清）戴震撰　清刻本　十八冊

370000－1587－0001574　2681

戴氏遺書十三種　（清）戴震撰　清刻本　二十三冊

370000－1587－0001575　2593－3

戴氏遺書十三種　（清）戴震撰　清乾隆曲阜孔氏微波榭叢書本　九冊　存九種(毛鄭詩考證四卷首一卷、輶軒使者絕代語釋列國方言十三卷、杲溪詩經補注二卷、聲類表九卷首一卷、考工記圖二卷、勾股割圜記三卷、孟子字義疏證三卷、水地記一卷、原善三卷)

370000－1587－0001576　2682－1

戴氏遺書十三種　（清）戴震撰　清乾隆曲阜孔氏微波榭叢書本　十六冊

370000－1587－0001577　2682－2

戴氏遺書十三種　（清）戴震撰　清乾隆曲阜孔氏微波榭叢書本　二十三冊

370000－1587－0001578　3578

丹桂籍四卷首一卷末一卷　（明）顏正輯注　清吉水解韜刻本　四冊

370000－1587－0001579　853

丹溪先生心法五卷　（元）朱震亨撰　（明）吳中珩校　清刻本　五冊

370000－1587－0001580　5168

單級小學校管理法　鄭朝熙譯述　清刻本　一冊

370000－1587－0001581　W010219

澹香齋試帖輯注不分卷　王廷紹撰　清光緒六年(1880)仲夏掃葉山房校刻本　八冊

370000－1587－0001582　2219

道德大成經三卷　彭問鶴撰　清刻本　一冊

370000－1587－0001583　X－70

道統祠儒案一卷　清刻本　一冊

370000－1587－0001584　528

得一錄八卷　（清）余治撰　清光緒十一年(1885)刻本　八冊

370000－1587－0001585　X－269

地理六經註六卷　（清）葉泰注　清刻本　一冊　存二卷(一至二)

370000－1587－0001586　533

弟子職集解一卷　（清）莊述祖輯　清光緒十四年(1888)刻本　一冊

370000－1587－0001587　2922

帝範四卷魏鄭公諫續錄二卷　（唐）太宗李世民撰　清刻本　一冊

370000－1587－0001588　4717

第三才子書四卷　（清）黃荻散人編　清刻本　一冊　存一卷(二)

370000－1587－0001589　4721－1

第一才子書六十卷　（明）羅貫中撰　（清）毛宗崗評　清末民國鑄記書局石印本　一冊　存一卷(三)

370000－1587－0001590　3858

第一才子書六十卷　（明）羅貫中撰　（清）毛宗崗批評　清刻本　十二冊　存二十八卷(一至二十二、五十五至六十)

370000－1587－0001591　5373

四大奇書第一種六十卷一百二十回　（明）羅貫中撰　（清）毛宗崗評　清刻本　二冊　存五卷(三十至三十一、五十八至六十)

370000－1587－0001592　5408

四大奇書第一種十九卷一百二十回　（明）羅貫中撰　（清）毛宗崗評　清刻本　四冊　存五卷(十五至十九)

370000－1587－0001593　5489

第一才子書十六卷　（明）羅貫中撰　（清）毛宗崗評　清刻本　一冊　存一卷(一)

370000－1587－0001594　5499

四大奇書第一種十九卷一百二十回　（明）羅貫中撰　（清）毛宗崗評　清刻本　三冊　存三卷(六、十三、十六)

370000－1587－0001595　4669

棣萼山房同懷試帖附墨式正軌　（清）王葆修撰　（清）王夢球注　清光緒十五年（1889）刻本　八冊

370000－1587－0001596　X－293

典故二論詳解　（清）劉忠撰　清宣統元年（1909）刻本　四冊　存四卷（一至四）

370000－1587－0001597　3473

點勘記二卷省堂筆記一卷　（清）歐陽泉撰　清光緒四年（1878）江蘇書局刻本　二冊　存二卷（點勘記二卷）

370000－1587－0001598　1263

點石齋叢畫十卷　（清）尊聞閣主人輯　清光緒十二年（1886）石印本　八冊

370000－1587－0001599　1866

丁祭樂章一卷　清刻本　一冊　存琴瑟指法,琴譜,瑟譜

370000－1587－0001600　2889

訂訛類編六卷續編二卷　（清）杭世駿撰　清刻本　四冊

370000－1587－0001601　4964

訂補明醫指掌十卷　（明）皇甫中編輯　（清）邵從皋校訂　（清）邵達參補　清刻本　一冊　存二卷（七至八）

370000－1587－0001602　3218

東城詩鈔一卷　清刻本　一冊

370000－1587－0001603　3024

東華錄三十二卷（天命朝至雍正朝）　（清）蔣良騏編　清刻本　十二冊　存三十二卷（一至三十二）

370000－1587－0001604　3174

東華續錄（嘉慶朝）　（清）蔣良騏編　清刻本　三冊　存十卷（嘉慶二十九年至三十八年）

370000－1587－0001605　2954

東萊博議四卷　（宋）呂祖謙撰　清光緒二十四年（1898）刻本　四冊

370000－1587－0001606　2955

東萊博議四卷　（宋）呂祖謙撰　清光緒二十

四年（1898）刻本　四冊

370000－1587－0001607　3395

東萊博議四卷　（宋）呂祖謙撰　清刻本　二冊　存二卷（一至二）

370000－1587－0001608　3570

東萊博議四卷　（宋）呂祖謙撰　清刻本　四冊

370000－1587－0001609　3795

東坡先生全集七十五卷　（宋）蘇軾撰　（明）陳仁錫評　清刻本　七冊　存十卷（一至四、七至十二）

370000－1587－0001610　3796

東坡先生全集七十五卷目錄二卷　（宋）蘇軾撰　（明）陳仁錫評　清刻本　八冊　存十三卷（一至十一、目錄二卷）

370000－1587－0001611　3287

東塾讀書記二十五卷　（清）陳澧撰　清刻本　四冊　存十九卷（一至十二、十五至二十一）

370000－1587－0001612　3342

東醫寶鑑二十二卷目錄二卷　（朝鮮）許濬撰　明萬曆四十一年（1613）刻本　二十一冊

370000－1587－0001613　3286

東瀛百詠一卷　清嘉慶十三年（1808）刻本　一冊

370000－1587－0001614　3742

東周列國全志二十三卷一百八回　（清）蔡嘉評點　清刻本　十九冊　存十八卷（五至十一、十二至二十二）

370000－1587－0001615　5325

冬青館古宮詞三卷　（清）張鑑撰　清刻本　一冊

370000－1587－0001616　1002

東都事略一百三十卷　（宋）王偁撰　清刻本　八冊　存六十五卷（六十六至一百三十）

370000－1587－0001617　160

東觀漢記二十四卷　（漢）劉珍等撰　清乾隆

六十年(1795)刻本　六冊

370000－1587－0001618　161

東觀漢記二十四卷　(漢)劉珍等撰　清乾隆六十年(1795)刻本　六冊

370000－1587－0001619　116

東漢會要四十卷　(宋)徐天麟撰　清光緒十年(1884)刻本　七冊

370000－1587－0001620　13

東華錄三十二卷(天命朝)　(清)蔣良騏纂修　清抄本　一冊　存二卷(一至二)

370000－1587－0001621　4870

東萊博議二十五卷　(宋)呂祖謙撰　清光緒三十年(1904)刻本　二冊　存八卷(一至三、十六至二十)

370000－1587－0001622　722

東萊博議四卷　(宋)呂祖謙撰　清光緒二十年(1894)影印本　一冊　存一卷(一)

370000－1587－0001623　4871

東萊博議四卷　(宋)呂祖謙撰　清刻本　一冊　存一卷(四)

370000－1587－0001624　4872

東萊博議四卷　(宋)呂祖謙撰　(清)馮泰松重刊　清刻本　二冊　存二卷(二至三)

370000－1587－0001625　4873

東萊博議四卷　(宋)呂祖謙撰　清刻本　一冊　存一卷(三)

370000－1587－0001626　503

東牟童試錄初刻　(清)潘子聲撰　清刻本　一冊

370000－1587－0001627　5195

守山閣叢書　(清)錢熙祚輯　清道光二十四年(1844)金山錢氏刻本　三冊　存三種二十一卷(東南紀聞三卷、菉園雜記十五卷、漢武內傳一卷附錄一卷校勘記一卷)

370000－1587－0001628　3920

東平教案記二卷　(清)柳堂著　清光緒三十一年(1905)刻本　一冊

370000－1587－0001629　1965

東坡集八十四卷　(宋)蘇軾著　清刻本　十冊　存二十一卷(十四至三十二、七十一至七十二)

370000－1587－0001630　1979

東坡全集錄九卷　(宋)蘇軾撰　(清)儲欣錄　清光緒八年(1882)刻本　四冊

370000－1587－0001631　1091

東坡全集七十五卷　(宋)蘇軾撰　明萬曆刻本　八冊　存十九卷(十二至三十)

370000－1587－0001632　1167

東三省政略十二卷附地圖　徐世昌編　清宣統三年(1911)鉛印本　四十冊　存十二卷(東三省政略十二卷)

370000－1587－0001633　1168

東三省政略十二卷附地圖　徐世昌編　清宣統三年(1911)鉛印本　十冊　存地圖

370000－1587－0001634　X－189

東山書院志十四卷　(清)郭翹楚纂輯　清抄本　一冊　存一卷(十三)

370000－1587－0001635　X－96

東山書院志十四卷　(清)郭翹楚纂輯　清抄本　二冊　存七卷(一至五、十一至十二)

370000－1587－0001636　5138

東塾讀書記十五卷　(清)陳澧撰　清光緒二十四年(1898)上海江左書林刻本　四冊

370000－1587－0001637　1357

東西洋考十二卷　(明)張燮撰　清刻本　四冊

370000－1587－0001638　3366－1

東醫寶鑑二十三卷目錄二卷　(朝鮮)許濬撰　清刻本　二十一冊　存二十一卷(內景篇一至二、外形篇二至四,雜病篇一至七、九至十,湯液篇一至四,鍼灸篇,目錄二卷)

370000－1587－0001639　3366－2

東醫寶鑑二十三卷目錄二卷　(朝鮮)許濬撰　清刻本　四冊　存四卷(湯液篇一至三、鍼

灸篇）

370000－1587－0001640　285
東洲初稿十四卷　（明）夏良勝撰　清刻本
一冊　存一卷（十四）

370000－1587－0001641　5070
東周列國全志二十三卷　（清）蔡奡評點　清
刻本　五冊　存四卷（一至四）

370000－1587－0001642　5326
東周列國全志二十三卷　（清）蔡奡評點　清
刻本　一冊

370000－1587－0001643　5420
東周列國全志二十三卷　（清）蔡奡評點　清
刻本　五冊　存五卷（一、五至八）

370000－1587－0001644　5422
東周列國全志□□卷　（清）蔡奡評點　清刻
本　九冊　存二十五卷（十四至三十八）

370000－1587－0001645　5426
東周列國全志二十三卷　（清）蔡奡評點　清
刻本　三冊　存六卷（三至八）

370000－1587－0001646　5447
東周列國全志二十三卷　（清）蔡奡評點　清
刻本　十二冊　存十二卷（二至三、五至八、
十至十一、十七、二十、二十二至二十三）

370000－1587－0001647　384
東周列國全志二十三卷　（清）蔡奡評點　清
刻本　十二冊　存十二卷（十二至二十三）

370000－1587－0001648　385
東周列國全志二十三卷　（清）蔡奡評點　清
刻本　二冊　存二卷（十八至十九）

370000－1587－0001649　386
東周列國全志二十三卷　（清）蔡奡評點　清
刻本　一冊　存一卷（十九）

370000－1587－0001650　1076
東周列國志二十七卷　（明）馮夢龍撰　清上
海廣益書局鉛印本　十六冊　存二十五卷
（一、四至二十七）

370000－1587－0001651　5418
東周列國志二十七卷　（明）馮夢龍撰　清刻
本　四冊　存八卷（十六至二十三）

370000－1587－0001652　5424
東周列國志二十七卷　（明）馮夢龍撰　清刻
本　六冊

370000－1587－0001653　255
東周列國志二十七卷　（明）馮夢龍撰　清刻
本　二冊　存四卷（十二第五十三回、十三至
十五）

370000－1587－0001654　4304
董公選日書　清光緒十一年（1885）刻本
一冊

370000－1587－0001655　3782
都門彙纂四卷　（清）楊靜亭編　清刻本
一冊

370000－1587－0001656　3545
豆棚閒話十二卷　（清）艾納居士撰　清乾隆
六十年（1795）三德堂刻本　六冊

370000－1587－0001657　5491－1
斗姥九皇聖經　清宣統印本　一冊

370000－1587－0001658　5491－2
斗姥九皇聖經　清宣統印本　一冊

370000－1587－0001659　5491－3
斗姥九皇聖經　清宣統印本　一冊

370000－1587－0001660　5491－4
斗姥九皇聖經　清宣統印本　一冊

370000－1587－0001661　5491－5
斗姥九皇聖經　清宣統印本　一冊

370000－1587－0001662　230
痘科類編釋意三卷　（明）翟良撰　清刻本
三冊　存二卷（中、下）

370000－1587－0001663　X－26
痘疹精言四卷　（清）袁句撰　清文錦堂刻本
一冊

370000－1587－0001664　5024

痘疹心法十二卷　（明）萬全撰　清光緒二十
五年(1899)刻本　二冊

370000－1587－0001665　5025
痘疹心法十二卷　（明）萬全撰　清光緒二十
五年(1899)刻本　二冊

370000－1587－0001666　1303
督捕則例表二卷　清刻本　一冊

370000－1587－0001667　612
督捕則例附纂二卷　（清）徐本　唐紹祖等纂
修　清刻本　一冊

370000－1587－0001668　5413
督捕則例附纂二卷　清刻本　一冊

370000－1587－0001669　4112
獨寐軒遺集十卷附錄一卷　清石印本　一冊
　　存七卷(四至十)

370000－1587－0001670　3531
讀風偶識四卷　（清）崔述撰　清刻本　一冊
　　存二卷(一至二)

370000－1587－0001671　3411
文淵閣書目二十卷　（明）楊士奇等撰　清刻
讀畫齋叢書本　八冊

370000－1587－0001672　2962
讀史糾謬十五卷　（清）牛運震撰　清刻本
六冊　存十四卷(二至十五)

370000－1587－0001673　3071
讀史任子自鏡錄二十二卷　（清）胡季堂編
清刻本　九冊　存七卷(一、五至八、十一至
十二)

370000－1587－0001674　3295－1
讀畫齋叢書　（清）顧修輯　清嘉慶四年
(1799)桐川顧氏刻本　二十三冊　存十二種
六十五卷(文選理學權輿四至六、李氏易解賸
義三卷、錦里耆舊傳八卷(原缺卷一至四)、明
畫錄五至八、好古堂書畫記二卷續記一卷、隱
居通義五至三十一、精選名儒草堂詩餘三卷、
金華子雜編二卷、五代春秋二卷、長短經五至
八卷、學治臆說二卷續說一卷說贅一卷、蕉窗

日記二卷)

370000－1587－0001675　3295－2
重刻南宋羣賢小集　（宋）陳起輯　（清）顧修
重輯　清嘉慶六年(1801)石門顧氏讀畫齋刻
本　三十八冊　存七十九種(羣賢小集補遺
一卷,林同孝詩一卷,前賢小集拾遺五卷,雪
磯叢藁五卷,退庵先生遺集二卷,梅花衲一
卷,蠶綃集二卷,芳蘭軒集一卷,二薇亭集一
卷,中興羣公吟藁戊集七卷,江湖後集一至
四、八至十、十三至二十三,亞愚江浙紀行集
句詩七卷,竹所吟藁一卷,適安藏拙餘藁一卷
乙藁一卷,葦碧軒集一卷,清苑齋集一卷,香
研居詞麈五卷,皇苓曲一卷,梅屋詩藁一卷,
融春小綴一卷,梅塢第三藁一卷第四藁一卷,
梅塢吟一卷,北窗詩藁一卷,鷗渚微吟一卷,
學吟一卷,雅林小藁一卷,菊潭詩集一卷,庸
齋小集一卷,學詩初藁一卷,西麓詩藁一卷,
橘潭詩藁一卷,吾竹小藁一卷,竹莊小藁一
卷,東齋小集一卷,芸隱橫舟藁一卷,芸隱倦
游藁一卷,疏寮小集一卷,靖逸小集一卷,秋
江煙草一卷,雪林刪餘一卷,癖齋小集一卷,
順適堂吟藁五卷,山居存藁一卷,端隱吟藁一
卷,雪蓬藁一卷,心游齋藁一卷,臞翁詩集二
卷,靜佳乙藁一卷,靜佳龍尋藁一卷,雪巖吟
草一卷,石屏續集四卷,巽齋小集一卷,雪坡
小藁二卷,菊磵小集一卷,龍洲道人詩集一
卷,白石道人詩集一卷,招山小集一卷,看雲
小藁一卷,抱拙小藁一卷,檜亭吟藁一卷,敝
藁一卷,雲泉詩一卷,斗野藁支卷一卷,露香
拾藁一卷,竹溪十一藁詩選一卷,葛無懷小集
一卷,漁溪詩藁二卷,漁溪乙藁一卷,小山集
一卷,雪窗小集一卷,瓜廬詩一卷附錄一卷,
野谷詩藁六卷,汶陽端平詩雋四卷,采芝集一
卷續集一卷,雲泉詩一卷,芸居詩藁一卷,
增廣聖宋高僧詩選前集一卷後集三卷續集一
卷補遺一卷,蒙泉詩藁一卷,方泉先生詩集三
卷)

370000－1587－0001676　3107
讀通鑑論十六卷　（清）王夫之撰　清刻本
十冊

370000－1587－0001677　1378

讀禮通考一百二十卷　（清）徐乾學撰　清光緒七年(1881)江蘇書局刻本　三十二冊

370000－1587－0001678　2029

讀論語日記一卷　（清）陳宗誼撰　清刻本　一冊

370000－1587－0001679　495

讀律心得三卷　（清）劉衡纂輯　清刻本　一冊

370000－1587－0001680　1119

讀騷樓詩初集四卷　（清）陳逢衡撰　清刻本　一冊

370000－1587－0001681　143

讀史糾謬十五卷　（清）牛運震撰　清刻本　七冊

370000－1587－0001682　144

讀史糾謬十五卷　（清）牛運震撰　清刻本　七冊

370000－1587－0001683　300

讀畫齋叢書四十六種　（清）顧修輯　清刻本　七冊　存六種十八卷(文選考異四卷、皇朝武功紀盛一至二、洞天清錄集一卷、雲莊四六餘話一卷、文瑞樓藏書目錄一至六、讀畫錄四卷)

370000－1587－0001684　4476

讀書作文譜父師善誘法合刻十四卷　（清）唐彪輯著　（清）毛奇齡　（清）韓菼　（清）仇滄柱鑒定　清嘉慶八年(1803)刻本　四冊　存九卷(一至七、十一至十二)

370000－1587－0001685　208

讀通鑑論十六卷　（清）王夫之撰　清刻本　七冊　存二十二卷(一至二、七至十、十五至三十)

370000－1587－0001686　2770

讀雪山房唐詩鈔三十四卷　（清）管世銘編　清光緒十二年(1886)刻本　十二冊

370000－1587－0001687　3004

杜工部草堂詩箋四十卷外集一卷　（唐）杜甫撰　（宋）魯訔編次　（宋）蔡夢弼會箋　清刻本　十二冊

370000－1587－0001688　904

杜工部詩集二十卷集外詩一卷文集二卷　（唐）杜甫撰　（清）朱鶴齡輯注　清刻本　十一冊　存二十卷(詩集二十卷)

370000－1587－0001689　905

杜工部文集二卷杜詩補註一卷杜工部集外詩一卷　（唐）杜甫撰　清刻本　一冊

370000－1587－0001690　3542

杜律通解四卷　（唐）杜甫撰　（清）李文煒箋釋　清刻本　六冊

370000－1587－0001691　2977

杜少陵全集詳注二十五卷　（唐）杜甫撰　（清）仇兆鰲輯注　清刻本　十八冊　存二十卷(一至十一、十五至十六、十九至二十五)

370000－1587－0001692　387

杜詩詳注二十五卷補註一卷　（唐）杜甫撰　（清）仇兆鰲輯注　清刻本　四冊　存四卷(詳註十二至十四、補註一卷)

370000－1587－0001693　X－228

杜氏經傳左繡原本三十卷　（晉）杜預注　（清）馮李驊評輯　清嘉慶十六年(1811)刻本　十二冊

370000－1587－0001694　X－231

杜氏經傳左繡原本三十卷　（晉）杜預注　（清）馮李驊評輯　清嘉慶十六年(1811)刻本　六冊　存十七卷(一至十一、十六至二十一)

370000－1587－0001695　3475

對山印稿十卷　清刻本　八冊　存八卷(一至八)

370000－1587－0001696　5130

對嶽樓詩續錄四卷　（清）孔憲彝撰　清咸豐七年(1857)刻本　一冊

370000－1587－0001697　X－175

敦復堂稿一卷　（清）王步青撰　清刻本
一冊

370000－1587－0001698　65

敦煌石室真跡五卷附錄一卷　王仁俊撰　清
宣統元年（1909）國粹堂寫本　二冊

370000－1587－0001699　1054

莪園白話一卷　清道光二十六年（1846）刻本
一冊

370000－1587－0001700　714

恩辨錄輯要二十二卷　（清）路世儀著　清光
緒三年（1877）刻本　四冊

370000－1587－0001701　715

恩辨錄輯要二十二卷　（清）路世儀著　清刻
本　四冊　存十三卷（一至十三）

370000－1587－0001702　2982

［光緒乙亥科］恩賜廩生同年齒錄一卷　清光
緒聚元齋刻本　二冊

370000－1587－0001703　813

［光緒癸卯恩科］山東鄉試闈墨一卷　（清）郭
吳鑒定　清光緒山東官印書局鉛印本　一冊

370000－1587－0001704　4095

爾雅三卷　（晉）郭璞註　（唐）陆德明音義
清刻本　一冊

370000－1587－0001705　5293

爾雅補注殘本一卷　（清）劉玉麐撰　清光緒
十四年（1888）廣雅書局刻本　一冊

370000－1587－0001706　5309

爾雅匡名二十卷　（清）嚴元照撰　清光緒十
六年（1890）廣雅書局刻本　四冊

370000－1587－0001707　1574

爾雅蒙求二卷　（清）李拔式撰　清嘉慶三年
（1798）蟠根書屋刻本　二冊

370000－1587－0001708　4441

爾雅蒙求二卷　（清）李拔式撰　清嘉慶三年
（1798）蟠根書屋刻本　二冊

370000－1587－0001709　1606

爾雅三卷　（晉）郭璞注　（唐）陸德明音義

校刊記一卷　（清）丁寶楨撰　清同治十一年
（1872）山東書局刻本　三冊

370000－1587－0001710　1603

爾雅註疏十一卷　（晉）郭璞注　（宋）邢昺疏
清刻本　一冊　存一卷（一）

370000－1587－0001711　5459－2

爾雅註疏十一卷　（晉）郭璞注　（宋）邢昺疏
清刻本　一冊　存三卷（三至五）

370000－1587－0001712　1612

爾雅註疏十一卷　（晉）郭璞注　（宋）邢昺疏
爾雅註疏考證十一卷　（清）張照撰　清乾
隆六十年（1795）敦化堂刻本　六冊

370000－1587－0001713　1613

爾雅註疏十一卷　（晉）郭璞注　（宋）邢昺疏
清嘉慶七年（1802）刻本　四冊

370000－1587－0001714　1615

爾雅註疏十一卷　（晉）郭璞注　（宋）邢昺疏
清嘉慶七年（1802）刻本　六冊

370000－1587－0001715　5459－1

爾雅註疏十一卷　（晉）郭璞注　（宋）邢昺疏
清乾隆十年（1745）三樂齋刻本　一冊　存
一卷（一）

370000－1587－0001716　5512

爾雅註疏十一卷　（晉）郭璞注　（宋）邢昺疏
清刻本　一冊　存四卷（八至十一）

370000－1587－0001717　4666

爾雅註疏旁訓四卷　（清）周樽輯　（清）馬俊
良增訂　清嘉慶五年（1800）刻本　二冊

370000－1587－0001718　2286

二波軒詩選四卷　（清）王嘉福撰　清刻本
一冊

370000－1587－0001719　3729

二程全書二十五卷河南程氏外書十二卷明道
先生文集五卷　清刻本　十冊

370000－1587－0001720　X－112

二論典故最豁集四卷　（清）劉珍輯　清刻本
一冊　存一卷（三）

370000－1587－0001721　X－275

二論典故最豁集四卷　(清)劉珍輯　清宣統二年(1910)刻本　一冊　存二卷(一至二)

370000－1587－0001722　4598

二論典故最豁集四卷　(清)劉珍輯　清末民初上海中原書局印本　一冊　存一卷(二)

370000－1587－0001723　4591

二論講義養正編十卷　(清)史可亭輯　清刻本　一冊　存二卷(下論六至七)

370000－1587－0001724　2881

二如亭群芳譜四十二卷首一卷　(明)王象晉纂輯　清刻本　十二冊　存十九卷(亨部穀譜一卷、穀譜首一卷、蔬譜二卷、蔬譜首一卷、果譜四卷、果譜首一卷,利部藥譜三卷、藥譜首一卷、木譜二卷、木譜首一卷,貞部花譜卷一、花譜首一卷)

370000－1587－0001725　1283

二申野錄八卷　(清)孫之騄輯　清吟香館刻本　八冊

370000－1587－0001726　183

廿二史劄記三十六卷附補遺一卷　(清)趙翼撰　清光緒二十五年(1899)湖南書局刻本　十二冊　存二十一卷(一至四、八至九、十四至十五、十八至十九、二十二至二十五、二十七、三十二至三十六,補遺一卷)

370000－1587－0001727　2988

二十四泉草堂詩十二卷　(清)王萃撰　清刻本　四冊

370000－1587－0001728　4901

二十一史約編九卷　(清)鄭元慶撰　清光緒十二年(1886)積山書局石印本　八冊

370000－1587－0001729　74

二十一史約編九卷　(清)鄭元慶撰　清刻本　四冊

370000－1587－0001730　3230

二十藝句解　(清)楊嘉衆撰　清嘉慶十三年(1808)刻本　一冊

370000－1587－0001731　471

二無室偶吟草一卷　(清)黃英玉撰　清道光十一年(1831)刻本　一冊

370000－1587－0001732　3109

貳臣傳十二卷　(清)國史館撰　清刻本　一冊　存四卷(九至十二)

370000－1587－0001733　3384

貳臣傳八卷　(清)國史館撰　清京都琉璃廠榮錦書坊刻本　五冊　存五卷(一至五)

370000－1587－0001734　2957

貳臣傳十二卷　(清)國史館撰　清刻本　二冊　存八卷(一至八)

370000－1587－0001735　3026

貳臣傳十二卷逆臣傳四卷　(清)國史館撰　清都城琉璃廠半松居士刻本　十二冊

370000－1587－0001736　X－101

國朝歷科發蒙小品不分卷　(清)唐惟懋評選　清刻本　一冊　存下論、大學、中庸

370000－1587－0001737　4613

法部會奏檢察廳調度司法警察章程　清宣統二年(1910)印本　一冊

370000－1587－0001738　4611

法部奏定法官考試任用暫行章程施行細則　清宣統二年(1910)印本　一冊

370000－1587－0001739　2886

番禺陳氏東塾叢書初函四種附一種　(清)陳澧撰　清咸豐刻本　九冊

370000－1587－0001740　3485

樊山集　樊增祥撰　清光緒二十八年(1902)影印本　三冊　存六卷(一至六)

370000－1587－0001741　1297

樊山判牘續編四卷樊山書牘二卷　樊增祥撰　清宣統三年(1911)石印本　四冊　存三卷(續編一至二、四)

370000－1587－0001742　2890

樊樹山房集十卷　(清)厲鶚撰　清刻本　二冊

370000 - 1587 - 0001743   3534

方百川集一卷　（清）方舟撰　清刻本　一冊

370000 - 1587 - 0001744   291

方恪敏公奏議八卷　（清）方觀承撰　清刻本
一冊　存一卷（七）

370000 - 1587 - 0001745   1493

仿宋版春秋十三卷　清刻本　五冊

370000 - 1587 - 0001746   X - 301

仿陶軒集墨一卷　清抄本　一冊

370000 - 1587 - 0001747   272

放翁先生詩鈔七卷　（宋）陸遊撰　（清）周之
鱗　（清）柴升選　清刻本　一冊

370000 - 1587 - 0001748   X - 69

[康熙]肥城縣誌二卷　（清）尹任修　（清）
尹足法纂　清刻本　一冊　存一卷（上）

370000 - 1587 - 0001749   2921

分甘餘話四卷　（清）王士禛撰　清刻本
一冊

370000 - 1587 - 0001750   3181

分體辨類利試文中六卷　（清）郝廷顯評選
清榮錦堂刻本　三冊　存三卷（一、三、六）

370000 - 1587 - 0001751   3179

分體辨類利試文中六卷　（清）郝廷顯評選
清大文堂刻本　六冊

370000 - 1587 - 0001752   3264

重校批點分韻試帖青雲集合註四卷　（清）楊
逢春輯　（清）沈品華等注　清光緒八年
（1882）彙文堂刻本　四冊

370000 - 1587 - 0001753   X - 213

重校批點分韻試帖青雲集合註四卷　（清）楊
逢春輯　（清）沈品華等注　清光緒五年
（1879）刻本　四冊

370000 - 1587 - 0001754   X - 352

重校批點分韻試帖青雲集合註四卷　（清）楊
逢春輯　（清）沈品華等注　清光緒四年
（1878）刻本　四冊

370000 - 1587 - 0001755   4090

重校批點分韻試帖青雲集合註四卷　（清）楊
逢春輯　（清）沈品華等注　清光緒八年
（1882）刻本　四冊

370000 - 1587 - 0001756   4670

重校批點分韻試帖青雲集合註四卷　（清）楊
逢春輯　（清）沈品華等注　清光緒四年
（1878）書業德刻本　四冊

370000 - 1587 - 0001757   5442

重校批點分韻試帖青雲集合註四卷　（清）楊
逢春輯　（清）沈品華等注　清光緒十一年
（1885）刻本　一冊　存一卷（一）

370000 - 1587 - 0001758   2204

分韻文選題解擇要一卷　（清）汪承元撰　清
光緒三年（1877）刻本　一冊

370000 - 1587 - 0001759   3148

**重訂王鳳洲先生綱鑑會纂四十六卷續宋元紀
二十三卷**　（明）王世貞撰　**御撰資治通鑑綱
目三編二十卷末一卷**　（清）張廷玉等撰　清
光緒二十八年（1902）刻本　十二冊　存三十
三卷（續宋元紀十二至二十三,綱目三編二十
卷、末一卷）

370000 - 1587 - 0001760   5333 - 1

重訂王鳳洲先生綱鑑會纂四十六卷　（明）王
世貞撰　清刻本　六冊　存八卷（十三至二
十）

370000 - 1587 - 0001761   5333 - 2

**重訂王鳳洲先生綱鑑會纂四十六卷續宋元紀
二十三卷**　（明）王世貞撰　清刻本　二十三
冊　存四十卷（一至八、十一至十二、二十九
至四十六,續宋元紀十二至二十三）

370000 - 1587 - 0001762   5063 - 1

綱鑑全編□□卷　（明）王世貞撰　**御撰資治
通鑑綱目三編二十卷末一卷**　（清）張廷玉等
撰　清刻本　二十八冊　存三十卷（四、六至
七、九至二十四、二十六至三十、三十二、三十
五、三十八,綱目三編十五至十七）

370000 - 1587 - 0001763   4431

馮龍川四書文彙□□卷附柳波館制義　（清）
馮繼照校　清道光十六年(1836)馮繼照刻本
　六冊

370000－1587－0001764　421

鳳山塾課一卷　（清）管廷鶚撰　清光緒十一
年(1885)刻本　一冊

370000－1587－0001765　4364

佛法淺講　清鉛印本　一冊　存二卷(五至
六)

370000－1587－0001766　4305

佛說阿彌陀經　（□）□□撰　清刻本　一冊

370000－1587－0001767　X－153

[同治庚午科]福建闈墨一卷　清刻本　一冊

370000－1587－0001768　826

三刻太醫院補註婦人良方大全二十四卷
（宋）陳自明撰　（明）薛己補註　清竹林堂刻
本　六冊

370000－1587－0001769　4445

婦嬰至寶□□卷附胎產達生篇保嬰種痘法保
命延生戒期　清嘉慶元年(1796)刻本　一冊
　　存四卷(卷首、上中下)

370000－1587－0001770　3330

賦學正鵠十卷　（清）李元度輯　清同治十年
(1871)爽溪書院刻本　四冊

370000－1587－0001771　3332

賦學正鵠集釋十卷　（清）李元度輯　清刻本
　一冊　存四卷(五至八)

370000－1587－0001772　856

傅青主男科二卷　（清）傅山撰　清光緒九年
(1883)埽葉山房刻本　二冊

370000－1587－0001773　857

傅青主男科二卷　（清）傅山撰　清光緒十一
年(1885)善成堂刻本　四冊

370000－1587－0001774　867

傅氏女科全集二卷產後編二卷　（清）傅山撰
　清文德永刻本　四冊

370000－1587－0001775　X－289

傅氏眼科審視瑤函六卷首一卷　（明）傅仁宇
撰　（明）林長生校補　清刻本　六冊

370000－1587－0001776　3360－1

復初堂詩集二卷　蕭彝伯撰　清刻本　一冊

370000－1587－0001777　3360－2

復初堂文集八卷　蕭彝伯撰　清刻本　八冊

370000－1587－0001778　3507

復古編二卷　（宋）张有撰　清抄本　一冊

370000－1587－0001779　X－346

賦料類聯英華二十四卷　（清）葉祺昌撰　清
光緒二年(1876)粤東粲花吟館刻本　一冊
存三卷(一至三)

370000－1587－0001780　245

賦料類聯英華二十四卷　（清）葉祺昌撰　清
刻本　四冊　存十三卷(一至三、十五至二十
四)

370000－1587－0001781　4091

[光緒十二年]山東泰安府萊蕪縣現行簡明賦
役全書　清刻本　一冊

370000－1587－0001782　4650

改良三命通會十二卷　（明）萬民英撰　清刻
本　十一冊　存十一卷(二至十二)

370000－1587－0001783　2963

甘棠小志五卷首一卷末一卷　（清）董醇纂
清咸豐五年(1855)刻本　四冊

370000－1587－0001784　535

岡田須知一卷　（清）張紫筠撰　清刻本
一冊

370000－1587－0001785　X－221

綱鑑擇言十卷　（清）司徒修輯　（清）李嘉樹
補注　清光緒十六年(1890)刻本　六冊

370000－1587－0001786　4696

綱鑑擇言十卷　（清）司徒修選輯　（清）李嘉
樹補注　清光緒二十七年(1901)刻本　五冊

370000－1587－0001787　X－35

綱鑑紀要　清刻本　一冊　存一卷(四)

370000－1587－0001788　4107

綱鑑易知錄□□卷　(清)吳乘權　(清)周之
炯　(清)周之燦輯　清刻本　一冊　存六卷
(九至十四)

370000－1587－0001789　4725

尺木堂綱鑑易知錄九十二卷明鑑易知錄十五
卷　(清)吳乘權　(清)周之炯　(清)周之
燦輯　清光緒二十四年(1898)上海宏文閣鉛
印本　四冊　存二十六卷(綱鑑易知錄六十
至六十六、七十四至八十、八十七至九十二,
明鑑易知錄一至六)

370000－1587－0001790　5339－2

尺木堂綱鑑易知錄九十二卷　(清)吳乘權
(清)周之炯　(清)周之燦輯　清刻本　一冊
　　存二卷(八十二至八十三)

370000－1587－0001791　X－211

尺木堂綱鑑易知錄九十二卷　(清)吳乘權
(清)周之炯　(清)周之燦輯　清刻本　三十
九冊　存九十卷(三至九十二)

370000－1587－0001792　203

尺木堂綱鑑易知錄九十二卷　(清)吳乘權
(清)周之炯　(清)周之燦輯　清刻本　四十
二冊

370000－1587－0001793　1379

綱鑑正史約三十六卷　(明)顧錫疇撰　清刻
本　八冊　存十一卷(三至八、二十五至二十
九)

370000－1587－0001794　X－322

綱鑑總論二卷　清刻本　一冊　存一卷(下)

370000－1587－0001795　311

綱目四鑑錄十六卷　(清)尹會一輯　清刻本
四冊

370000－1587－0001796　1309

高厚蒙求四集八種九卷　(清)徐朝俊撰　清
嘉慶十二年至二十年(1807－1815)雲間徐氏
刻本　四冊

370000－1587－0001797　3911

高季迪先生大全集十八卷　(明)高啓撰　清
刻本　四冊　存十二卷(一至九、十六至十
八)

370000－1587－0001798　3125

高士傳三卷　(晉)皇甫謐撰　劍俠傳三卷
(唐)段成式撰　清刻本　一冊

370000－1587－0001799　855

高太史續文鈔五卷　(清)高熙喆撰　清刻本
三冊

370000－1587－0001800　4140

高王觀世音經一卷　清刻本　一冊

370000－1587－0001801　4580

高王觀世音經一卷　清同治七年(1868)刻本
一冊

370000－1587－0001802　X－102

高王觀世音經一卷　清刻本　一冊

370000－1587－0001803　4501

高王觀世音救苦真經一卷　清光緒十八年
(1892)刻本　一冊

370000－1587－0001804　4502

高王觀世音救苦真經　清光緒十八年(1892)
刻本　一冊

370000－1587－0001805　4503

高王觀世音救苦真經　清光緒十八年(1892)
刻本　一冊

370000－1587－0001806　4504

高王觀世音救苦真經　清光緒十八年(1892)
刻本　一冊

370000－1587－0001807　4505

高王觀世音救苦真經　清光緒十八年(1892)
刻本　一冊

370000－1587－0001808　4506

高王觀世音救苦真經　清光緒十八年(1892)
刻本　一冊

370000－1587－0001809　4507

高王觀世音救苦真經　清光緒十八年（1892）
刻本　一冊

370000－1587－0001810　4508

高王觀世音救苦真經　清光緒十八年（1892）
刻本　一冊

370000－1587－0001811　4509

高王觀世音救苦真經　清光緒十八年（1892）
刻本　一冊

370000－1587－0001812　4510

高王觀世音救苦真經　清光緒十八年（1892）
刻本　一冊

370000－1587－0001813　4511

高王觀世音救苦真經　清光緒十八年（1892）
刻本　一冊

370000－1587－0001814　4512

高王觀世音救苦真經　清光緒十八年（1892）
刻本　一冊

370000－1587－0001815　4513

高王觀世音救苦真經　清光緒十八年（1892）
刻本　一冊

370000－1587－0001816　4514

高王觀世音救苦真經　清光緒十八年（1892）
刻本　一冊

370000－1587－0001817　4515

高王觀世音救苦真經　清光緒十八年（1892）
刻本　一冊

370000－1587－0001818　4516

高王觀世音救苦真經　清光緒十八年（1892）
刻本　一冊

370000－1587－0001819　4517

高王觀世音救苦真經　清光緒十八年（1892）
刻本　一冊

370000－1587－0001820　4518

高王觀世音救苦真經　清光緒十八年（1892）
刻本　一冊

370000－1587－0001821　4519

高王觀世音救苦真經　清光緒十八年（1892）
刻本　一冊

370000－1587－0001822　4520

高王觀世音救苦真經　清光緒十八年（1892）
刻本　一冊

370000－1587－0001823　4521

高王觀世音救苦真經　清光緒十八年（1892）
刻本　一冊

370000－1587－0001824　4522

高王觀世音救苦真經　清光緒十八年（1892）
刻本　一冊

370000－1587－0001825　4523

高王觀世音救苦真經　清光緒十八年（1892）
刻本　一冊

370000－1587－0001826　4524

高王觀世音救苦真經　清光緒十八年（1892）
刻本　一冊

370000－1587－0001827　4525

高王觀世音救苦真經　清光緒十八年（1892）
刻本　一冊

370000－1587－0001828　4526

高王觀世音救苦真經　清光緒十八年（1892）
刻本　一冊

370000－1587－0001829　4527

高王觀世音救苦真經　清光緒十八年（1892）
刻本　一冊

370000－1587－0001830　4528

高王觀世音救苦真經　清光緒十八年（1892）
刻本　一冊

370000－1587－0001831　4529

高王觀世音救苦真經　清光緒十八年（1892）
刻本　一冊

370000－1587－0001832　4530

高王觀世音救苦真經　清光緒十八年（1892）
刻本　一冊

370000－1587－0001833　4531

高王觀世音救苦真經　清光緒十八年（1892）
刻本　一冊

370000 - 1587 - 0001834　4532

高王觀世音救苦真經　清光緒十八年（1892）
刻本　一冊

370000 - 1587 - 0001835　4533

高王觀世音救苦真經　清光緒十八年（1892）
刻本　一冊

370000 - 1587 - 0001836　4534

高王觀世音救苦真經　清光緒十八年（1892）
刻本　一冊

370000 - 1587 - 0001837　4535

高王觀世音救苦真經　清光緒十八年（1892）
刻本　一冊

370000 - 1587 - 0001838　4536

高王觀世音救苦真經　清光緒十八年（1892）
刻本　一冊

370000 - 1587 - 0001839　4537

高王觀世音救苦真經　清光緒十八年（1892）
刻本　一冊

370000 - 1587 - 0001840　4538

高王觀世音救苦真經　清光緒十八年（1892）
刻本　一冊

370000 - 1587 - 0001841　4539

高王觀世音救苦真經　清光緒十八年（1892）
刻本　一冊

370000 - 1587 - 0001842　4540

高王觀世音救苦真經　清光緒十八年（1892）
刻本　一冊

370000 - 1587 - 0001843　4541

高王觀世音救苦真經　清光緒十八年（1892）
刻本　一冊

370000 - 1587 - 0001844　4542

高王觀世音救苦真經　清光緒十八年（1892）
刻本　一冊

370000 - 1587 - 0001845　4543

高王觀世音救苦真經　清光緒十八年（1892）
刻本　一冊

370000 - 1587 - 0001846　4544

高王觀世音救苦真經　清光緒十八年（1892）
刻本　一冊

370000 - 1587 - 0001847　4545

高王觀世音救苦真經　清光緒十八年（1892）
刻本　一冊

370000 - 1587 - 0001848　4546

高王觀世音救苦真經　清光緒十八年（1892）
刻本　一冊

370000 - 1587 - 0001849　4547

高王觀世音救苦真經　清光緒十八年（1892）
刻本　一冊

370000 - 1587 - 0001850　4548

高王觀世音救苦真經　清光緒十八年（1892）
刻本　一冊

370000 - 1587 - 0001851　4549

高王觀世音救苦真經　清光緒十八年（1892）
刻本　一冊

370000 - 1587 - 0001852　4550

高王觀世音救苦真經　清光緒十八年（1892）
刻本　一冊

370000 - 1587 - 0001853　4551

高王觀世音救苦真經　清光緒十八年（1892）
刻本　一冊

370000 - 1587 - 0001854　4552

高王觀世音救苦真經　清光緒十八年（1892）
刻本　一冊

370000 - 1587 - 0001855　4553

高王觀世音救苦真經　清光緒十八年（1892）
刻本　一冊

370000 - 1587 - 0001856　4554

高王觀世音救苦真經　清光緒十八年（1892）
刻本　一冊

370000 - 1587 - 0001857　4555

高王觀世音救苦真經　清光緒十八年(1892)
刻本　一冊

370000－1587－0001858　4556
高王觀世音救苦真經　清光緒十八年(1892)
刻本　一冊

370000－1587－0001859　4557
高王觀世音救苦真經　清光緒十八年(1892)
刻本　一冊

370000－1587－0001860　4558
高王觀世音救苦真經　清光緒十八年(1892)
刻本　一冊

370000－1587－0001861　4559
高王觀世音救苦真經　清光緒十八年(1892)
刻本　一冊

370000－1587－0001862　4560
高王觀世音救苦真經　清光緒十八年(1892)
刻本　一冊

370000－1587－0001863　4561
高王觀世音救苦真經　清光緒十八年(1892)
刻本　一冊

370000－1587－0001864　4562
高王觀世音救苦真經　清光緒十八年(1892)
刻本　一冊

370000－1587－0001865　4563
高王觀世音救苦真經　清光緒十八年(1892)
刻本　一冊

370000－1587－0001866　4564
高王觀世音救苦真經　清光緒十八年(1892)
刻本　一冊

370000－1587－0001867　4565
高王觀世音救苦真經　清光緒十八年(1892)
刻本　一冊

370000－1587－0001868　4566
高王觀世音救苦真經　清光緒十八年(1892)
刻本　一冊

370000－1587－0001869　4567

高王觀世音救苦真經　清光緒十八年(1892)
刻本　一冊

370000－1587－0001870　4568
高王觀世音救苦真經　清光緒十八年(1892)
刻本　一冊

370000－1587－0001871　4569
高王觀世音救苦真經　清光緒十八年(1892)
刻本　一冊

370000－1587－0001872　4570
高王觀世音救苦真經　清光緒十八年(1892)
刻本　一冊

370000－1587－0001873　4571
高王觀世音救苦真經　清光緒十八年(1892)
刻本　一冊

370000－1587－0001874　4572
高王觀世音救苦真經　清光緒十八年(1892)
刻木　　冊

370000－1587－0001875　4573
高王觀世音救苦真經　清光緒十八年(1892)
刻本　一冊

370000－1587－0001876　4574
高王觀世音救苦真經　清光緒十八年(1892)
刻本　一冊

370000－1587－0001877　X－169
論語十卷　(宋)朱熹集註　清刻本　二冊

370000－1587－0001878　X－170
論語十卷　(宋)朱熹集註　清刻本　二冊

370000－1587－0001879　X－171
論語十卷　(宋)朱熹集註　清刻本　二冊
存九卷(一至四、六至十)

370000－1587－0001880　1846
論語隨筆二十卷　(清)牛運震著　清嘉慶空
山堂刻本　四冊　存十九卷(一至十九)

370000－1587－0001881　1847
論語隨筆二十卷　(清)牛運震著　清嘉慶空
山堂刻本　五冊　存十九卷(一至十九)

370000－1587－0001882　1905

論語隨筆二十卷　（清）牛運震著　清嘉慶空山堂刻本　四冊　存十九卷（一至十九）

370000－1587－0001883　1906

論語隨筆二十卷　（清）牛運震著　清嘉慶空山堂刻本　五冊　存十九卷（一至十九）

370000－1587－0001884　1907

論語隨筆二十卷　（清）牛運震著　清嘉慶空山堂刻本　四冊

370000－1587－0001885　4660

論語十卷孟子七卷　（宋）朱熹集注　清刻本　四冊

370000－1587－0001886　1910

論語直講八卷首一卷　（清）易上興纂　清刻本　八冊　存八卷（論語直講八卷）

370000－1587－0001887　X－217

論語最豁集四卷（二論典故最豁集）　（清）劉珍輯　清刻本　一冊

370000－1587－0001888　4600－1

論語最豁集四卷　（清）劉珍輯　清刻本　一冊　存二卷（三、四）

370000－1587－0001889　4600－2

論語最豁集四卷　（清）劉珍輯　清刻本　一冊　存二卷（三、四）

370000－1587－0001890　3196

洛書新法合纂直講十四卷洛書新法　（清）蘭陵不二子著　清刻本　六冊　存十五卷（洛書新法合纂直讲二至十四、洛書新法一、首一卷）

370000－1587－0001891　5238

珞琭子三命消息賦注二卷　（宋）徐子平撰（清）錢熙祚校　清道光二十四年(1844)金山錢氏據墨海金壺刊版重編增刊守山閣叢書本　一冊

370000－1587－0001892　457

瀠源書院課藝□□編□□卷　（□）□□編　清刻本　七冊　存七卷（初編二、二編三至

四、三編五至六、五編下、六編）

370000－1587－0001893　4285

呂祖飛度化魔救劫保命妙經一卷　（唐）呂嵒撰　清排印本　一冊

370000－1587－0001894　3574－1

呂新吾先生實政錄七卷　（明）呂坤撰　清光緒二十九年(1903)刻本　七冊　缺一卷（六）

370000－1587－0001895　3574－2

呂新吾先生實政錄七卷　（明）呂坤撰　清光緒二十九年(1903)刻本　一冊　存一卷（六）

370000－1587－0001896　275

履園叢話二十四卷　（清）錢泳輯　清刻本　一冊　存三卷（四至六）

370000－1587－0001897　580

履園叢話二十四卷　（清）錢泳輯　清刻本　三冊　存九卷（七至十五）

370000－1587－0001898　1301

律表三十六卷附纂修條例表一卷　（清）曹沂輯　清嘉慶二十一年(1816)京都金東書行刻本　六冊

370000－1587－0001899　917

律賦金鍼初集不分卷　（□）□□編選　清道光二十一年(1841)西泠紫荷花榭刻本　二冊　存賦賦至乘長風破萬里浪賦、水輪賦至秋蜑賦

370000－1587－0001900　257

韻蘭集賦鈔六卷　（清）陸雲槎輯選　清刻本　五冊　存五卷（一至二、四至六）

370000－1587－0001901　1321

律例便覽八卷　（清）蔡嵩年輯　清同治九年(1870)江蘇書局刻本　四冊　存六卷（一至六）

370000－1587－0001902　1363

律例館校正洗冤錄四卷督捕則例二卷　（宋）宋慈撰　（清）律例館輯　清刻本　四冊

370000－1587－0001903　3496

綠秋書屋詩鈔一卷　（清）張因撰　清刻本

一冊

370000－1587－0001904　3182
綠天書舍存草六卷　（清）錢楷撰　清嘉慶二
十三年（1818）刻本　二冊

370000－1587－0001905　3601
綠天吟舫試帖一卷　（清）方長豫撰　清道光
十三年（1833）刻本　一冊

370000－1587－0001906　3602
綠天吟舫試帖一卷　（清）方長豫撰　清道光
十三年（1833）刻本　一冊

370000－1587－0001907　3603
綠天吟舫試帖一卷　（清）方長豫撰　清道光
十三年（1833）刻本　一冊

370000－1587－0001908　3604
綠天吟舫試帖一卷　（清）方長豫撰　清道光
十三年（1833）刻本　一冊

370000－1587－0001909　3605
綠天吟舫試帖一卷　（清）方長豫撰　清道光
十三年（1833）刻本　一冊

370000－1587－0001910　3606
綠天吟舫試帖一卷　（清）方長豫撰　清道光
十三年（1833）刻本　一冊

370000－1587－0001911　3607
綠天吟舫試帖一卷　（清）方長豫撰　清道光
十三年（1833）刻本　一冊

370000－1587－0001912　3608
綠天吟舫試帖一卷　（清）方長豫撰　清道光
十三年（1833）刻本　一冊

370000－1587－0001913　3609
綠天吟舫試帖一卷　（清）方長豫撰　清道光
十三年（1833）刻本　一冊

370000－1587－0001914　3610
綠天吟舫試帖一卷　（清）方長豫撰　清道光
十三年（1833）刻本　一冊

370000－1587－0001915　3611
綠天吟舫試帖一卷　（清）方長豫撰　清道光

十三年（1833）刻本　一冊

370000－1587－0001916　3612
綠天吟舫試帖一卷　（清）方長豫撰　清道光
十三年（1833）刻本　一冊

370000－1587－0001917　868
丹溪附餘□□種　（元）朱震亨撰　清二西堂
刻本　五冊　存六種二十二卷（脈訣指掌一
卷、證治要訣類方四卷、證治要訣十二卷、金
匱鉤玄三卷、醫學發明一卷、活法機要一卷）

370000－1587－0001918　909
脈理求真三卷本草求真六卷　（清）黃宮繡纂
　　清乾隆三十九年（1774）刻本　十二冊

370000－1587－0001919　3155
滿漢事類集要二卷雜話一卷　（清）陳可臣輯
　　清天繪閣書坊刻本　五冊

370000－1587－0001920　2871
滿洲名臣傳四十八卷　（清）國史館編纂　清
京都琉璃廠榮錦書屋刻本　四十八冊

370000－1587－0001921　890
毛瑟鎗用法圖說一卷毛瑟鎗指南八卷毛瑟鎗
打靶法五卷新操洋兵功課冊一卷　（德國）
□□撰　清石印本　四冊

370000－1587－0001922　3237
毛詩要義　（宋）魏了翁撰　清刻本　一冊
存一卷（十九）

370000－1587－0001923　3344
毛詩注疏　（漢）毛亨傳　（漢）鄭玄箋
（唐）孔穎達疏　清刻本　八冊　存二十卷
（一至二十）

370000－1587－0001924　5135
毛詩傳箋通釋三十二卷　（清）馬瑞辰撰　清
光緒十四年（1888）廣雅書局刻本　十二冊

370000－1587－0001925　1003
毛詩傳箋通釋三十二卷　（清）馬瑞辰撰　清
刻本　一冊　存二卷（十八至十九）

370000－1587－0001926　5317
毛詩後箋三十卷　（清）胡承珙著　清光緒十

六年(1890)廣雅書局刻本　十一冊　存二十七卷(一至四、八至三十)

370000－1587－0001927　997

毛詩集解訓蒙一卷　(清)鄭曉如撰　清同治八年(1869)廣州華文堂刻本　一冊

370000－1587－0001928　5287

毛詩天文考一卷　(清)洪亮吉撰　清光緒十七年(1891)廣雅書局刻本　一冊

370000－1587－0001929　5259

毛詩要義二十卷　(宋)魏了翁撰　清光緒十二年(1886)江蘇書局刻本　七冊　存十二卷(一、四至八、十二至十七)

370000－1587－0001930　999－2

釋毛詩音四卷毛詩說一卷　(清)陳奐撰　清道光、咸豐間吳門陳氏掃葉山莊刻本　一冊

370000－1587－0001931　3462

茂園自撰年譜二卷霞蔭堂詩集二卷　(清)康基田撰　清道光七年(1827)刻本　一冊

370000－1587－0001932　682

梅村詩集箋注十八卷　(清)吳翌鳳注　清刻本　十冊　存十五卷(二至十六)

370000－1587－0001933　415

梅花溪詩草四卷續草三卷　(清)錢泳撰　清刻本　二冊　存四卷(詩草三至四、續草一至二)

370000－1587－0001934　2790

梅氏叢書六十二卷首一卷　(清)梅文鼎撰　清同治頤園刻本　二十冊

370000－1587－0001935　X－318

美在其中一卷　(□)□□撰　清抄本　一冊

370000－1587－0001936　4084

蒙難追筆一卷　(清)柳堂撰　清光緒三十一年(1905)刻本　一冊

370000－1587－0001937　557－1

蒙學讀本全書七編七卷　(清)無錫三等公學堂編　清光緒二十八年(1902)石印本　五冊　存五卷(三編一卷、四編一卷、五編一卷、六編一卷、七編一卷)

370000－1587－0001938　557－2

蒙學課本初編一卷　(清)武城小學堂編　清刻本　一冊

370000－1587－0001939　557－3

蒙學課本地球歌韻四卷　(清)張士瀛撰　清光緒二十七年(1901)石印本　一冊

370000－1587－0001940　X－359

蒙肆□□卷　(□)□□編　清刻本　一冊　存二卷(三至四)

370000－1587－0001941　1750

盟鷗草一卷　(清)孔傳鐸著　(清)孔尚任訂　清刻本　一冊

370000－1587－0001942　1751

盟鷗草一卷　(清)孔傳鐸著　(清)孔尚任訂　清雍正九年(1731)刻本　一冊

370000－1587－0001943　3057

孟浩然集二卷　(唐)孟浩然撰　**高常侍集二卷**　(唐)高適撰　**嘉州集二卷**　(唐)岑參撰　**王摩詰集二卷**　(唐)王維撰　清光緒十年(1884)上海同文書局石印本　八冊

370000－1587－0001944　2044

孟子七卷　(宋)朱熹集注　清善成堂刻本　三冊

370000－1587－0001945　2047

四書貫珠講義孟子七卷　(宋)朱熹集注　(清)林文竹輯　清刻本　四冊　存六卷(一至二、四至七)

370000－1587－0001946　2049

孟子七卷　(宋)朱熹集注　清刻本　一冊　存二卷(六至七)

370000－1587－0001947　5348－1

孟子七卷　(宋)朱熹集注　清刻本　一冊　存二卷(二至三)

370000－1587－0001948　5348－2

孟子七卷　（宋）朱熹集注　清刻本　二冊
存四卷(四至七)

370000－1587－0001949　5350－1

孟子七卷　（宋）朱熹集注　清刻本　一冊
存二卷(二至三)

370000－1587－0001950　5350－2

孟子七卷　（宋）朱熹集注　清刻本　一冊
存二卷(六至七)

370000－1587－0001951　5350－3

孟子七卷　（宋）朱熹集注　清善成堂刻本
一冊　存二卷(六至七)

370000－1587－0001952　5498－3

孟子七卷　（宋）朱熹集注　清刻本　一冊
存三卷(一至三)

370000－1587－0001953　X－177

孟子七卷　（宋）朱熹集注　清刻本　一冊
存二卷(六至七)

370000－1587－0001954　2045

孟子二卷　（□)□□編　清迴岸山亭氏刻本
二冊

370000－1587－0001955　2676

孟子會解十四卷　（清）綦澧輯　清刻本　七
冊　存十卷(上孟一至三、下孟一至七)

370000－1587－0001956　X－196

孟子會解十四卷　（清）綦澧輯　清刻本　九
冊　存十二卷(三至十四)

370000－1587－0001957　2023

孟子集注七卷　（宋）朱熹集注　清刻本
四冊

370000－1587－0001958　2006

孟子集注本義匯參　（清）王步青輯　清敦復
堂刻本　二冊　存三卷(一至二、首一卷)

370000－1587－0001959　2038

孟子講義切近錄十四卷　（清）楊大受輯　清
刻本　十冊

370000－1587－0001960　2058

孟子七卷　（宋）朱熹集注　清刻本　三冊

370000－1587－0001961　5352

孟子七卷　（宋）朱熹集註　清刻本　二冊

370000－1587－0001962　5398

孟子七卷　（宋）朱熹集註　清刻本　一冊
存二卷(六至七)

370000－1587－0001963　5449

孟子七卷　（宋）朱熹集註　清刻本　一冊
存三卷(一至三)

370000－1587－0001964　5548

孟子七卷　（宋）朱熹集註　清濟南志成書局
刻本　一冊　存二卷(六至七)

370000－1587－0001965　1340

孟子七卷論語十卷大學一卷中庸一卷　（宋）
朱熹集注　清同治十一年(1872)山東書局刻
本　六冊

370000－1587－0001966　2046

孟子三卷　（□)□□編　清同治十一年
(1872)山東書局刻本　三冊

370000－1587－0001967　2007

孟子集註本義匯參七卷首一卷　（清）王步青
輯　清刻本　六冊

370000－1587－0001968　2048

孟子要略五卷　（宋）朱熹撰　清同治十三年
(1874)傳忠書局刻本　一冊

370000－1587－0001969　5299

孟子趙注補正六卷　（清）宋翔鳳撰　清光緒
十七年(1891)廣雅書局刻本　一冊

370000－1587－0001970　1909

孟子直講　（清）易上興纂　清刻本　十冊
存十四卷(一至十四)

370000－1587－0001971　2059

重刊宋本十三經注疏附校勘記四百十六卷
(清）阮元審定　清同治十二年(1873)江西書
局刻本　十四冊　存二十四卷(孟子注疏解
經附校勘記一至十四、爾雅注疏附校勘記一
至十)

370000 – 1587 – 0001972　　1934

孟子字義疏證三卷　（清）戴震撰　清光緒三十一年(1905)刻本　一冊

370000 – 1587 – 0001973　　2837

夢溪筆談二十六卷補筆談三卷續筆談十一篇　（宋）沈括述　清三槐堂刻本　六冊

370000 – 1587 – 0001974　　527

秘傳花鏡六卷　（清）陳淏子訂輯　清刻本　六冊

370000 – 1587 – 0001975　　3147

秘書二十一種　（清）汪士漢輯　清康熙七年(1668)刻本　七冊

370000 – 1587 – 0001976　　X – 24

免劫錄合編一卷　（清）免劫生編　清文德堂刻本　一冊

370000 – 1587 – 0001977　　X – 51

妙復軒評石頭記□□卷　（清）曹霑撰　（清）仝卜年評　清刻本　一冊　存二卷(三十至三十一)

370000 – 1587 – 0001978　　3255

閩杭孔氏家譜五卷首一卷　（清）孔昭音等纂修　清光緒三十二年(1906)刻本　一冊

370000 – 1587 – 0001979　　3256

閩杭孔氏家譜五卷首一卷　（清）孔昭音等纂修　清光緒三十二年(1906)刻本　一冊　存一卷(首一卷)

370000 – 1587 – 0001980　　3257

閩杭孔氏家譜五卷首一卷　（清）孔昭音等纂修　清光緒三十二年(1906)刻本　一冊　存一卷(首一卷)

370000 – 1587 – 0001981　　3553

敏求齋集□□卷　（清）孔廣榮撰　清刻本　一冊　存二卷(一至二)

370000 – 1587 – 0001982　　2745

宋名臣言行錄前集十卷後集十四卷續集八卷別集二十六卷外集十七卷　（宋）朱熹纂　（宋）李幼武續纂　（明）張采評　清道光南豐劉斯嵋、昆陽李文耕重刊本　二十冊　存四十三卷(別集二十六卷、外集十七卷)

370000 – 1587 – 0001983　　1298

名法指掌四卷　（清）沈辛田輯　清同治九年(1870)湖北崇文書局刻本　四冊

370000 – 1587 – 0001984　　X – 205

名文合錦集一卷　（□）□□編　清刻本　一冊

370000 – 1587 – 0001985　　3494

名文選讀不分卷　（清）朱昌頤訂定　（清）孔慶鏴　（清）楊以澄　（清）袁启時校　清道光十四年(1834)居易樓刻本　一冊　存論語

370000 – 1587 – 0001986　　389

名媛詩歸三十六卷　（明）鍾惺輯註　清刻本　一冊　存五卷(三十二至三十六)

370000 – 1587 – 0001987　　3547

明文必自集讀本一卷　（□）□□選　清刻本　一冊

370000 – 1587 – 0001988　　1932

明大司馬盧公奏議十卷　（明）盧象昇撰　清道光九年(1829)刻本　六冊

370000 – 1587 – 0001989　　5250

明皇雜錄二卷補遺一卷附校勘記逸文一卷　（唐）鄭處誨撰　（清）錢熙祚校　**大唐傳載一卷**　（□）□□撰　（清）錢熙祚校　**賈氏譚錄一卷**　（宋）張洎撰　（清）錢熙祚校　**東齋記事附補遺五卷**　（宋）范鎮撰　（清）錢熙祚校　清道光二十四年(1844)金山錢氏據墨海金壺刊版重編增刊守山閣叢書本　一冊

370000 – 1587 – 0001990　　296

明季北略二十四卷　（清）計六奇編　清刻本　十三冊　存十六卷(二至十四、十九至二十一)

370000 – 1587 – 0001991　　3129

明季南略十八卷明季北略二十四卷　（清）計六奇編　清刻本　五冊　存十二卷(明季南略一至二、七至九,明季北略十五至十九、二

十三至二十四)

370000－1587－0001992　125

明紀六十卷　(清)陳鶴撰　清同治十年
(1871)江蘇書局刻本　二十冊

370000－1587－0001993　202－2

明鑑易知錄十五卷　(清)吳乘權編輯　清光
緒二十七年(1901)上海鑄史齋刻本　二冊

370000－1587－0001994　2792

明戚武毅公止止堂集五卷　(明)戚繼光撰
清光緒十四年(1888)山東書局刻本　四冊

370000－1587－0001995　3361

明三十家詩選初集八卷二集八卷　(清)汪端
輯　清同治十二年(1873)蘊蘭吟館刻本
八冊

370000－1587－0001996　4677

明聖經注釋三卷　(清)桃園主人糸正　清道
光二十年(1840)刻本　一冊

370000－1587－0001997　2739

明詩紀事一百八十七卷　(清)陳田輯　清宣
統三年(1911)貴陽聽詩齋刻本　三十八冊
存一百八十七卷(甲籤三十卷、乙籤二十二
卷、丙籤十二卷、丁籤十七卷、戊籤二十二卷、
巳籤二十卷、庚籤三十卷、辛籤三十四卷)

370000－1587－0001998　346

明詩綜一百卷　(清)朱彝尊編　清刻本　二
十四冊　存六十八卷(一至十三、二十七至五
十八、七十七至八十六、八十八至一百)

370000－1587－0001999　217

明史紀事本末八十卷　(清)谷應泰撰　清刻
本　一冊　存十二卷(二十二至三十三)

370000－1587－0002000　124

明史三百三十二卷　(清)徐元文等監修　清
刻本　七十一冊

370000－1587－0002001　3338－2

明太祖功臣圖一卷　(清)上官周繪　清刻本
一冊

370000－1587－0002002　10

明堂大道錄八卷禘說二卷　(清)惠棟撰　清
乾隆經訓堂刻本　二冊

370000－1587－0002003　3099

明文授讀六十二卷　(清)黃宗羲編　清刻本
十八冊　存四十三卷(一至四十三)

370000－1587－0002004　X－91

明文小題傳薪不分卷　(清)臧岳編　清刻本
一冊　存四十九葉(上孟第一至第四十九
葉)

370000－1587－0002005　5392

明文小題傳薪不分卷　(清)臧岳編　清刻本
一冊　存一百十二葉(上孟第一至第一百
十二葉)

370000－1587－0002006　2953

明文在一百卷　(清)薛熙纂　(清)何潔輯
清光緒十五年(1889)江蘇書局刻本　十冊

370000－1587－0002007　4435

明賢遺翰二卷　(清)謝恭銘輯　清刻本　二
冊　存一卷(下)

370000－1587－0002008　2910

鳴原堂論文二卷　(清)曾國荃撰　清同治十
二年(1873)勸志齋刻本　一冊

370000－1587－0002009　771

墨海探源不分卷　清刻本　三冊　缺六十八
葉(論語第一葉至第六十八葉)

370000－1587－0002010　3197

墨翔□□卷　(□)□□編　清刻本　一冊

370000－1587－0002011　3229

墨子閒詁十五卷　(清)孫詒讓撰　清光緒掃
葉山房石印本　八冊

370000－1587－0002012　4701

牡丹亭還魂記二卷　(明)湯顯祖撰　清光緒
三十四年(1908)上海同文詠記刻本　一冊

370000－1587－0002013　584

牡丹亭全譜　(明)湯顯祖撰　清刻本　一冊
存一卷(上)

370000 – 1587 – 0002014　583

牡丹亭全譜二卷　（明）湯顯祖撰　清乾隆五
十七年(1792)納書楹刻本　五冊

370000 – 1587 – 0002015　4681

木刻聖迹圖一卷　（□）□□編　清刻本
一冊

370000 – 1587 – 0002016　270

目耕齋初集二集三集不分卷　（清）沈叔眉編
清刻本　七冊

370000 – 1587 – 0002017　3905

牧東紀略四卷　（清）柳堂撰　清光緒三十二
年(1906)刻本　二冊

370000 – 1587 – 0002018　2905

牧令書輯要十卷　（清）徐棟輯　（清）丁日昌
選評　清同治七年(1868)江蘇書局刻本
十冊

370000 – 1587 – 0002019　1162

牧民忠告二卷　（元）張養浩著　清同治七年
(1868)姑蘇書局刻本　一冊

370000 – 1587 – 0002020　3691

納書楹曲譜正集四卷續集四卷外集二卷
（清）葉堂訂譜　（清）王文治參訂　清乾隆五
十七年(1792)納書楹刻本　十冊

370000 – 1587 – 0002021　233

納書楹曲譜正集四卷續集四卷外集二卷補遺
四卷南柯記二卷邯鄲記二卷牡丹亭二卷
（清）葉堂訂譜　（清）王文治參訂　清乾隆五
十七年(1792)納書楹刻本　十一冊　存十卷
(正集一、四,續集一至三,補遺三,南柯記二
卷,邯鄲記二卷)

370000 – 1587 – 0002022　1079

納書楹曲譜正集四卷續集四卷外集二卷補遺
四卷南柯記二卷邯鄲記二卷牡丹亭二卷
（清）葉堂訂譜　（清）王文治參訂　清乾隆五
十七年(1792)納書楹刻本　十九冊　存十一
卷(正集二、四,續集三至四,補遺三至四,南
柯記二卷,邯鄲記二卷,牡丹亭下)

370000 – 1587 – 0002023　2883

南豐先生全集録二卷　（宋）曾鞏撰　（清）儲
欣録　清光緒八年(1882)江蘇書局刻本
一冊

370000 – 1587 – 0002024　5434

南河成案五十四卷　（清）□□撰　清刻本
一冊　存二卷(四十一至四十二)

370000 – 1587 – 0002025　2961

南華真經副墨八卷　（明）陸西星撰　清刻本
三冊　存二卷(三至四)

370000 – 1587 – 0002026　4577

南華經直解四卷　（清）徐廷槐鈔閱　清光緒
二十年(1894)文瑞樓刻本　三冊　存三卷
(一至三)

370000 – 1587 – 0002027　142

南疆繹史勘本首二卷紀略六卷列傳二十四卷
摭遺十八卷卹謚考八卷　（清）溫睿臨撰
（清）李瑤勘定　清京都琉璃廠半松居士活字
印本　十五冊

370000 – 1587 – 0002028　582

南柯記全譜　（明）葉堂撰　清乾隆五十七年
(1792)刻本　一冊　存一卷(上)

370000 – 1587 – 0002029　102

南齊書五十九卷　（南朝梁）蕭子顯撰　清同
治十三年(1874)金陵書局刻本　六冊

370000 – 1587 – 0002030　108

南史八十卷　（唐）李延壽撰　清同治十二年
(1873)金陵書局刻本　十二冊

370000 – 1587 – 0002031　2968

南宋文範七十卷外編四卷　（清）莊仲方編
清光緒十四年(1888)江蘇書局刻本　十六冊

370000 – 1587 – 0002032　2898

南宋文録録二十四卷　（清）董兆熊輯　清光
緒十七年(1891)蘇州書局刻本　六冊

370000 – 1587 – 0002033　394

南越筆記十六卷　（清）李調元輯　清刻本
一冊　存四卷(十三至十六)

370000－1587－0002034　238

脈經十卷　題(晉)王叔和撰　(清)錢熙祚校
　難經集注五卷　(明)王九思等輯　(清)錢
熙祚校　清道光二十四年(1844)金山錢氏據
墨海金壺刊版重編增刊守山閣叢書本　四冊

370000－1587－0002035　250

重廣補註黃帝內經素問二十四卷　(唐)王冰
注　清光緒十年(1884)京口文成堂刻本
六冊

370000－1587－0002036　5222

能改齋漫錄十八卷　(宋)吳曾撰　(清)錢熙
祚校　清道光二十四年(1844)金山錢氏據墨
海金壺刊版重編增刊守山閣叢書本　五冊

370000－1587－0002037　3685

西堂詩集三十卷西堂樂府一卷　(清)尤侗撰
　湘中草六卷　(清)湯傳楹撰　清康熙刻本
八冊

370000－1587－0002038　2956

逆臣傳四卷　(清)國史館編　清都城琉璃廠
半松居士活字印本　一冊

370000－1587－0002039　543

逆臣傳四卷貳臣傳十二卷　(清)國史館編
清務本堂刻本　八冊　存八卷(逆臣傳四卷、
貳臣傳九至十二)

370000－1587－0002040　1231

甯陽縣鄉土志一卷　(清)曹倜撰　清光緒三
十三年(1907)石印本　一冊

370000－1587－0002041　X－86

[康熙]寧陵縣志十二卷首一卷　(清)王圖寧
修　清刻本　一冊　存四卷(五至八)

370000－1587－0002042　X－133

[康熙]寧陵縣志十二卷首一卷　(清)王圖寧
修　清刻本　二冊　存七卷(一至四、九至
十,首一卷)

370000－1587－0002043　1031

凝緒堂詩稿八卷　(清)孔憲培撰　清嘉慶刻
本　四冊

370000－1587－0002044　1032

凝緒堂詩稿八卷　(清)孔憲培撰　清嘉慶刻
本　四冊

370000－1587－0002045　1034

凝緒堂詩稿八卷　(清)孔憲培撰　清嘉慶刻
本　一冊　存二卷(一至二)

370000－1587－0002046　1085

凝緒堂詩稿八卷　(清)孔憲培撰　清嘉慶刻
本　四冊

370000－1587－0002047　1086

凝緒堂詩稿八卷　(清)孔憲培撰　清嘉慶刻
本　四冊

370000－1587－0002048　1087

凝緒堂詩稿八卷　(清)孔憲培撰　清嘉慶刻
本　四冊

370000－1587－0002049　5014

凝緒堂詩稿八卷　(清)孔憲培撰　清刻本
四冊

370000－1587－0002050　5015

凝緒堂詩稿八卷　(清)孔憲培撰　清刻本
四冊

370000－1587－0002051　3069

牛空山先生全集　(清)牛運震撰　清空山堂
刻本　五冊　存八卷(詩誌一至八)

370000－1587－0002052　1165

農桑輯要七卷　(元)司農司撰　清光緒十四
年(1888)南高世德堂刻本　四冊

370000－1587－0002053　222

農政全書六十卷　(明)徐光啓纂輯　清刻本
　二十冊

370000－1587－0002054　X－110

女科仙方二卷　(清)傅山撰　清抄本　一冊
　存一卷(三)

370000－1587－0002055　4046

女科要旨四卷　(清)陳念祖撰　清咸豐六年
(1856)刻本　四冊

370000－1587－0002056　3775

甌香館四書說　（清）郝寧愚撰　清同治三年(1864)郝氏柘園刻本　六冊

370000－1587－0002057　1385

歐美政治要義十八章　（清）戴鴻慈編　清光緒三十三年(1907)石印本　三冊　存十三章(一至十三)

370000－1587－0002058　2746

歐陽文忠公全集一百五十三卷附錄五卷(宋)歐陽修撰　清刻本　十二冊　存六十九卷(九十至一百五十三、附錄五卷)

370000－1587－0002059　12

歐陽文忠公集一百五十三卷附錄五卷　（宋）歐陽修撰　明刻本　一冊　存三卷(五十七至五十九)

370000－1587－0002060　1083

潘世恩年譜一卷　（清）潘世恩訂　清刻本一冊

370000－1587－0002061　3

滂喜齋叢書九十四卷　（清）潘祖蔭輯　清同治十年(1871)刻本　三十二冊

370000－1587－0002062　664

龐居士語錄三卷　（唐）龐蘊撰　（唐）于頔編集　清刻本　一冊

370000－1587－0002063　4125

培蔭軒文集二卷　（清）胡季堂撰　清刻本一冊

370000－1587－0002064　4123

培蔭軒文集四卷　（清）胡季堂撰　清道光二年(1822)刻本　一冊　存二卷(一至二)

370000－1587－0002065　3203

培遠堂詩集四卷　（清）張藻撰　清刻本一冊

370000－1587－0002066　2301

培遠堂手劄節存三卷　（清）陳宏謀撰　清光緒十七年(1891)刻本　一冊

370000－1587－0002067　5100

370000－1587－0002068　2733

佩文詩韻釋要五卷　（清）周兆基撰　（清）陸潤庠重校　清宣統三年(1911)商務印書館刻本　二冊

370000－1587－0002069　2734

佩文韻府一百六卷　（清）張玉書等撰　清刻本　二百冊

370000－1587－0002070　2942

佩文韻府一百六卷　（清）張玉書等撰　清刻本　一百六十冊

370000－1587－0002071　2815

佩文齋詠物詩選　（清）張玉書等編　清刻本　六冊

佩文齋廣群芳譜一百卷目錄二卷　（清）汪灝等編　清刻本　三十六冊　存七十卷(二十四至八十一、八十九至一百)

370000－1587－0002072　2735

佩文齋詠物詩選四百八十六卷　（清）張玉書等編　清刻本　五十八冊

370000－1587－0002073　2232

彭剛直公奏稿八卷　（清）彭玉麟撰　（清）俞樾編　清光緒十七年(1891)刻本　四冊

370000－1587－0002074　978

彭剛直公奏稿八卷　（清）彭玉麟撰　（清）俞樾編　清光緒十七年(1891)刻本　四冊

370000－1587－0002075　X－23

蓬山塾課不分卷　（清）劉清源撰　清刻本一冊　存一卷(中庸下)

370000－1587－0002076　4438

蓬山塾課不分卷　（清）劉清源撰　清刻本四冊

370000－1587－0002077　5056－2

批點春秋左傳綱目句解彙雋　（清）韓菼重訂　清刻本　一冊　存一卷(二)

370000－1587－0002078　1630

批點春秋左傳綱目句解六卷　（清）韓菼重訂　清光緒三十四年(1908)書業德記刻本

六冊

370000－1587－0002079　1985

校刊四書正本二十卷　（宋）朱熹集註　（清）童椷校刊　清同治四年(1865)刻本　二十冊　存十八卷(論語十卷、大學一卷、孟子七卷)

370000－1587－0002080　3680

批三十藝句解一卷　（清）邢退菴著　清善成堂刻本　一冊

370000－1587－0002081　3346

駢體文鈔三十一卷　（清）李兆洛編　清光緒三十四年(1908)刻本　八冊

370000－1587－0002082　3669

駢體文鈔三十一卷　（清）李兆洛編　清同治六年(1867)婁江徐氏刻本　八冊

370000－1587－0002083　5327

平定羅刹方略四卷　（清）□□撰　**西清筆記二卷**　（清）沈初撰　**半氈齋題跋二卷**　（清）江藩撰　清刻本　一冊

370000－1587－0002084　2817

平津館叢書　（清）孫星衍編　清嘉慶十九年(1814)刻本　三十四冊

370000－1587－0002085　5196

平宋錄三卷　（元）劉敏中撰　**至元征緬錄**（□）□□撰　**招捕總錄**　（□）□□撰　（清）錢熙祚校　清道光二十四年(1844)金山錢氏據墨海金壺刊版重編增刊守山閣叢書本　一冊

370000－1587－0002086　259

評選古詩源四卷　（清）沈德潛選　清排印本　二冊　存二卷(三至四)

370000－1587－0002087　X－248

平陽全書十五卷　（清）葉泰輯　清三德堂刻本　一冊　存二卷(一至二)

370000－1587－0002088　X－270

平陽全書十五卷　（清）葉泰輯　清刻本　一冊　存三卷(五至七)

370000－1587－0002089　3022

評選四六法海八卷　（清）蔣士銓評選　清上海文瑞樓刻本　八冊

370000－1587－0002090　3088

評註昭明文選十五卷首一卷末一卷　（南朝梁）蕭統　（清）于光華編　清刻本　十六冊

370000－1587－0002091　150

洴澼百金方(備豫錄)十四卷　（清）袁宮桂編　（清）陳階平校　清道光二十年(1840)刻本　五冊

370000－1587－0002092　5237

萍洲可談三卷　（宋）朱彧撰　（清）錢熙祚校　**高齋漫錄一卷**　（宋）曾慥撰　（清）錢熙祚校　**張氏可書一卷**　（宋）張知甫撰　（清）錢熙祚校　**步里客談二卷**　（宋）陳長方撰　（清）錢熙祚校　清道光二十四年(1844)金山錢氏據墨海金壺刊版重編增刊守山閣叢書本　一冊

370000－1587－0002093　X－341

評點春秋綱目左傳句解彙雋六卷　（清）韓菼重訂　清刻本　五冊　存六卷(一、三至六，首一卷)

370000－1587－0002094　X－223

評點春秋綱目左傳句解彙雋六卷　（清）韓菼重訂　清光緒十一年(1885)文成堂刻本　六冊

370000－1587－0002095　5056－1

評點春秋綱目左傳句解彙雋六卷　（清）韓菼重訂　清崇茂堂刻本　六冊

370000－1587－0002096　2841

憑山閣增輯留青新集三十卷　（清）陳枚輯　清泰山堂刻本　十冊　存十五卷(一至十五)

370000－1587－0002097　3260

憑山閣留青集選十卷　（清）陳枚選輯　清刻本　十三冊

370000－1587－0002098　4928

憑山閣增輯留青新集三十卷　（清）陳枚輯　清刻本　一冊　存二卷(二十九至三十)

370000－1587－0002099　3632

曝書亭集八十卷　（清）朱彝尊撰　清刻本
十五冊

370000－1587－0002100　3090

曝書亭集詩註二十四卷　（清）朱彝尊撰
（清）楊謙註　清木山閣刻本　八冊　存二十
二卷（一至二十二）

370000－1587－0002101　2833

曝書亭全集八十卷附錄一卷　（清）朱彝尊撰
清光緒十五年（1889）寒梅館刻本　二十
四冊

370000－1587－0002102　5220

七國考十四卷　（明）董說撰　（清）錢熙祚校
清道光二十四年（1844）金山錢氏據墨海金
壺刊版重編增刊守山閣叢書本　三冊　存八
卷（一至四、十一至十四）

370000－1587－0002103　577

七國考十四卷　（明）董說撰　清刻本　一冊
存五卷（六至十）

370000－1587－0002104　X－235

七家詩選七卷　（清）張熙宇輯評　清文錦堂
刻朱墨套印本　三冊　存五卷（澹香齋試帖
一卷、修竹齋試帖一卷、桐雲閣試帖一卷、西
漚試帖一卷、簡學齋館課試律存一卷）

370000－1587－0002105　3296

七家試帖輯注彙鈔七卷　（清）張熙宇輯注
（清）王植桂輯注　清光緒六年（1880）掃葉山
房刻本　一冊　存一卷（澹香齋試帖輯註一
卷）

370000－1587－0002106　3413

七家試帖輯注彙鈔七種□□卷　（清）張熙宇
輯評　（清）王植桂輯注　清聚盛堂刻本　五
冊　存二種四卷（桐雲閣試帖二卷、西漚試帖
二卷）

370000－1587－0002107　5520

七家試帖輯注彙鈔七卷　（清）張熙宇評　清
刻本　一冊　存一卷（四）

370000－1587－0002108　1102

七家試帖輯注彙鈔七卷　（清）張熙宇輯評
（清）王植桂輯注　清同治十年（1871）京師琉
璃廠聚盛堂刻本　六冊　存四種四卷（澹香
齋試帖輯註一卷、修竹齋試帖輯註一卷、尚絅
堂試帖輯註一卷、檉花館試帖一卷）

370000－1587－0002109　X－198

七家試帖輯註彙鈔七卷　（清）張熙宇輯評
（清）王植桂輯注　清同治九年（1870）刻本
二冊　存二種二卷（澹香齋試帖輯註一卷、修
竹齋試帖輯註一卷）

370000－1587－0002110　3193

**七十二家評注楚辭十九卷附錄讀楚辭語一卷
楚辭雜論一卷**　（明）陸時雍撰　清刻本
二冊

370000－1587－0002111　3231

七修類藁五十一卷　（明）郎瑛撰　清刻本
七冊　存二十一卷（二至十三、十七至二十
二、四十六至四十八）

370000－1587－0002112　504

七修類藁五十一卷　（明）郎瑛撰　清耕煙草
堂刻本　六冊　存十六卷（一、十四至十六、
二十三至二十八、三十四至三十六、四十一至
四十三）

370000－1587－0002113　3927

增補千家詩□□卷　（□）□□編　笠翁對韻
二卷　（清）李漁撰　唐司空圖詩品詳注一卷
（唐）司空圖撰　敬避字樣一卷　（□）□□
編　清刻本　一冊　存五卷（增補千家詩三
至四、笠翁對韻下、唐司空圖詩品詳注一卷、
敬避字樣一卷）

370000－1587－0002114　3642

七子詩選十四卷　（清）沈德潛選　清刻本
六冊

370000－1587－0002115　3731

棲雲閣詩十六卷附拾遺三卷　（清）高珩撰
清刻本　五冊　存三卷（拾遺三卷）

370000－1587－0002116　1347

戚少保[繼光]年譜節要六卷 （明）戚祚國編
清光緒十七年(1891)山東書局刻本 四冊

370000－1587－0002117 5402
齊魯講學編初集□□卷 （□）□□編 清末
排印本 一冊 存一卷(二)

370000－1587－0002118 587
旗亭記二卷 （明）鄭之文撰 清刻本 一冊
存一卷(上)

370000－1587－0002119 4052
屺堂詩鈔□□卷 （清）胡業宏撰 清萬卷樓
刻本 一冊 存四卷(一至四)

370000－1587－0002120 501
啟蒙圖說二卷附弟子規孝經 （清）齊儒英編
清經義堂刻本 二冊

370000－1587－0002121 502
啟蒙圖說二卷附弟子規孝經 （清）齊儒英編
清經義堂刻本 二冊

370000－1587－0002122 249
千金寶要六卷 （唐）孫思邈撰 （清）孫星衍
校 清嘉慶十二年(1807)刻平津館叢書本
二冊

370000－1587－0002123 817
千金翼方三十卷 （唐）孫思邈撰 （宋）林億
校正 （明）王肯堂重校 清同治七年(1868)
掃葉山房刻本 二十四冊

370000－1587－0002124 105
前漢書一百二十卷 （漢）班固撰 清光緒三
十年(1904)金陵書局刻本 十六冊 存一百
卷(一至一百)

370000－1587－0002125 1368
前漢書一百二十卷 （漢）班固撰 清光緒三
十一年(1905)武林竹薗齋石印本 十冊

370000－1587－0002126 1369
前漢書一百二十卷 （漢）班固撰 清光緒二
十八年(1902)竢寶齋石印本 十二冊

370000－1587－0002127 5387
前漢書一百二十卷 （漢）班固撰 清刻本

一冊 存六卷(六十七至七十二)

370000－1587－0002128 719
前後漢書菁華錄四卷 （□）□□撰 清刻本
三冊 存二卷(一、四)

370000－1587－0002129 3527
錢敏肅公奏疏七卷 （清）錢鼎銘撰 清刻本
四冊

370000－1587－0002130 3003
錢牧齋箋注杜詩二十卷 （唐）杜甫撰 （清）
錢謙益箋注 清宣統三年(1911)時中書局刻
本 八冊

370000－1587－0002131 2973
錢南園遺集五卷 （清）錢灃撰 清同治十一
年(1872)刻本 二冊

370000－1587－0002132 3773
乾坤法竅三卷陰符玄解一卷 （清）范宜賓編
清乾隆林刿堂刻本 三冊 存三卷(乾坤
法竅三卷)

370000－1587－0002133 2791
錢頤壽中丞全集六十二卷 （清）錢寶琛撰
清光緒刻本 十三冊

370000－1587－0002134 3243
潛德幽光一卷 （□）□□編 清排印本
一冊

370000－1587－0002135 5189
淺見齋時文一卷 （清）孫國楨編 清光緒二
十四年(1898)世澤堂刻本 二冊

370000－1587－0002136 2914
切問齋集十二卷 （清）陸燿撰 清江蘇書局
刻本 四冊

370000－1587－0002137 2767
切問齋文鈔三十卷 （清）陸燿撰 清刻本
十冊

370000－1587－0002138 3207
切韻考外篇三卷 （清）陳澧撰 清光緒刻本
一冊

370000－1587－0002139　2

竹書紀年集證五十卷首一卷補遺一卷 （清）陳逢衡撰　清嘉慶十八年(1813)刻本　十六冊

370000－1587－0002140　7

瀛舟筆談十二卷 （清）阮亨撰　清刻本六冊

370000－1587－0002141　9

徐文長文集三十卷 （明）徐渭撰　明刻本五冊　存二十九卷(一至二十九)

370000－1587－0002142　16

逸周書補注二十二卷首一卷末一卷 （晉）孔晁注　（清）陳逢衡補注　清道光五年(1825)刻本　七冊　存二十卷(一至十七、二十至二十二)

370000－1587－0002143　17

逸周書補注二十二卷首一卷末一卷 （晉）孔晁注　（清）陳逢衡補注　清道光五年(1825)刻本　八冊

370000－1587－0002144　54

鐘鼎彝器款識八卷 （清）阮元撰　清光緒七年(1881)刻本　四冊

370000－1587－0002145　79

御批歷代通鑑輯覽一百二十卷 （清）高宗弘曆敕撰　清光緒五年(1879)朱墨套印本　五十七冊

370000－1587－0002146　81

戰國策十卷 （宋）鮑彪注　清刻本　八冊

370000－1587－0002147　82

戰國策十卷 （宋）鮑彪注　清刻本　八冊

370000－1587－0002148　83

戰國策十卷 （宋）鮑彪注　清刻本　八冊

370000－1587－0002149　84

戰國策十卷 （宋）鮑彪注　清刻本　八冊

370000－1587－0002150　85

戰國策十卷 （宋）鮑彪注　清刻本　八冊

370000－1587－0002151　86

戰國策十卷 （宋）鮑彪注　清刻本　八冊

370000－1587－0002152　87

戰國策十卷 （宋）鮑彪注　清刻本　八冊

370000－1587－0002153　88

戰國策十卷 （宋）鮑彪注　清刻本　八冊

370000－1587－0002154　138

戰國策十卷 （宋）鮑彪注　清刻本　八冊

370000－1587－0002155　139

戰國策十卷 （宋）鮑彪注　清刻本　八冊

370000－1587－0002156　5576

戰國策三十三卷 （漢）高誘注　**重刻剡川姚氏本戰國策劄記** （清）黃丕烈撰　清嘉慶八年(1803)讀未見齋刻本　五冊

370000－1587－0002157　5529

戰國策□□卷 （□）□□注　清可儀堂石印本　二冊

370000－1587－0002158　X－31

戰國策□□卷 （□）□□注　清刻本　二冊　存二卷(四、八)

370000－1587－0002159　1394

戰國策三十三卷 （漢）高誘注　清嘉慶八年(1803)刻本　五冊

370000－1587－0002160　X－243

戰國策十卷 （宋）鮑彪注　清刻本　六冊　存九卷(一至三、五至十)

370000－1587－0002161　1393

雅雨堂藏書一百四十八卷 （清）盧見曾輯　清乾隆二十一年(1756)德州盧見曾刻本　八冊　存三種四十卷(戰國策三十三卷、鄭氏周易三卷、尚書大傳一至四)

370000－1587－0002162　5129－2

戰國策十二卷 （明）閔齊伋裁注　明萬曆四十八年(1620)刻本　四冊　存十一卷(一至二、四至十二)

370000－1587－0002163　96

興地廣記三十八卷劄記二卷 （宋）歐陽忞撰
清光緒六年(1880)金陵書局刻本 四冊
存三十八卷(興地廣記三十八卷)

370000－1587－0002164　97
元豐九域志十卷 （清）王存等撰 清光緒八年(1882)金陵書局刻本 四冊

370000－1587－0002165　98
元和姓纂十卷 （清）唐林寶撰 清光緒六年(1880)金陵書局刻本 四冊

370000－1587－0002166　99
元和郡縣圖志四十卷 （唐）李吉甫撰 清光緒六年(1880)金陵書局刻本 八冊

370000－1587－0002167　106
續漢志三十卷 （晉）司馬彪撰 （南朝梁）劉昭注 清光緒四年(1878)金陵書局刻本 二冊 存二十三卷(八至三十)

370000－1587－0002168　114
周書五十卷 （唐）令狐德棻撰 清同治十三年(1874)金陵書局刻本 四冊

370000－1587－0002169　129
欽定金史語解十二卷 （清）高宗弘曆敕撰 清光緒四年(1878)江蘇書局刻本 二冊

370000－1587－0002170　130
元史二百十卷 （明）宋濂等修 清同治十三年(1874)江蘇書局刻本 四十冊

370000－1587－0002171　131
元史語解二十四卷 （清）高宗弘曆撰 清光緒四年(1878)江蘇書局刻本 六冊

370000－1587－0002172　132
元史藝文志四卷 （清）錢大昕撰 清江蘇書局刻本 一冊

370000－1587－0002173　133
元史氏族表三卷 （清）錢大昕撰 清江蘇書局刻本 二冊

370000－1587－0002174　146
浙西水利備考不分卷 （清）王鳳生撰 清道光四年(1824)刻本 四冊

370000－1587－0002175　154
中興別記六十一卷 （清）李濱撰 清宣統二年(1910)鉛印本 十二冊

370000－1587－0002176　155
中興別記六十一卷 （清）李濱撰 清宣統二年(1910)鉛印本 十二冊

370000－1587－0002177　156
中興別記六十一卷 （清）李濱撰 清宣統二年(1910)鉛印本 三冊 存十五卷(三十六至四十、四十六至五十五)

370000－1587－0002178　157
資治通鑑二百九十四卷 （宋）司馬光撰 通鑑釋文辨誤十二卷 （元）胡三省撰 清光緒二十四年(1898)積山書局石印本 二十七冊 存二百六十四卷(一至七十、八十一至一百七十、一百八十一至二百六十六、二百七十七至二百九十四)

370000－1587－0002179　158
續資治通鑑二百二十卷 （清）畢沅編 清光緒十六年(1890)上海積山書局石印本 十三冊 存一百三十卷(一至四十、五十一至一百、一百八十一至二百二十)

370000－1587－0002180　164
御製重刊二十四史 （漢）司馬遷等撰 清道光三十年(1850)刻本 八百十七冊 缺五十三卷(晉書十六至十八、明史一百二十六至一百二十九、魏志一至二十二、吳志一至三、蜀志九至十五、宋史三百四十六至三百四十九、遼史十七至二十六)

370000－1587－0002181　167
資治通鑑二百九十四卷 （宋）司馬光撰 清刻本 九十八冊

370000－1587－0002182　168
續資治通鑑二百二十卷 （清）畢沅撰 清同治十年(1871)江蘇書局刻本 六十冊

370000－1587－0002183　170
資治通鑑外紀目錄五卷 （宋）劉恕撰 清同治八年(1869)江蘇書局刻本 四冊

370000－1587－0002184　171

資治通鑑目錄三十卷　（宋）司馬光撰　清刻本　十冊

370000－1587－0002185　173

資治通鑑綱目五十九卷　（宋）朱熹撰　清光緒五年(1879)山東書局刻本　七十八冊

370000－1587－0002186　174

資治通鑑綱目五十九卷　（宋）朱熹撰　清光緒五年(1879)山東書局刻本　七十八冊

370000－1587－0002187　175

續資治通鑑綱目二十七卷　（明）商輅撰　清光緒七年(1881)山東書局刻本　二十八冊

370000－1587－0002188　176

續資治通鑑綱目二十七卷　（明）商輅撰　清光緒七年(1881)山東書局刻本　二十七冊存二十六卷(一至二十六)

370000－1587－0002189　177

御撰資治通鑑綱目三編四十卷　（清）朱珪等撰　清光緒六年(1880)山東書局刻本　十二冊

370000－1587－0002190　178

御撰資治通鑑綱目三編四十卷　（清）朱珪等撰　清光緒六年(1880)刻本　十二冊

370000－1587－0002191　179

資治通鑑綱目前編十八卷　（宋）金履祥撰　清光緒七年(1881)山東書局刻本　十六冊

370000－1587－0002192　180

資治通鑑綱目前編十八卷　（宋）金履祥撰　清光緒五年(1879)山東書局刻本　十六冊

370000－1587－0002193　187

御撰資治通鑑綱目三編二十卷　（清）張廷玉等撰　清刻本　六冊

370000－1587－0002194　190

繹史一百六十卷　（清）馬驌撰　清刻本　三十五冊存一百四十卷(三代部十一至三十、春秋部三十一至一百、戰國部一百一至一百五十)

370000－1587－0002195　210

資治通鑑二百九十四卷通鑑釋文辨誤十二卷　（元）胡三省撰　（宋）司馬光編集　清刻本　一百冊

370000－1587－0002196　211

續資治通鑑綱目二百二十卷　（清）畢沅編　清同治刻本　八十三冊

370000－1587－0002197　219

御批歷代通鑑輯覽一百二十卷　（清）高宗弘曆敕撰　清同治十一年(1872)刻本　六十冊

370000－1587－0002198　220

御批歷代通鑑輯覽一百二十卷　（清）高宗弘曆敕撰　清同治十三年(1874)朱墨印本　四十四冊存九十六卷(一至三十四、五十九至一百二十)

370000－1587－0002199　221

御批歷代通鑑輯覽一百二十卷　（清）高宗弘曆敕撰　清刻本　七冊存十四卷(十九至三十二)

370000－1587－0002200　223

御批歷代通鑑輯覽一百二十卷　（清）高宗弘曆敕撰　清朱墨印本　五十冊存一百四卷(一至十八、三十三至六十、六十三至一百二十)

370000－1587－0002201　224

御批歷代通鑑輯覽一百二十卷　（清）高宗弘曆敕撰　清光緒二十四年(1898)石印本　二十冊

370000－1587－0002202　3423

新刊校正圓機活法詩學全書二十四卷　（明）王世貞撰　清刻本　十冊存十九卷(四至十一、十四至二十四)

370000－1587－0002203　4838

新刊醫林狀元壽世保元十卷　（明）龔廷賢撰　（明）龔定國　（明）龔安國校　清刻本　一冊存二卷(五至六)

370000－1587－0002204　4667

新刻合併十八飛星策天紫微斗數全集六卷
(宋)陳摶攙撰　清刻本　四冊

370000－1587－0002205　5194

新刻監本書經六卷　(宋)蔡沈集傳　清刻本
四冊

370000－1587－0002206　3454

新刻絕代語釋別國方言十三卷　(漢)揚雄紀
(晉)郭璞解　(明)胡文煥校　清刻本
一冊

370000－1587－0002207　5047

新刻來瞿唐先生易註十五卷首一卷末一卷
(明)來知德撰　(清)高雪君鑒定　(清)凌
厚子原點　(清)周聘侯重校　清刻本　十
三冊

370000－1587－0002208　345

新刻述言前編四卷　(清)任日琚撰　清光緒
八年(1882)刻本　一冊　存二卷(大學一卷、
論語一卷)

370000－1587－0002209　5436

新刻全像三寶太監西洋記通俗演義二十卷一
百回　(明)羅懋登撰　清刻本　一冊　存一
卷(十一)

370000－1587－0002210　X－185

新刻書經備旨善本輯要六卷　(清)馬大猷輯
清刻本　四冊

370000－1587－0002211　X－222

新刻書經備旨善本輯要六卷　(清)馬大猷輯
清刻本　四冊

370000－1587－0002212　X－9

新刻書經備旨善本輯要六卷　(清)馬大猷輯
清光緒三十年(1904)寶興堂刻本　五冊

370000－1587－0002213　1088

新刻書經備旨善本輯要六卷　(清)馬大猷輯
清光緒二十二年(1896)書業堂刻本　三冊
存四卷(一至四)

370000－1587－0002214　1090

新刻書經備旨善本輯要六卷　(清)馬大猷輯

清光緒二十二年(1896)書業堂刻本　一冊
存一卷(六)

370000－1587－0002215　5181

新刻算法歸宗四卷　(清)孝履吉撰　清刻本
一冊

370000－1587－0002216　5182

新刻算法歸宗四卷　(清)孝履吉撰　清東昌
文酉堂刻本　一冊

370000－1587－0002217　3294

新刻王鳳洲先生通鑑會纂二十八卷　(明)王
世貞訂正　清刻本　二十三冊　缺一卷(八)

370000－1587－0002218　4457

新刻文苑集成□□卷續刻文苑集成□□卷
(□)□□撰　清刻本　十二冊　存十三卷
(新刻上孟一至六、下孟四，續刻下論七至八，
上孟五、十一，下孟五、十二)

370000－1587－0002219　2737

重刻昭明文選李善注六十卷　(南朝梁)蕭統
撰　(唐)李善注　(清)何焯評點　清乾隆三
十七年(1772)刻本　十六冊

370000－1587－0002220　2738

重刻昭明文選李善注六十卷　(南朝梁)蕭統
撰　(唐)李善注　(清)何焯評點　清朱墨套
印本　二十四冊

370000－1587－0002221　3065

重刻昭明文選李善注六十卷　(南朝梁)蕭統
撰　(唐)李善注　(清)何焯評點　清乾隆三
十七年(1772)刻　十二冊

370000－1587－0002222　842

新刻重校增補圓機活法詩學全書二十四卷
(明)王世貞編　清刻本　十二冊　存二十一
卷(一至二、四至二十二)

370000－1587－0002223　843

新刊校正增補圓機詩韻活法全書十四卷
(明)王世貞編　清刻本　八冊

370000－1587－0002224　3177

新刻奏對合編(饒崧生先生摺譜一卷洪文襄

公奏對二卷） （清）饒旬宣 （清）洪承疇撰
清刻本 二冊

370000－1587－0002225 X－93
新墨合璧一卷 （清）王心潭輯 清咸豐元年
(1851)刻本 一冊

370000－1587－0002226 936
新評繡像紅樓夢全傳一百二十卷 （清）曹霑
撰 （清）王希廉評 清刻本 二十四冊

370000－1587－0002227 5524
新鍥神峯張先生通考闢謬命理正宗大全六卷
（明）張楠撰 清刻本 一冊 存一卷(六)

370000－1587－0002228 3176
新鍥葛稚川外篇四卷內篇四卷 （晉）葛洪撰
清刻本 七冊 存三卷(內篇二至四)

370000－1587－0002229 3376
新選經藝備體不分卷 （□）□□選 清光緒
刻本 十五冊

370000－1587－0002230 5240
守山閣叢書 （清）錢熙祚輯 清刻本 一冊
存二種四卷(新儀像法要三卷、簡平儀說一
卷)

370000－1587－0002231 1349
新譯列國歲計政要三編 （清）傅運森譯 清
光緒二十七年(1901)鉛印本 十二冊

370000－1587－0002232 3027
新增八銘塾鈔初集五卷 （清）吳懋政編 清
刻本 五冊

370000－1587－0002233 2057
新增典故四書章句不分卷 （宋）朱熹集注
(清)趙震編 清刻本 二冊 存十卷(論語
一至十)

370000－1587－0002234 4585
新增典故四書章句不分卷 （宋）朱熹集注
(清)趙震編 清光緒十五年(1889)寶文堂刻
本 三冊 存三種(大學、中庸、論語)

370000－1587－0002235 2865
新增都門紀略初集二集三集四集 （清）楊士

安編 清同治榮祿堂刻本 七冊

370000－1587－0002236 4605
新增金臚策楷一卷 （清）陳冕等撰 清光緒
十六年(1890)上海蜚英館石印本 一冊

370000－1587－0002237 2996
新增龍文鞭影全集三卷 （明）蕭良有纂輯
清光緒三十二年(1906)刻本 六冊

370000－1587－0002238 1005
新增七家試帖輯注彙鈔 （清）張熙寧輯 清
光緒十一年(1885)善成堂刻本 八冊

370000－1587－0002239 X－239
新增詩經補註附考備旨八卷 （清）鄒聖脈纂
輯 清刻本 六冊

370000－1587－0002240 5038
新增詩句題解彙編二十二卷 （清）陳劍芝等
輯 清光緒八年(1882)刻本 五冊 存五卷
(一至二、四、六、十)

370000－1587－0002241 235
新增詩句題解彙編二十二卷 （清）陳劍芝等
輯 清光緒六年(1880)刻本 八冊 存八卷
(一至六、十至十一)

370000－1587－0002242 304－1
新增演算法統宗大全十二卷 （清）程汝思編
清嘉慶九年(1804)寶仁堂刻本 六冊

370000－1587－0002243 465
新增幼學故事瓊林十二卷 （清）程允升撰
(清)鄒聖脈增補 清光緒十年(1884)朱墨套
印本 四冊 存四卷(一至四)

370000－1587－0002244 466
新增幼學故事瓊林十二卷 （清）程允升撰
(清)鄒聖脈增補 清光緒十年(1884)朱墨套
印本 三冊 存三卷(一、三至四)

370000－1587－0002245 3692
新纂門目五臣音註揚子法言十卷 （漢）揚雄
撰 清嘉慶九年(1804)刻本 二冊 存六卷
(一至六)

370000－1587－0002246 3810

信心應驗録十卷　(清)劉山英撰　清刻本
十冊

370000－1587－0002247　4881
信心齋疏稿二卷文稿一卷又疏稿一卷　(清)
李贊元撰　清道光三年(1823)刻　四冊

370000－1587－0002248　3676
星橋制藝不分卷　(清)劉清源撰　清刻本
二冊

370000－1587－0002249　3537
星橋制藝小題初編二編不分卷　(清)劉清源
撰　清咸豐元年(1851)刻本　一冊

370000－1587－0002250　3187
星齋文稿初集二集三集　(清)陳兆崙撰　清
光緒二十年(1894)湖南書局刻本　五冊

370000－1587－0002251　397
星齋文稿二刻(論語一卷大學一卷中庸一卷
孟子一卷)　(清)陳兆崙撰　(清)蔡玉堂評
注　清光緒二十年(1894)湖南書局刻本　一
冊　存一種(論語)

370000－1587－0002252　5539
歷代典章匯鈔□□卷　(□)□□輯　舊抄本
一冊　存五卷(刑部十四至十五、工部一至
三)

370000－1587－0002253　4315
醒世編　題漱石齋主人編纂　清末民初石印
本　一冊　存二卷(三至四)

370000－1587－0002254　X－113
幸魯盛典四十卷　(清)孔毓圻等纂　清刻本
一冊　存一卷(七)

370000－1587－0002255　971
幸魯盛典四十卷　(清)孔毓圻等纂　清康熙
二十八年(1689)紅萼軒刻本　十二冊

370000－1587－0002256　972
幸魯盛典四十卷　(清)孔毓圻等纂　清康熙
二十八年(1689)紅萼軒刻本　十二冊

370000－1587－0002257　973
幸魯盛典四十卷　(清)孔毓圻等纂　清康熙

二十八年(1689)紅萼軒刻本　十二冊

370000－1587－0002258　982
幸魯盛典四十卷　(清)孔毓圻等纂　清康熙
二十八年(1689)紅萼軒刻本　十二冊

370000－1587－0002259　985
幸魯盛典四十卷　(清)孔毓圻等纂　清刻本
十二冊　存二十六卷(十三至三十六、三十
九至四十)

370000－1587－0002260　985
幸魯盛典四十卷　(清)孔毓圻等纂　清刻本
四冊　存十三卷(二十八至四十)

370000－1587－0002261　1157
幸魯盛典四十卷　(清)孔毓圻等纂　清康熙
二十八年(1689)紅萼軒刻本　十二冊

370000－1587－0002262　1158
幸魯盛典四十卷　(清)孔毓圻等纂　清康熙
二十八年(1689)紅萼軒刻本　十二冊

370000－1587－0002263　1159
幸魯盛典四十卷　(清)孔毓圻等纂　清康熙
二十八年(1689)紅萼軒刻本　十二冊

370000－1587－0002264　X－100
性理大全書七十卷　(明)胡廣等纂修　清刻
本　一冊　存三卷(五十一至五十三)

370000－1587－0002265　X－294
性理會通四十二卷　(明)鍾人傑彙輯　清刻
本　十冊

370000－1587－0002266　5316
性理體注標題講義□□卷　(宋)周敦頤撰
(宋)朱熹注　(清)許賢聲增輯　清致和堂刻
本　一冊　存四卷(一至四)

370000－1587－0002267　X－187
新刊性理大全八卷　(宋)周敦頤撰　清咸豐
二年(1852)敦化堂刻本　四冊

370000－1587－0002268　5530
姓氏文鈔不分卷　(□)□□撰　清刻本
一冊

370000－1587－0002269　3660

修竹吾廬詩鈔不分卷　（清）唐堯卿撰　清刻本　一冊

370000－1587－0002270　5045

修竹齋試帖合註□□卷　（清）那清安撰　（清）張熙宇評　清刻本　三冊　存三卷（二至三、五）

370000－1587－0002271　3385

袖珍詩料正宗六卷　題清溪散人輯注　清聚盛堂刻本　六冊

370000－1587－0002272　946

繡像第一才子書六十卷一百二十回　（明）羅貫中撰　（清）毛宗崗　（清）金人瑞評　清東昌善成堂刻本　二十冊

370000－1587－0002273　937

繡像石頭記紅樓夢一百二十回　（清）曹霑撰　清光緒七年（1881）臥雲山館刻本　二十三冊　存一百十四回（一至八十四、九十一至一百二十）

370000－1587－0002274　896

繡像說岳全傳二十卷八十回　（清）錢彩撰　清道光二十八年（1848）刻本　八冊　存十卷（一至十）

370000－1587－0002275　4740

繡像康梁演義四卷四十回　（□）□□撰　清刻本　三冊　存三卷（一至三）

370000－1587－0002276　5431

繡像全圖後紅樓夢三十二回　題（清）白雲外史散花居士撰　清有益齋書莊刻本　一冊　存八回（九至十六）

370000－1587－0002277　4722

繡像全圖西漢演義八卷　（清）鍾伯敬評　清刻本　一冊　存一卷（二）

370000－1587－0002278　529

徐氏醫書八種集著四種　（清）徐大椿撰　清光緒十九年（1893）上海圖書集成印書局石印本　十一冊　存四種（外科正宗五至十二、道德經注、東府傳聲、洄溪道情）

370000－1587－0002279　3010

續綿機十五卷補遺六卷　（清）劉青芝撰　清乾隆十三年（1748）刻本　十冊

370000－1587－0002280　3786

續新齋諧十卷　（清）袁枚編　清刻本　一冊　存四卷（四至七）

370000－1587－0002281　3046

續中州名賢文表六十八卷　（清）邵松年輯　清光緒二十年（1894）鴻文局石印本　二十二冊

370000－1587－0002282　5183

續博物志十卷　（晉）李石撰　（清）汪士漢輯　清刻本　一冊

370000－1587－0002283　5133

續古文辭類纂三十四卷　王先謙纂　清刻本　三冊　存八卷（三至十）

370000－1587－0002284　5134

續古文辭類纂三十四卷　王先謙纂　清光緒三十年（1904）上海商務印書館刻本　二冊　存十九卷（一至十九）

370000－1587－0002285　3536－3

續古文辭類纂三十四卷　王先謙纂　清刻本　四冊

370000－1587－0002286　3536－4

續古文辭類纂三十四卷　王先謙纂　清刻本　二冊　存十六卷（八至二十三）

370000－1587－0002287　2938－2

續古文苑二十卷　（清）孫星衍編　清光緒三十三年（1907）江蘇書局刻本　六冊

370000－1587－0002288　2863－2

續廣事類賦三十卷　（清）王鳳喈撰注　清刻本　八冊　存十八卷（十三至三十）

370000－1587－0002289　4918

續紅樓夢三十卷　（清）秦子忱撰　清光緒十五年（1889）濟南裕和堂刻本　七冊　存十五卷（一至十五）

370000－1587－0002290　5336

續紅樓夢三十卷　（清）秦子忱撰　清嘉慶四年(1799)刻本　十二冊

370000－1587－0002291　4760

續刻截搭文苑二十四卷　（□）□□撰　清刻本　十一冊　存七卷(大學一、下論二至六、上孟一)

370000－1587－0002292　261

續客窗閒話八卷　（清）吳熾昌撰　清刻本　三冊　存六卷(一至四、七至八)

370000－1587－0002293　5228

續世說十二卷　（宋）孔平仲撰　（清）錢熙祚校　清刻本　二冊

370000－1587－0002294　1078

續文獻通考纂二十二卷　（明）王圻撰　清刻本　八冊

370000－1587－0002295　234

續新齊諧十卷　〔清〕袁枚編　清乾隆五十七年(1792)刻本　二冊

370000－1587－0002296　2804－2

續資治通鑑綱目二十七卷　（明）商輅編纂　清刻本　六冊　存六卷(八至十三)

370000－1587－0002297　2283

宣講拾遺六卷首一卷　（清）莊跛仙輯　清光緒三十二年(1906)刻本　三冊　存四卷(一、五至六、首一卷)

370000－1587－0002298　681

璇璣碎錦二卷　（清）萬樹撰　清刻本　一冊　存一卷(上)

370000－1587－0002299　5372

選集雜要一卷　（□）□□撰　清抄本　一冊

370000－1587－0002300　3643－1

薛文清公讀書錄八卷　（明）薛瑄撰　清刻本　四冊

370000－1587－0002301　2932

學典目錄三十卷　（清）孫承澤撰　清抄本　八冊

370000－1587－0002302　2879

學仕遺規四卷學仕遺規補四卷　（清）陳宏謀輯　清光緒五年(1879)江蘇書局刻本　五冊

370000－1587－0002303　1498

學耕書經六卷　（宋）蔡沈集傳　清乾隆四十九年(1784)寶翰樓刻本　六冊

370000－1587－0002304　5286

學詁齋文集二卷　（清）薛壽撰　清光緒十五年(1889)廣雅書局刻本　一冊

370000－1587－0002305　1433

學庸困知錄四卷　（清）莊詠撰　清刻本　二冊　存二卷(中庸二至三)

370000－1587－0002306　5049

大學一卷中庸一卷　（宋）朱熹章句　清同治十一年(1872)山東書局刻本　一冊

370000－1587－0002307　5050

大學一卷中庸一卷　（宋）朱熹章句　清同治十一年(1872)山東書局刻本　一冊

370000－1587－0002308　5051

大學一卷中庸一卷　（宋）朱熹章句　清同治十一年(1872)山東書局刻本　一冊

370000－1587－0002309　X－320

學源堂易經體註四卷　（清）來爾繩纂輯　清刻本　二冊

370000－1587－0002310　496

學治臆說二卷學治續說一卷　（清）汪輝祖撰　清刻本　一冊

370000－1587－0002311　3374

荀子集解二十卷　（唐）楊倞注　王先謙集解　清光緒十七年(1891)刻本　八冊

370000－1587－0002312　333

荀子集解二十卷　（唐）楊倞注　王先謙集解　清刻本　一冊

370000－1587－0002313　1375

鑑撮四卷　（清）曠敏本撰　清刻本　六冊

370000－1587－0002314　586

尋親記二卷　（明）范受益撰　（明）王錂重訂
清刻本　一册

370000－1587－0002315　1333

訓練操法詳晰圖說二十二卷　袁世凱纂　清
光緒二十五年(1899)刻本　十二册

370000－1587－0002316　401

遜志齋集二十四卷　（明）方孝孺撰　清刻本
十三册

370000－1587－0002317　402

遜志齋外紀一卷拾補一卷　（明）方孝孺撰
清刻本　一册

370000－1587－0002318　2656

顨軒孔氏所著書七種六十卷　（清）孔廣森撰
清乾隆、嘉慶間曲阜孔氏刻本　十册

370000－1587－0002319　2657－1

顨軒孔氏所著書七種六十卷　（清）孔廣森撰
清乾隆、嘉慶間曲阜孔氏刻本　四册　存
十七卷(公羊春秋通義十一卷、大戴禮記補注
一至六)

370000－1587－0002320　2657－2

顨軒孔氏所著書七種六十卷　（清）孔廣森撰
清乾隆、嘉慶間曲阜孔氏刻本　十册

370000－1587－0002321　2657－3

顨軒孔氏所著書七種六十卷　（清）孔廣森撰
清乾隆、嘉慶間曲阜孔氏刻本　十册

370000－1587－0002322　2657－4

顨軒孔氏所著書七種六十卷　（清）孔廣森撰
清乾隆、嘉慶間曲阜孔氏刻本　十一册

370000－1587－0002323　2657－5

顨軒孔氏所著書七種六十卷　（清）孔廣森撰
清乾隆、嘉慶間曲阜孔氏刻本　十一册

370000－1587－0002324　2657－6

顨軒孔氏所著書七種六十卷　（清）孔廣森撰
清乾隆、嘉慶間曲阜孔氏刻本　六册　存
二十九卷(公羊春秋通義一至七、大戴禮記補
注七至十三、少廣正負術外編三卷、詩聲類十

一卷分例一卷)

370000－1587－0002325　2657－7

顨軒孔氏所著書七種六十卷　（清）孔廣森撰
清乾隆、嘉慶間曲阜孔氏刻本　一册　存
三卷(公羊春秋通義五至七)

370000－1587－0002326　2604

顨軒孔氏所著書七種六十卷　（清）孔廣森撰
清乾隆、嘉慶間曲阜孔氏刻本　十册

370000－1587－0002327　2605

顨軒孔氏所著書七種六十卷　（清）孔廣森撰
清乾隆、嘉慶間曲阜孔氏刻本　十册

370000－1587－0002328　2606

顨軒孔氏所著書七種六十卷　（清）孔廣森撰
清乾隆、嘉慶間曲阜孔氏刻本　十册

370000－1587－0002329　2607

顨軒孔氏所著書七種六十卷　（清）孔廣森撰
清乾隆、嘉慶間曲阜孔氏刻本　十册

370000－1587－0002330　2608

顨軒孔氏所著書七種六十卷　（清）孔廣森撰
清乾隆、嘉慶間曲阜孔氏刻本　十册

370000－1587－0002331　2609

顨軒孔氏所著書七種六十卷　（清）孔廣森撰
清乾隆、嘉慶間曲阜孔氏刻本　十册

370000－1587－0002332　2610

顨軒孔氏所著書七種六十卷　（清）孔廣森撰
清乾隆、嘉慶間曲阜孔氏刻本　五册　存
三十三卷(二十八至六十)

370000－1587－0002333　2611

顨軒孔氏所著書七種六十卷　（清）孔廣森撰
清乾隆、嘉慶間曲阜孔氏刻本　十册

370000－1587－0002334　3561

雅雨山人出塞集一卷　（清）盧見曾撰　清刻
本　一册

370000－1587－0002335　2925

雅雨堂詩集二卷　（清）盧見曾撰　清道光刻
本　一册

370000 - 1587 - 0002336　2926
雅雨堂文集四卷　（清）盧見曾撰　清刻本
二冊

370000 - 1587 - 0002337　X - 271
言文對照初學論說指南四卷　（清）陸保璿等
纂　清末民初上海廣益書局石印本　一冊

370000 - 1587 - 0002338　2887
揅經室集　（清）阮元撰　清道光刻本　八冊
存二十一卷(一集一至二、九至十四,二集
三至四,三集四至五,四集四至七,外集一至
五)

370000 - 1587 - 0002339　955
顏氏家乘一卷　（清）趙吉士等撰　清刻本
一冊

370000 - 1587 - 0002340　951
顏氏家誡四卷　（清）顏光敏撰　清刻本
一冊

370000 - 1587 - 0002341　969
顏氏族譜十卷首一卷　（清）顏懷懌等修　清
刻本　六冊

370000 - 1587 - 0002342　1049
顏太史真稿不分卷附鄉會硃卷　（清）顏光敏
參訂　清康熙十二年(1673)刻本　二冊

370000 - 1587 - 0002343　1051
顏學山近稿不分卷　（清）顏光敩撰　清刻本
一冊

370000 - 1587 - 0002344　3643 - 5
嚴陵講義一卷　（宋）陳淳撰　**省心紀一卷**
（明）元坤撰　清刻本　一冊

370000 - 1587 - 0002345　1290
鹽鐵論二卷　（漢）桓寬撰　清光緒元年
(1875)湖北崇文書局刻本　二冊

370000 - 1587 - 0002346　X - 34
新刻算法歸宗四卷　（清）孝履吉撰　清刻本
一冊

370000 - 1587 - 0002347　4327
增補驗方新編□□卷　（清）鮑相璈編輯　清

光緒十四年(1888)文華堂刻本　五冊　存五
卷(二、五、八至十)

370000 - 1587 - 0002348　933
驗方新編十六卷　（清）鮑相璈編輯　清同治
三年(1864)京都文貴堂刻本　十冊

370000 - 1587 - 0002349　5427
驗方新編□□卷　（清）鮑相璈編輯　清刻本
一冊　存一卷(八)

370000 - 1587 - 0002350　907
重訂驗方新編十八卷　（清）鮑相璈編輯　清
刻本　二冊　存五卷(十一至十五)

370000 - 1587 - 0002351　3269
燕詒堂唐詩選三十二冊　（清）張絢霄　（清）
畢智珠選　清嘉慶二年(1797)刻本　三十
二冊

370000 - 1587 - 0002352　4421
陽宅愛衆篇四卷　（□）□□撰　清嘉慶五年
(1800)刻本　一冊　存二卷(三至四)

370000 - 1587 - 0002353　825
陽明先生集節本□□卷　（明）王陽明撰　清
光緒三十四年(1908)上海教育圖書館鉛印本
一冊　存二卷(文錄一至二)

370000 - 1587 - 0002354　827
陽明先生集節本□□卷　（明）王陽明撰　清
光緒三十四年(1908)上海教育圖書館鉛印本
一冊　存二卷(續編一至二)

370000 - 1587 - 0002355　4651
諏吉便覽寶鏡圖不分卷　題(三國魏)諸葛亮
撰　清光緒十六年(1890)刻套印本　二冊

370000 - 1587 - 0002356　4651
陽宅都天滾盤珠要法一卷　（清）瞿天賚較
清光緒十六年(1890)刻套印本　四冊

370000 - 1587 - 0002357　4300
陽宅集成八卷　（清）姚廷鑾纂輯　清末民初
上海江左書林石印本　一冊　存一卷(四)

370000 - 1587 - 0002358　277
揚州畫舫錄十八卷　（清）李斗撰　清刻本

七冊　存十七卷(二至十八)

370000 - 1587 - 0002359　2789
楊園先生全集五十四卷　(清)張履祥撰　(清)姚璉原輯　(清)萬斛泉編次　清嘉慶刻本　十六冊

370000 - 1587 - 0002360　X - 380
瘍醫大全四十卷　(清)顧世澄輯　清刻本　八冊　存二十一卷(二十至四十)

370000 - 1587 - 0002361　3121
養正韻語一卷　(清)孫少霑鑒定　清光緒二十八年(1902)上洋天章石印本　一冊

370000 - 1587 - 0002362　3122
養正韻語一卷　(清)孫少霑鑒定　清光緒二十八年(1902)上洋天章石印本　一冊

370000 - 1587 - 0002363　3123
養正韻語一卷　(清)孫少霑鑒定　清光緒二十八年(1902)上洋天章石印本　一冊

370000 - 1587 - 0002364　5528
養雲山館試帖四卷　(清)許球撰　清刻本　一冊　存一卷(三)

370000 - 1587 - 0002365　3504
姚選唐人絕句詩鈔一卷　(清)姚鼐選　清刻本　一冊

370000 - 1587 - 0002366　X - 145
搖錢樹三卷　(□)□□撰　清抄本　一冊

370000 - 1587 - 0002367　4311
瑤台寶訓一卷　(□)□□撰　清末民初上海宏大善書局石印本　一冊

370000 - 1587 - 0002368　X - 304
[乾隆]掖縣志八卷　(清)張思勉修　(清)于始瞻纂　清乾隆二十三年(1758)刻本　二冊　存三卷(一至三)

370000 - 1587 - 0002369　5388
一貫覺路□□卷　(□)□□撰　清末民初濟寧天成石印局石印本　一冊

370000 - 1587 - 0002370　588
一笠菴北詞廣正譜不分卷　(清)徐慶卿撰　(清)李玄玉更定　清刻本　一冊

370000 - 1587 - 0002371　847
一笠菴北詞廣正譜不分卷　(清)徐慶卿撰　(清)李玄玉更定　清刻本　二冊

370000 - 1587 - 0002372　3032
一山文存十二卷　章梫撰　清宣統刻本　四冊

370000 - 1587 - 0002373　3717
一山文存十二卷　章梫撰　清宣統刻本　四冊

370000 - 1587 - 0002374　3719
一山文存十二卷　章梫撰　清宣統刻本　四冊

370000 - 1587 - 0002375　3721
一山文存十二卷　章梫撰　清宣統刻本　四冊

370000 - 1587 - 0002376　3898
一松齋集八卷　(清)孫擴圖撰　清同治刻本　六冊

370000 - 1587 - 0002377　3199
一夕話六卷　(清)咄咄夫編　清刻本　一冊　存一卷(六)

370000 - 1587 - 0002378　3635
伊川文集八卷　(宋)程顥撰　**伊川易傳四卷**　(宋)程頤撰　**伊川程氏經說八卷**　(宋)程頤撰　**二程粹言二卷**　(宋)楊時訂定　(宋)張栻編次　清刻本　十冊

370000 - 1587 - 0002379　393
揖山居偶存□□卷　(清)方長豫撰　清刻本　一冊　存一卷(一)

370000 - 1587 - 0002380　251
醫醇賸義四卷　(清)費伯雄撰　清光緒刻本　四冊

370000 - 1587 - 0002381　854
醫方集解三卷　(清)汪昂撰　清刻本　六冊

370000－1587－0002382　752

醫方論四卷　（清）費伯雄撰　清光緒三年（1877）刻本　一冊　存二卷（一至二）

370000－1587－0002383　950

醫方論四卷　（清）費伯雄撰　清刻本　一冊　存二卷（三至四）

370000－1587－0002384　761

醫林改錯二卷　（清）王勳臣撰　清道光九年（1829）刻本　二冊

370000－1587－0002385　4268

醫門法律六卷　（清）喻昌撰　清刻本　四冊　存三卷（三至四、六）

370000－1587－0002386　819

醫學全書九卷　（清）劉常彥纂　清光緒五年（1879）術古堂刻本　十冊

370000－1587－0002387　701

醫學心語六卷　（清）程國彭編　清光緒十五年（1889）畾春堂刻本　四冊

370000－1587－0002388　3738

醫宗說約六卷　（清）蔣示吉撰　清刻本　四冊　存六卷（一至五、首一卷）

370000－1587－0002389　3725

飴山詩集二十卷文集十二卷聲調譜三卷談龍錄一卷　（清）趙執信撰　清乾隆益都趙氏因園刻本　十冊

370000－1587－0002390　3490

怡柯草堂詩鈔六卷　（清）姚錫華撰　清刻本　二冊

370000－1587－0002391　3427

怡柯草堂詩鈔五卷适盦試帖一卷賦鈔一卷　（清）姚錫華撰　清刻本　四冊

370000－1587－0002392　473

怡情集四卷　（清）竇汝鈞撰　清刻本　一冊　存二卷（三至四）

370000－1587－0002393　4080

宦游吟草十二卷　（清）柳堂撰　清刻本　一冊　存四卷（九至十二）

370000－1587－0002394　5295

儀禮古今文異同疏證五卷　（清）徐養原撰　清光緒十七年（1891）廣雅書局刻本　一冊

370000－1587－0002395　1605

儀禮十七卷附儀禮監本正誤儀禮唐石經正誤　（清）張爾岐撰　清同治十一年（1872）山東書局刻本　二冊　存五卷（一至三、七至八）

370000－1587－0002396　1336

儀禮十七卷附儀禮監本正誤儀禮唐石經正誤　（清）張爾岐撰　清同治十一年（1872）山東書局刻本　六冊

370000－1587－0002397　1455

儀禮十七卷附儀禮監本正誤儀禮唐石經正誤　（清）張爾岐撰　清同治十一年（1872）山東書局刻本　六冊

370000－1587－0002398　1477

儀禮十七卷附儀禮監本正誤儀禮唐石經正誤　（清）張爾岐撰　清同治十一年（1872）山東書局刻本　六冊

370000－1587－0002399　1403

儀禮鄭注句讀十七卷　（清）張爾岐句讀　清同治七年（1868）金陵書局刻本　四冊

370000－1587－0002400　5214

守山閣叢書　（清）錢熙祚輯　清刻本　一冊　存三種（儀禮釋宮、儀禮釋例、禮記訓義擇言一至二）

370000－1587－0002401　5305

儀禮私箋八卷　（清）鄭珍撰　清光緒十七年（1891）廣雅書局刻本　二冊

370000－1587－0002402　1560－2

儀禮要義五十卷　（宋）魏了翁撰　清光緒十年（1884）江蘇書局刻本　二冊　存十卷（十六至二十五）

370000－1587－0002403　5263

儀禮要義五十卷　（宋）魏了翁撰　清光緒十年（1884）江蘇書局刻本　七冊　存二十八卷（一至三、二十六至五十）

370000－1587－0002404　5541

儀禮易讀十七卷　（清）馬駧輯　（清）陳思震
（清）任廷珂校　清刻本　一冊　存四卷
（十四至十七）

370000－1587－0002405　1602

儀禮注疏十七卷　（漢）鄭氏注　（唐）賈公彥
疏　清刻本　九冊　存九卷（九至十七）

370000－1587－0002406　3732

藝海珠塵　（清）吳省蘭輯　清刻本　五十
四冊

370000－1587－0002407　831

醫方易簡新編六卷　（清）龔自璋彙輯　清咸
豐元年（1851）刻本　四冊

370000－1587－0002408　709

易筋經二卷　（唐）釋般剌密帝譯　清刻本
一冊

370000－1587－0002409　2615

易經□□卷　（□）□□撰　清抄本　一冊

370000－1587－0002410　5487－2

周易□□卷　（□）□□撰　清書業德刻本
一冊　存一卷（二）

370000－1587－0002411　5487－4

易經本義十二卷　（宋）朱熹撰　清刻本
二冊

370000－1587－0002412　X－263

易經大全會解四卷　（清）來爾繩撰　周易四
卷　（宋）朱熹本義　清刻本　四冊　存四卷
（周易四卷）

370000－1587－0002413　X－276

易經大全會解四卷　（清）來爾繩撰　周易四
卷　（宋）朱熹本義　清刻本　一冊

370000－1587－0002414　1342

十三經讀本附校刊記　（清）丁寶楨等校並撰
校刊記　清同治十一年（1872）山東書局刻本
六冊　存二種十卷（易經四卷、書經六卷）

370000－1587－0002415　1494

易經體注大全四卷　（清）來爾繩纂輯　清刻

本　四冊

370000－1587－0002416　1514

易經體注會解合糸四卷　（清）來爾繩纂輯
清道光二年（1822）金閶書業九房刻本　一冊
存一卷（周易本義一）

370000－1587－0002417　X－282

易經體註四卷　（清）來爾繩纂輯　周易四卷
（宋）朱熹本義　清刻本　二冊

370000－1587－0002418　W010229

易經體註大全四卷　（清）來爾繩纂輯　清刻
本　二冊

370000－1587－0002419　5202

易圖明辨十卷　（清）胡渭撰　（清）錢熙祚校
清刻守山閣叢書本　三冊

370000－1587－0002420　5231

易象鉤解四卷　（明）陳士元撰　（清）錢熙祚
校　清刻守山閣叢書本　一冊

370000－1587－0002421　X－56

益都縣圖志五十四卷　（清）張承燮修　（清）
法偉堂纂輯　清刻本　二冊　存九卷（四十
一至四十九）

370000－1587－0002422　4318

太上老君說益算神符妙經一卷太上神呪延壽
妙經一卷　（□）□□撰　清光緒十四年
（1888）北京天華館鉛印本　一冊

370000－1587－0002423　X－59

逸友堂遺稿一卷　（清）孔憲堃撰　清咸豐三
年（1853）刻本　一冊

370000－1587－0002424　2220

意為草一卷　（清）楊岳春撰　清同治刻本
一冊

370000－1587－0002425　2603

義易注略□□卷　（清）劉一明撰　清刻本
一冊　存一卷（下）

370000－1587－0002426　3397

翼薪典畧十卷　（清）蕭正發纂　清刻本　一
冊　存三卷（一至三）

370000－1587－0002427　1122

藝舟雙楫九卷　（清）包世臣撰　清刻本
五冊

370000－1587－0002428　3458

蔭椿軒詩稿□□卷　（清）孔繁灝撰　清道光
元年(1821)刻本　一冊　存三卷(一至三)

370000－1587－0002429　3460

蔭椿軒詩稿□□卷　（清）孔繁灝撰　清道光
二年(1822)刻本　一冊　存二卷(一至二)

370000－1587－0002430　3648

蔭椿軒詩稿四卷　（清）孔繁灝撰　清道光刻
本　一冊　存二卷(一至二)

370000－1587－0002431　4237

音義評註淵海子平五卷　（宋）徐升編　清刻
本　一冊　存二卷(二至三)

370000－1587－0002432　355

音義評注淵海子平五卷　（宋）徐升編　清刻
本　三冊　存四卷(二至五)

370000－1587－0002433　1924

音韻闡微十八卷韻譜一卷　（清）李光地等撰
　清雍正刻本　十冊

370000－1587－0002434　3701

音註小倉山房尺牘八卷附補遺　（清）袁枚撰
　（清）胡廣斗箋釋　清光緒四年(1878)刻本
四冊

370000－1587－0002435　2239

文昌陰隲文詩一卷　（清）蔡鋹耕撰　清光緒
二十年(1894)山東書局刻本　一冊

370000－1587－0002436　2145

欽定本朝四書文□□卷　（清）方苞編　清刻
本　六冊　存六卷(二至三、六至九)

370000－1587－0002437　2598

欽定本朝四書文□□卷　（清）方苞編　清刻
本　二冊　存二卷(一、四)

370000－1587－0002438　424

欽定本朝四書文□□卷　（清）方苞編　清刻
本　一冊

370000－1587－0002439　1411

欽定春秋傳說彙纂三十八卷首二卷　（清）王
掞等纂修　清刻本　十二冊　存二十卷(十
五至三十一、三十六至三十八)

370000－1587－0002440　1415

欽定春秋傳說彙纂三十八卷首二卷　（清）王
掞等纂修　清光緒十四年(1888)江南書局刻
本　二十冊

370000－1587－0002441　1456

欽定春秋傳說彙纂三十八卷首二卷　（清）王
掞等纂修　清光緒十四年(1888)江南書局刻
本　二十冊

370000－1587－0002442　5277

欽定春秋傳說彙纂三十八卷首二卷　（清）王
掞等纂修　清光緒十四年(1888)江南書局刻
本　十三冊　存二十卷(一至十四、三十二至
三十五,首二卷)

370000－1587－0002443　1341

欽定春秋左傳讀本三十卷　（清）英和等編
清同治十一年(1872)山東書局刻本　十六冊

370000－1587－0002444　1463

欽定春秋左傳讀本三十卷　（清）英和等編
清同治十一年(1872)山東書局刻本　十六冊

370000－1587－0002445　1595

欽定春秋左傳讀本三十卷　（清）英和等編
清同治十一年(1872)山東書局刻本　十二冊
　存二十三卷(一至六、十二至二十四、二十
七至三十)

370000－1587－0002446　1596

欽定春秋左傳讀本三十卷　（清）英和等編
清同治十一年(1872)山東書局刻本　三冊
存六卷(一至四、二十三至二十四)

370000－1587－0002447　1610

欽定春秋左傳讀本三十卷　（清）英和等編
清同治十一年(1872)山東書局刻本　十六冊

370000－1587－0002448　1611

欽定春秋左傳讀本三十卷　（清）英和等編

清同治十一年(1872)山東書局刻本　一册
存二卷(十至十一)

370000－1587－0002449　5315
欽定春秋左傳讀本三十卷　(清)英和等編
清刻本　十四册　存二十六卷(五至三十)

370000－1587－0002450　5318
欽定春秋左傳讀本三十卷　(清)英和等編
清刻本　五册　存十五卷(四至十二、二十五
至三十)

370000－1587－0002451　2728
欽定大清會典八十卷　(清)昆岡等撰　清嘉
慶刻本　四十一册

370000－1587－0002452　2729
欽定大清會典事例九百二十卷目錄八卷
(清)昆岡等撰　清嘉慶刻本　三百六十九册

370000－1587－0002453　2727
欽定大清會典圖一百三十二卷目錄二卷
(清)昆岡等撰　清嘉慶刻本　四十二册

370000－1587－0002454　2684
**欽定古今圖書集成博物彙編禽蟲典一百九十
二卷**　(清)蔣廷錫編　清刻本　六十六册
存一百三十二卷(二十一至八十、一百二十一
至一百九十二)

370000－1587－0002455　2687
**欽定古今圖書集成方輿彙編坤輿典一百五十
卷**　(清)蔣廷錫編　清刻本　十八册　存三
十六卷(四十九至六十四、一百二十一至一百
四十)

370000－1587－0002456　2688
**欽定古今圖書集成方輿彙編山川典三百二十
卷**　(清)蔣廷錫編　清刻本　一百三十册
存二百六十卷(二十一至一百二十、一百四十
一至二百、二百二十一至三百二十)

370000－1587－0002457　2305
**欽定古今圖書集成方輿彙編職方典一千五百
四十四卷**　(清)蔣廷錫編　清刻本　五百四
十二册　存一千一百二卷(十五至五十二、六

十九至七十八、八十一至二百八、二百十五至
二百十六、二百十九至二百三十八、二百四十
五至二百四十六、二百四十九至二百八十、二
百九十七至三百二十、三百二十五至三百四
十、三百五十七至四百、四百十七至四百八
十、五百十三至五百四十二、五百六十一至六
百十六、六百三十五至六百八十、六百九十七
至七百十二、七百二十九至七百七十六、七百
九十三至八百八、八百十三至八百二十八、八
百七十七至九百六十四、九百九十七至一千
四十四、一千六十一至一千八十四、一千九十
五至一千一百十八、一千一百二十三至一千
一百二十四、一千一百三十九至一千一百五
十六、一千一百七十三至一千一百八十四、一
千一百八十九至一千二百八、一千二百二十
五至一千二百四十四、一千二百五十三至一
千二百八十四、一千三百一至一千三百十二、
一千三百二十九至一千三百六十四、一千三
百八十三至一千三百八十四、一千四百五至
一千四百二十、一千四百二十五至一千五百
四十四)

370000－1587－0002458　2685－3
**欽定古今圖書集成經濟彙編考工典二百五十
二卷**　(清)蔣廷錫編　清刻本　八册　存十
六卷(十七至三十二)

370000－1587－0002459　2685－1
**欽定古今圖書集成經濟彙編銓衡典一百二十
卷**　(清)蔣廷錫編　清刻本　三十四册　存
一百五卷(四至一百八)

370000－1587－0002460　2685－2
**欽定古今圖書集成經濟彙編食貨典三百六十
卷**　(清)蔣廷錫編　清刻本　一百三十八册
存二百七十卷(二十一至三十、三十七至一
百七十、一百七十三至二百四十、二百九十九
至三百五十、三百五十五至三百六十)

370000－1587－0002461　2683
欽定古今圖書集成曆象彙編乾象典一百卷
(清)蔣廷錫編　清刻本　三十四册　存六十
八卷(三十三至一百)

孔子博物館古籍普查登記目錄

370000－1587－0002462　2686－1

欽定古今圖書集成明倫彙編閨媛典三百七十六卷　（清）蔣廷錫編　清刻本　一百四冊　存一百九十八卷(五至五十八、七十三至一百四十八、一百六十九至一百八十六、二百八十一至三百二十二、三百三十三至三百四十)

370000－1587－0002463　2686－2

欽定古今圖書集成明倫彙編人事典一百十二卷　（清）蔣廷錫編　清刻本　八冊　存十六卷(一至十六)

370000－1587－0002464　2686－3

欽定古今圖書集成明倫彙編氏族典六百四十卷　（清）蔣廷錫編　清刻本　二百冊　存三百八十一卷(一至二十二、四十一至五十六、五十九至八十八、一百二十一至一百三十六、一百四十九至一百八十四、一百八十七至一百九十六、一百九十九、二百一至二百九十六、三百三十一至三百六十、三百七十七至三百九十二、四百四十一至四百五十六、四百七十三至五百四、五百三十七至五百八十、五百九十九至六百十四)

370000－1587－0002465　5391

欽定國子監則例四十四卷首六卷　（清）劉墉等修　清刻本　一冊　存十二卷(三十三至四十四)

370000－1587－0002466　X－286

欽定戶部漕運全書九十二卷　（清）潘世恩纂修　清刻本　十三冊　存二十六卷(三至六、九至十、十三至十六、十九至二十、二十七至三十二、三十七至三十八、四十五至四十八、五十九至六十)

370000－1587－0002467　5053－4

欽定禮部則例二百二卷　（清）特登額等修　清刻本　一冊　存五卷(一百六十六至一百七十)

370000－1587－0002468　X－53

欽定禮部則例二百二卷　（清）特登額等修　清刻本　一冊　存九卷(十五至二十三)

370000－1587－0002469　X－75

欽定禮部則例二百二卷　（清）特登額等修　清刻本　一冊　存三卷(一百五十至一百五十二)

370000－1587－0002470　X－120

欽定禮記義疏八十二卷首一卷　（清）鄂爾泰等撰　清刻本　二冊　存三卷(三、二十四，首一卷)

370000－1587－0002471　X－161

欽定禮記義疏八十二卷首一卷　（清）鄂爾泰等撰　清刻本　三冊　存三卷(二十五、四十四、五十一)

370000－1587－0002472　X－215

欽定禮記義疏八十二卷首一卷　（清）鄂爾泰等撰　清刻本　六冊　存十三卷(三至五、七十一至七十九,首一卷)

370000－1587－0002473　1071

欽定禮記義疏八十二卷首一卷　（清）鄂爾泰等撰　清紫陽書院刻本　十冊　存十七卷(一、四至七、九、二十一至二十二、七十五至八十二,首一卷)

370000－1587－0002474　1410

欽定禮記義疏八十二卷首一卷　（清）鄂爾泰等撰　清紫陽書院刻本　十六冊　存二十七卷(十七至三十八、七十九至八十二,首一卷)

370000－1587－0002475　1418

欽定禮記義疏八十二卷首一卷　（清）鄂爾泰等撰　清光緒十四年(1888)江南書局刻本　三十二冊

370000－1587－0002476　1452

欽定禮記義疏八十二卷　（清）鄂爾泰等撰　清光緒十四年(1888)江南書局刻本　二十四冊　存六十二卷(一至六十二)

370000－1587－0002477　5271

欽定禮記義疏八十二卷　（清）鄂爾泰等撰　清刻本　三十二冊　存五十五卷(一至十五、三十九至七十八)

370000－1587－0002478　5053－1

欽定禮記義疏八十二卷首一卷　（清）鄂爾泰等撰　清刻本　六十冊　存五十九卷（一至二、四至六、八至二十一、二十六至三十、三十二至四十、四十三、四十六至五十、五十三至六十一、七十三至八十二,首一卷）

370000－1587－0002479　2614

皇翰嘉禮雅樂錄輯要不分卷　（清）王永慶等輯　清光緒刻本　一冊

370000－1587－0002480　1295

欽定六部處分則例五十二卷　（清）清平等纂修　清刻本　十一冊　存十八卷（吏部二、四至五、十至十一、十四至二十一、二十三至二十四、四十二至四十四）

370000－1587－0002481　2147

欽定正嘉四書文□□卷　（清）方苞選輯　清刻本　二冊　存二卷（一至二）

370000－1587－0002482　2148

欽定隆萬四書文□□卷　（清）方苞選輯　清刻本　一冊　存一卷（五）

370000－1587－0002483　2146

欽定啟禎四書文□□卷　（清）方苞選輯　清刻本　三冊　存三卷（六至七、九）

370000－1587－0002484　2599

欽定啟禎四書文□□卷　（清）方苞選輯　清刻本　一冊　存一卷（十）

370000－1587－0002485　212－1

欽定平定陝甘新疆回匪方略三百二十卷首一卷　（清）奕訢等纂　清刻本　三百二十一冊

370000－1587－0002486　212－2

欽定平定雲南回匪方略五十卷欽定平定貴州苗匪方略四十卷　（清）奕訢等纂　清刻本　九十冊

370000－1587－0002487　2673

欽定詩經傳說彙纂二十一卷首二卷詩序二卷　（清）王鴻緒等撰　清光緒十四年（1888）刻本　二十六冊

370000－1587－0002488　X－227

欽定詩經傳說彙纂二十一卷首二卷詩序二卷　（清）王鴻緒等撰　清刻本　二十冊

370000－1587－0002489　X－262

欽定詩經傳說彙纂二十一卷首二卷詩序二卷　（清）王鴻緒等撰　清刻本　五冊　存六卷（一至五、首上）

370000－1587－0002490　1416

欽定詩經傳說彙纂二十一卷首二卷詩序二卷　（清）王鴻緒等撰　清光緒十四年（1888）江南書局刻本　十六冊

370000－1587－0002491　1458

欽定詩經傳說彙纂二十一卷首二卷詩序二卷　（清）王鴻緒等撰　清刻本　十二冊

370000－1587－0002492　1510

欽定詩經傳說彙纂二十一卷首二卷詩序二卷　（清）王鴻緒等撰　清刻本　十一冊　存十七卷（一至四、八至十一、十四至二十、詩序二卷）

370000－1587－0002493　1646

欽定詩經傳說彙纂二十一卷首二卷詩序二卷　（清）王鴻緒等撰　清刻本　十六冊

370000－1587－0002494　5275

欽定詩經傳說彙纂二十一卷首二卷詩序二卷　（清）王鴻緒等撰　清江西書局刻本　二十冊

370000－1587－0002495　2592

欽定書經傳說彙纂二十一卷首二卷　（清）王頊齡等撰　清刻本　三冊　存四卷（十六、二十一,首二卷）

370000－1587－0002496　X－226

欽定書經傳說彙纂二十一卷首二卷　（清）王頊齡等撰　清刻本　二十冊

370000－1587－0002497　5273

欽定書經傳說彙纂二十一卷首二卷　（清）王頊齡等撰　清刻本　十五冊

370000－1587－0002498　5061

欽定四庫全書總目二百卷首四卷　（清）永瑢
修　（清）紀昀等纂　清刻本　一百十九冊
存二百二卷(一至一百八十三、一百八十六至
二百,首四卷)

370000－1587－0002499　1170
欽定五軍道里表十八卷　（清）常泰等撰　清
同治十二年(1873)刻本　十八冊

370000－1587－0002500　2809
欽定續文獻通考二百五十卷皇朝文獻通考三
百卷皇朝通典一百卷皇朝通志一百二十六卷
欽定續通志六百四十卷續通典不分卷六通訂
誤不分卷　（清）嵇璜等纂　清光緒二十七年
(1901)上海圖書集成局影印本　一百八十
二冊

370000－1587－0002501　X－74
欽定學政全書八十六卷首一卷　（清）童璜等
纂修　清刻本　一冊　存三卷(二十六至二
十八)

370000－1587－0002502　3000－1
欽定學政全書八十二卷　（清）王傑等撰　清
刻本　十六冊　存五十五卷(一至二十五、三
十五至五十三、六十至六十三、六十八、七十
七至八十二)

370000－1587－0002503　3000－2
欽定學政全書八十六卷　（清）童璜等纂修
清刻本　七冊　存三十六卷(五十一至八十
六)

370000－1587－0002504　5053－2
欽定儀禮義疏四十八卷首二卷　（清）允祿等
纂　清刻本　二十七冊　存二十七卷(一、五
至七、九至十一、十三、十六至二十八、三十一
至三十二、四十、四十四、四十六至四十七)

370000－1587－0002505　X－129
欽定儀禮義疏四十八卷首二卷　（清）允祿等
纂　清刻本　八冊　存八卷(二至三、八、十
四、四十一至四十三,首上)

370000－1587－0002506　1413
欽定儀禮義疏四十八卷首二卷　（清）允祿等

纂　清光緒十四年(1888)江南書局刻本　二
十八冊

370000－1587－0002507　1448
欽定儀禮義疏四十八卷首二卷　（清）允祿等
纂　清光緒十四年(1888)江南書局刻本　二
十八冊

370000－1587－0002508　5053－3
欽定周官義疏四十八卷首一卷　（清）鄂爾泰
等撰　清刻本　三十一冊　存三十卷(十一
至十三、二十至三十五、三十七至四十六、四
十八)

370000－1587－0002509　X－128
欽定周官義疏四十八卷首一卷　（清）鄂爾泰
等撰　清刻本　一冊

370000－1587－0002510　X－83
欽定周官義疏四十八卷首一卷　（清）鄂爾泰
等撰　清刻本　一冊　存一卷(九)

370000－1587－0002511　1412
欽定周官義疏四十八卷首一卷　（清）鄂爾泰
等撰　清江西書局刻本　三十二冊

370000－1587－0002512　1414
欽定周官義疏四十八卷首一卷　（清）鄂爾泰
等撰　清光緒十四年(1888)江南書局刻本
二十四冊

370000－1587－0002513　1450
欽定周官義疏四十八卷首一卷　（清）鄂爾泰
等撰　清光緒十四年(1888)江南書局刻本
二十四冊

370000－1587－0002514　1593
欽定周官義疏四十八卷首一卷　（清）鄂爾泰
等撰　清刻本　八冊　存八卷(一至七、首一
卷)

370000－1587－0002515　3110
飲香尺牘四卷首一卷　（清）飲香居士輯　清
刻本(佚名批校)　四冊

370000－1587－0002516　40－2
印譜不分卷　（清）□□篆　清同治十年

(1871)鈐印本　四冊

370000－1587－0002517　1364

英法等國條例稅則不分卷　（清）□□輯　清刻本　四冊

370000－1587－0002518　1291

英法俄德四國志略不分卷　（清）沈敦和輯譯　清光緒二十三年(1897)上海圖書集成印書局鉛印本　一冊

370000－1587－0002519　1914

楹聯叢話十二卷　（清）梁章鉅輯　清道光二十二年(1842)呂氏刻本　四冊

370000－1587－0002520　1915

楹聯叢話十二卷楹聯續話四卷　（清）梁章鉅輯　清道光二十年(1840)刻本　六冊

370000－1587－0002521　5357

影印名人手札真蹟大全不分卷　（清）曾國荃等書　清末民初石印本　一冊

370000－1587－0002522　4422

應酬彙選新集不分卷　（清）陸九如纂輯　**增補帖式二卷**　（清）王相匯選　清同治七年(1868)刻本　一冊

370000－1587－0002523　391

庸吏庸言二卷　（清）劉衡撰　清同治九年(1870)刻本　一冊

370000－1587－0002524　3244

庸吏庸言二卷讀律心得三卷蜀僚問答一卷庸吏餘談一卷南豐劉簾舫先生行述政績一卷　（清）劉衡撰　清同治十年(1871)刻本　四冊

370000－1587－0002525　2915

雍益集一卷　（清）王士禎撰　清刻本　一冊

370000－1587－0002526　544

詠物詩選注解□□卷　（清）易開繢　（清）孫泞鳴輯注　清嘉慶十五年(1810)經國堂刻本　六冊　存八卷(一至八)

370000－1587－0002527　438

優復恩例不分卷　（清）孔氏輯　清刻本　一冊

370000－1587－0002528　439

優復恩例不分卷　（清）孔氏輯　清刻本　一冊

370000－1587－0002529　440

優復恩例不分卷　（清）孔氏輯　清刻本　一冊

370000－1587－0002530　441

優復恩例不分卷　（清）孔氏輯　清刻本　一冊

370000－1587－0002531　442

優復恩例不分卷　（清）孔氏輯　清刻本　一冊

370000－1587－0002532　443

優復恩例不分卷　（清）孔氏輯　清刻本　一冊

370000－1587－0002533　444

優復恩例不分卷　（清）孔氏輯　清刻本　一冊

370000－1587－0002534　445

優復恩例不分卷　（清）孔氏輯　清刻本　一冊

370000－1587－0002535　446

優復恩例不分卷　（清）孔氏輯　清刻本　一冊

370000－1587－0002536　447

優復恩例不分卷　（清）孔氏輯　清刻本　一冊

370000－1587－0002537　940

遊歷聞見錄□□卷　（清）洪勳輯　清末民初石印本　三冊　存十四卷(五至十八)

370000－1587－0002538　469

友聲集十卷　（清）王舟瑤撰　清刻本　二冊

370000－1587－0002539　353

有正味齋駢文箋注十六卷　（清）吳錫麒撰　清光緒十五年(1889)上海蜚英館石印本　三冊　存六卷(一至四、十一、二十四)

370000－1587－0002540　2747

有正味齋全集七十三卷　（清）吳錫麒撰　清刻本　九冊

370000－1587－0002541　330

有正味齋全集七十三卷　（清）吳錫麒撰　清刻本　八冊　存二十五卷(詩集一至十六、詞集一至四、外集一至五)

370000－1587－0002542　5515

有正味齋試帖詳註四卷　（清）吳錫麒撰　清刻本　一冊　存一卷(三)

370000－1587－0002543　1728

有子志不分卷　（清）□□撰　清刻本(有補配）　一冊

370000－1587－0002544　3652

幼學堂詩稿□□卷　（清）沈欽韓撰　清刻本　一冊　存二卷(五至六)

370000－1587－0002545　X－338

幼學瓊林五卷首 卷　（清）程允升撰　清刻本　三冊

370000－1587－0002546　4695

幼學瓊林四卷首一卷　（明）程允升撰　（清）鄒聖脈補　（清）謝梅林　（清）鄒可庭參訂　清刻本　二冊

370000－1587－0002547　569

幼學須知句解四卷　（清）程允升撰　清刻本　四冊

370000－1587－0002548　570

幼學須知句解四卷　（清）程允升撰　清刻本　三冊　存三卷(一、三至四)

370000－1587－0002549　916

幼學須知句解四卷　（清）程允升撰　清刻本　二冊

370000－1587－0002550　623

幼學須知句解四卷　（清）程允升撰　清刻本　四冊

370000－1587－0002551　2596

俞蔭甫四書文不分卷　（清）俞樾撰　清刻本一冊

370000－1587－0002552　3212

莫江古文存四卷　（清）陶必銓撰　清嘉慶二十一年(1816)刻本　一冊

370000－1587－0002553　3355

莫江古文存四卷　（清）陶必銓撰　清嘉慶二十一年(1816)刻本　一冊

370000－1587－0002554　3357

莫江古文存四卷　（清）陶必銓撰　清嘉慶二十一年(1816)刻本　一冊

370000－1587－0002555　3359

莫江古文存四卷　（清）陶必銓撰　清嘉慶二十一年(1816)刻本　一冊

370000－1587－0002556　3349

莫江詩存三卷遺集一卷　（清）陶必銓撰　清嘉慶二十一年(1816)刻本　一冊

370000－1587－0002557　3351

莫江詩存三卷遺集一卷　（清）陶必銓撰　清嘉慶二十一年(1816)刻本　一冊

370000－1587－0002558　3353

莫江詩存三卷遺集一卷　（清）陶必銓撰　清嘉慶二十一年(1816)刻本　一冊

370000－1587－0002559　3087

漁洋精華錄箋注十二卷[王士禎]年譜一卷補注一卷　（清）王士禎撰　（清）金榮箋注　清石印本　十二冊

370000－1587－0002560　3124

漁洋山人精華錄訓纂十卷　（清）王士禎撰（清）惠棟訓纂　清刻本　一冊　存一卷(二)

370000－1587－0002561　2762

漁洋山人精華錄訓纂十卷　（清）王士禎撰（清）惠棟訓纂　清光緒十七年(1891)刻本十二冊

370000－1587－0002562　3800

漁洋山人精華錄十卷　（清）王士禎撰　清康熙刻本　四冊

370000－1587－0002563　2923

漁洋山人詩集二十二卷　（清）王士禎撰　清刻本　三冊

370000－1587－0002564　452

漁洋山人詩集二十二卷　（清）王士禎撰　清刻本　二冊　存十卷（六至十、十二至十六）

370000－1587－0002565　309

嶧陽詩說八卷　（清）王偁撰　清刻本　一冊

370000－1587－0002566　3050

愚軒文鈔四卷詩鈔二卷　（清）孫國楨撰　清光緒刻本　五冊

370000－1587－0002567　1929

餘齋恥言二卷　（明）徐禎稷撰　（清）孔廣榮編　清光緒三十二年（1906）刻本　一冊

370000－1587－0002568　1930

餘齋恥言二卷　（明）徐禎稷撰　（清）孔廣榮編　清光緒三十二年（1906）刻本　一冊

370000－1587－0002569　3446

禹貢說斷四卷　（宋）傅寅撰　清咸豐二年（1852）刻本　二冊

370000－1587－0002570　5288

禹貢班義述三卷　（清）成蓉鏡撰　清光緒十三年（1887）刻本　一冊

370000－1587－0002571　4146

玉符直指註釋不分卷　（題）云妙道人撰　北京天華館排印本　一冊

370000－1587－0002572　2808

玉海二百四卷　（元）王應麟撰　清光緒九年（1883）浙江書局刻本　一百二十冊

370000－1587－0002573　1821

玉虹樓遺稿一卷　（清）孔繼涑撰　清孔昭薰刻本　一冊

370000－1587－0002574　5253

玉壺野史十卷　（宋）釋文瑩撰　（清）錢熙祚校　清刻守山閣叢書本　一冊

370000－1587－0002575　4070

370000－1587－0002576　2207

玉歷鈔傳不分卷　（□）□□撰　清光緒二十三年（1897）刻本　一冊

玉歷鈔傳不分卷　（□）□□撰　清光緒十八年（1892）濟南會友堂刻本　一冊

370000－1587－0002577　4303

玉歷至寶鈔不分卷　（□）□□撰　清末民初上海宏大善書局石印本　一冊

370000－1587－0002578　419

玉律金鑑不分卷　（□）□□撰　清刻本　五冊　存五卷（坤、巽、震、兌、艮）

370000－1587－0002579　3533

玉清遺草二卷　（清）郭殿鎬撰　清刻本　一冊

370000－1587－0002580　5254

玉堂嘉話八卷　（元）王惲撰　（清）錢熙祚校　清刻守山閣叢書本　一冊

370000－1587－0002581　3546

玉堂楷則一卷　（清）江樹昀等撰　清末民初石印本　一冊

370000－1587－0002582　505

玉堂試帖振採集五卷　（清）潘曾瑩編　清刻本　二冊　存二卷（二、四）

370000－1587－0002583　3100

玉芝堂談薈三十六卷　（明）徐應秋輯　清刻本　二十九冊　存五卷（十至十四）

370000－1587－0002584　5537

玉芝堂談薈三十六卷　（明）徐應秋輯　清刻本　一冊　存一卷（三十）

370000－1587－0002585　576

玉芝堂談薈三十六卷　（明）徐應秋輯　清刻本　五冊　存五卷（二十九、三十三至三十六）

370000－1587－0002586　1359

御批歷代通鑑輯覽一百二十卷　（清）傅恒等編纂　清光緒三十年（1904）上海商務印書館石印本　四十冊

370000－1587－0002587　1360

御批歷代通鑑輯覽一百二十卷　（清）傅恒等
編纂　清光緒二十九年(1903)刻本　二十冊
　　存一百卷(一至五、十一至三十、三十六至
五十、五十六至八十、八十六至一百二十)

370000－1587－0002588　1361

御批歷代通鑑輯覽一百二十卷　（清）傅恒等
編纂　清光緒三十年(1904)刻本　十三冊
存六十五卷(一至二十五、三十六至五十、六
十一至七十、八十一至八十五、一百六至一百
十五)

370000－1587－0002589　1367

御批歷代通鑑輯覽一百二十卷　（清）傅恒等
編纂　清刻本　三十八冊　存四十二卷(五
至八、十一至十二、十六、二十二至二十三、二
十八、三十四至三十六、三十八、四十至四十
一、四十七至四十八、五十六至五十七、五十
九至六十、六十五、七十二、七十六至七十七、
八十、八十三至八十四、八十六、九十三至九
十六、一百二、一百四至一百五、一百十一、一
百十三、一百十五至一百十七)

370000－1587－0002590　5029

御批歷代通鑑輯覽一百二十卷　（清）傅恒等
編纂　清光緒五年(1879)刻朱墨套印本　五
十六冊　存一百十六卷(一至二十八、三十三
至一百二十)

370000－1587－0002591　5448

御批歷代通鑑輯覽一百二十卷　（清）傅恒等
編纂　清刻本　一冊　存四卷(一百十一至
一百十四)

370000－1587－0002592　1382－2

御批歷代通鑑輯覽一百二十卷　（清）傅恒等
編纂　清刻朱墨套印本　一冊　存二卷(六
十一至六十二)

370000－1587－0002593　1382－3

御批資治通鑑綱目前編十八卷正編五十九卷
續編二十七卷　（宋）朱熹等撰　清刻本　一
冊　存一卷(正編八)

370000－1587－0002594　1382－1

續資治通鑑綱目二十七卷　（明）商輅等撰
清刻本　二冊　存二卷(九、二十六)

370000－1587－0002595　1366

御批資治通鑑綱目續編二十七卷　（明）商輅
等纂　清末民初石印本　三冊　存十四卷
(一至九、二十三至二十七)

370000－1587－0002596　1365

御批資治通鑑綱目五十九卷　（宋）朱熹編纂
　清刻本　八冊　存三十四卷(一至五、十四
至三十八、四十三至四十六)

370000－1587－0002597　2843

御選唐宋詩醇四十七卷目錄二卷　（清）高宗
弘曆編　清乾隆二十五年(1760)朱墨套印本
　二十四冊

370000－1587－0002598　3039

御選唐宋詩醇四十七卷目錄二卷　（清）高宗
弘曆編　清光緒七年(1881)刻本　二十冊

370000－1587－0002599　1964

御選唐宋詩醇四十七卷目錄二卷　（清）高宗
弘曆編　清刻四色套印本　十八冊　存四十
三卷(一、六至八、十一至四十七、目录一至
二)

370000－1587－0002600　4950

御選唐宋詩醇四十七卷目錄二卷　（清）高宗
弘曆撰　清乾隆二十五年(1760)刻本　十
二冊

370000－1587－0002601　2960

御選語錄十九卷　（清）世宗胤禛選　清雍正
刻本　五冊　存十六卷(一至十六)

370000－1587－0002602　3631

御選語錄十九卷　（清）世宗胤禛選　清刻本
　十二冊　存十七卷(一至十六、十八)

370000－1587－0002603　4972

御選唐宋文醇五十八卷　（清）高宗弘曆撰
清光緒十年(1884)刻本　二十二冊　存五十
四卷(一至十一、十四至五十六)

370000－1587－0002604　3278
全唐詩九百卷目錄十二卷　(清)曹寅　(清)彭定求等輯　清刻本　四十八冊　存第一函十冊

370000－1587－0002605　3653
御製文二集五十卷目錄六卷三集五十卷目錄六卷　(清)聖祖玄燁撰　清康熙刻本　四十三冊　存七十四卷(二集一至十、十三至二十六,三集五十卷)

370000－1587－0002606　3640
御製巡幸盛京詩一卷　(清)宣宗旻寧撰　清刻本　一冊

370000－1587－0002607　3327
御製避暑山莊圖詠一卷　(清)聖祖玄燁撰　清末民初大同書局石印本　一冊

370000－1587－0002608　988
御製圓明園圖詠一卷　(清)高宗弘曆撰　清末民初石印本(莊心如題識)　一冊

370000－1587－0002609　3063
御製詩初集四十四卷目錄四卷　(清)高宗弘曆撰　清嘉慶八年(1803)刻本　三十冊

370000－1587－0002610　5093
御製詩初集四十四卷目錄四卷　(清)高宗弘曆撰　清刻本　二十二冊　存四十四卷(一至十二、十五至二十四、二十七至四十四,目錄四卷)

370000－1587－0002611　5094
御製詩二集九十卷目錄十卷　(清)高宗弘曆撰　清刻本　三十四冊　存六十八卷(一至十三、三十八至五十一、六十至九十,目錄十卷)

370000－1587－0002612　5095
御製詩三集一百卷目錄十二卷　(清)高宗弘曆撰　清刻本　五十九冊　存一百六卷(一至十二、十七至九十二、九十五至一百,目錄十二卷)

370000－1587－0002613　5096
御製詩五集一百卷目錄十二卷　(清)高宗弘曆撰　清刻本　五十一冊　存九十二卷(三至十二、十五至十六、二十一至二十八、三十七至七十八、八十一至一百,目錄一至八、十一至十二)

370000－1587－0002614　2994
御製月令輯要二十四卷　(清)李光地等撰　清康熙五十五年(1716)刻本　十二冊

370000－1587－0002615　1454
御纂周易折中二十二卷首一卷　(清)李光地等撰　清刻本　十冊

370000－1587－0002616　1474
御纂周易折中二十二卷首一卷　(清)李光地等撰　清刻本　十二冊

370000－1587－0002617　1499
御纂周易折中二十二卷首一卷　(清)李光地等撰　清刻本　二十冊

370000－1587－0002618　2677
御纂周易折中二十二卷首一卷　(清)李光地等撰　清光緒石印本　一冊　存十一卷(一至十、首一卷)

370000－1587－0002619　1417
御纂周易折中二十二卷首一卷　(清)李光地等撰　清光緒十四年(1888)江南書局刻本　十冊

370000－1587－0002620　1417
欽定書經傳說彙纂二十一卷首二卷　(清)王頊齡等撰　清光緒十四年(1888)江南書局刻本　十二冊

370000－1587－0002621　1506
御纂詩義折中二十卷　(清)傅恒等撰　清刻本　五冊　存十七卷(四至二十)

370000－1587－0002622　1507
御纂詩義折中二十卷　(清)傅恒等撰　清刻本　五冊　存十七卷(一至十七)

370000－1587－0002623　1513
御纂詩義折中二十卷　(清)傅恒等撰　清刻

本　六冊

370000－1587－0002624　3777
御纂詩義折中二十卷　（清）傅恒等撰　清刻本　三冊

370000－1587－0002625　X－240
御纂詩義折中二十卷　（清）傅恒等撰　清刻本　六冊

370000－1587－0002626　1381
御撰資治通鑑綱目三編二十卷　（清）張廷玉等編纂　清刻本　六冊

370000－1587－0002627　1358
御撰資治通鑑綱目三編四十卷　（清）舒赫德編纂　清同治十一年（1872）江西書局刻本　十二冊

370000－1587－0002628　5339－1
御撰資治通鑑綱目三編二十卷　（清）張廷玉等編纂　清刻本　一冊　存二卷（五至七）

370000－1587－0002629　5063－2
御撰資治通鑑綱目三編二十卷　（清）張廷玉等編纂　清刻本　七冊　存十七卷（一至十四、十八至二十）

370000－1587－0002630　5063－3
歷朝綱鑑匯編□□卷首一卷　（□）□□編纂　清刻本　一冊　存一卷（首一卷）

370000－1587－0002631　1559
御纂春秋直解十二卷　（清）傅恒等纂　清刻本　六冊

370000－1587－0002632　1573
御纂孝經集注一卷十八章　（清）世宗胤禛集注　清刻本　一冊

370000－1587－0002633　5298
愈愚錄六卷　（清）劉寶楠撰　清光緒十五年（1889）廣雅書局刻本　二冊

370000－1587－0002634　X－298
豫工事例章程不分卷　（清）李光地等撰　清刻本　一冊

370000－1587－0002635　2253
御定大雲輪請雨經一卷　（隋）那連提耶舍譯　清同治十年（1871）湖南通志總局刻本　一冊

370000－1587－0002636　4724－1
御批歷代通鑑輯覽一百二十卷　（清）傅恒等編纂　清刻本　一冊　存五卷（七十六至八十）

370000－1587－0002637　4724－3
御批歷代通鑑輯覽一百二十卷　（清）傅恒等編纂　清刻本　八冊　存三十五卷（二十七至三十一、五十七至六十、七十六至七十九、九十至九十四、九十九至一百三、一百九至一百二十）

370000－1587－0002638　316
御製全史詩六十四卷首二卷　（清）仁宗顒琰撰　清刻本　二冊　存四卷（五十至五十二、六十三至六十四）

370000－1587－0002639　2238
御製勸善要言一卷　（清）世祖福臨撰　清光緒刻本　一冊

370000－1587－0002640　X－88
御製文二集五十卷目錄六卷　（清）聖祖玄燁撰　清刻本　一冊　存二卷（二十七至二十八）

370000－1587－0002641　2807
御製淵鑑類函四百五十卷目錄四卷　（清）張英等編　清刻本　一百六冊

370000－1587－0002642　834
御纂性理精義十二卷　（清）李光地等輯　清刻本　五冊

370000－1587－0002643　836
御纂性理精義十二卷　（清）李光地等輯　清刻本　三冊　存五卷（一、九至十二）

370000－1587－0002644　902
御纂醫宗金鑑九十卷　（清）吳謙等纂　清刻本　十二冊　存十六卷（外科一至十六）

370000－1587－0002645　897

御纂醫宗金鑑九十卷　（清）吳謙等纂　清光緒三十二年(1906)石印本　十九冊　存八十四卷(内科一至三十八、四十五至七十四,外科一至十六)

370000－1587－0002646　901

御纂醫宗金鑑九十卷　（清）吳謙等纂　清刻本　三十冊　存五十八卷(内科一至九、十三至二十二、三十六至七十四)

370000－1587－0002647　849

御纂醫宗金鑑九十卷　（清）吳謙等纂　清光緒三十二年(1906)石印本　九冊　存三十八卷(内科一至三十八)

370000－1587－0002648　5487－1

御纂易經備旨萃精不分卷　（□）□□輯　清刻本　一冊　存二卷(四至五)

370000－1587－0002649　2780

御纂朱子全書六十六卷　（清）李光地等撰　清刻本　四十冊

370000－1587－0002650　5216

守山閣叢書　（清）錢熙祚輯　清刻本　一冊　存四種七卷(鶡子一卷附校勘記逸文一卷、尹文子一卷附校勘記一卷、慎子一卷附逸文一卷、公孫龍子一卷)

370000－1587－0002651　5076

淵鑑齋御纂朱子全書六十六卷　（清）李光地等撰　清刻本　十六冊　存三十五卷(一至五、七至九、十二至十三、十八至二十、二十五至三十二、四十三至五十六)

370000－1587－0002652　4160

元亨療馬集大全六卷附圖像水黄牛經大全二卷　（明）喻本元撰　清刻本　四冊

370000－1587－0002653　954

元聖姬氏支譜不分卷　（清）東野氏修　清刻民國八年(1919)補刻本　二冊

370000－1587－0002654　1123

元詩選不分卷　（清）顧嗣立輯　清刻本　二

冊　存二冊(庚集一冊、壬集一冊)

370000－1587－0002655　4145

元始天尊說三元大帝尊經不分卷　（□）□□撰　清刻朱墨套印本　一冊

370000－1587－0002656　2878

元文類七十卷目錄三卷　（元）蘇天爵編　清光緒十五年(1889)江蘇書局刻本　十冊

370000－1587－0002657　X－146

元宰必讀書（文帝勸孝文一卷文昌惜字文一卷）　（□）□□輯　清刻本　一冊

370000－1587－0002658　2943

袁文箋正十六卷　（清）袁枚撰　（清）石韞玉箋　清刻本　二冊　存八卷(一至四、十三至十六)

370000－1587－0002659　3684

原富部甲不分卷　（英國）斯密亞丹撰　清光緒二十八年(1902)南洋公學鉛印本　一冊

370000－1587－0002660　2227

圓津禪院小志六卷　（清）釋覺銘編　清光緒刻本　二冊

370000－1587－0002661　5206

遠西奇器圖說錄最三卷　（德國）鄧玉函口授　（明）王徵譯繪　清刻守山閣叢書本　二冊

370000－1587－0002662　2189

遠明文集六卷　朱士煥撰　清刻本　一冊

370000－1587－0002663　2190

遠明文集六卷　朱士煥撰　清刻本　一冊

370000－1587－0002664　3005

約章分類輯要三十八卷　蔡乃煌纂　清刻本　十五冊　存十九卷(二十至三十八)

370000－1587－0002665　1287

約章分類輯要三十八卷　蔡乃煌纂　清光緒二十六年(1900)湖南商務局刻本　八冊　存九卷(一至九)

370000－1587－0002666　2985

月令粹編二十四卷　（清）秦嘉謨編　清嘉慶

十七年(1812)刻本　八冊

370000－1587－0002667　336

岳忠武王文集八卷首一卷末一卷　(宋)岳飛撰　清刻本　一冊　存三卷(五至七)

370000－1587－0002668　3523

閱微草堂筆記二十四卷　(清)紀昀撰　清嘉慶五年(1800)刻本　八冊

370000－1587－0002669　2821

悅心集四卷　(清)世宗胤禛編　清排印本　二冊

370000－1587－0002670　2822

悅心集四卷　(清)世宗胤禛編　清排印本　二冊

370000－1587－0002671　2823

悅心集四卷　(清)世宗胤禛編　清排印本　二冊

370000－1587－0002672　2824

悅心集四卷　(清)世宗胤禛編　清排印本　二冊

370000－1587－0002673　2825

悅心集四卷　(清)世宗胤禛編　清排印本　二冊

370000－1587－0002674　2826

悅心集四卷　(清)世宗胤禛編　清排印本　二冊

370000－1587－0002675　2827

悅心集四卷　(清)世宗胤禛編　清排印本　二冊

370000－1587－0002676　2828

悅心集四卷　(清)世宗胤禛編　清排印本　二冊

370000－1587－0002677　5211

越史略三卷　(清)錢熙祚校　清刻守山閣叢書本　一冊

370000－1587－0002678　2859

粵雅堂叢書初編十集二編十集三編十集　(清)伍崇曜編　清咸豐三年(1853)刻本　四百冊

370000－1587－0002679　1978

欒城先生全集錄六卷　(清)儲欣錄　清光緒八年(1882)刻本　二冊

370000－1587－0002680　1050

樂圃集七卷補遺一卷　(清)顏光敏撰　清刻十子詩略本　一冊

370000－1587－0002681　1826

樂志補遺一卷　(清)畢永章音注　清宣統三年(1911)石印本　一冊

370000－1587－0002682　1827

樂志補遺一卷　(清)畢永章音注　清宣統三年(1911)石印本　一冊

370000－1587－0002683　1828

樂志補遺一卷　(清)畢永章音注　清宣統三年(1911)石印本　一冊

370000－1587－0002684　1829

樂志補遺一卷　(清)畢永章音注　清宣統三年(1911)石印本　一冊

370000－1587－0002685　1830

樂志補遺一卷　(清)畢永章音注　清宣統三年(1911)石印本　一冊

370000－1587－0002686　1831

樂志補遺一卷　(清)畢永章音注　清宣統三年(1911)石印本　一冊

370000－1587－0002687　1832

樂志補遺一卷　(清)畢永章音注　清宣統三年(1911)石印本　一冊

370000－1587－0002688　1833

樂志補遺一卷　(清)畢永章音注　清宣統三年(1911)石印本　一冊

370000－1587－0002689　1834

樂志補遺一卷　(清)畢永章音注　清宣統三年(1911)石印本　一冊

370000－1587－0002690　1835

樂志補遺一卷　（清）畢永章音注　清宣統三年(1911)石印本　一册

370000－1587－0002691　1836

樂志補遺一卷　（清）畢永章音注　清宣統三年(1911)石印本　一册

370000－1587－0002692　1837

樂志補遺一卷　（清）畢永章音注　清宣統三年(1911)石印本　一册

370000－1587－0002693　1838

樂志補遺一卷　（清）畢永章音注　清宣統三年(1911)石印本　一册

370000－1587－0002694　1839

樂志補遺一卷　（清）畢永章音注　清宣統三年(1911)石印本　一册

370000－1587－0002695　1840

樂志補遺一卷　（清）畢永章音注　清宣統三年(1911)石印本　一册

370000－1587－0002696　1841

樂志補遺一卷　（清）畢永章音注　清宣統三年(1911)石印本　一册

370000－1587－0002697　1842

樂志補遺一卷　（清）畢永章音注　清宣統三年(1911)石印本　一册

370000－1587－0002698　1843

雲海樓詩稿四卷　（清）王治模撰　清光緒刻本　二册

370000－1587－0002699　2904

雲海樓詩稿四卷　（清）王治模撰　清光緒刻本　二册

370000－1587－0002700　3457

雲樵詩箋四卷　（清）吳芳培撰　清刻本　一册　存二卷(一至二)

370000－1587－0002701　3180

雲水集不分卷　（清）高仁峒撰　清光緒十一年(1885)任城高仁峒北京白雲觀刻本　二册

370000－1587－0002702　5406

芸窗課[存]一卷　（□）□□等撰　清抄本　一册

370000－1587－0002703　3900

韞山堂時文全集　（清）管世銘撰　清咸豐七年(1857)刻本　七册　存三集(初集、二集、三集)

370000－1587－0002704　363

新註韻對千家詩詳解四卷　（清）王相選注　清濟寧泰和堂筆莊刻本　一册

370000－1587－0002705　X－257

韻對註千家詩四卷　（明）王相選註　（明）任福佑重輯　清刻本　二册

370000－1587－0002706　3518

韻幅二卷　（清）劉論秀注　清嘉慶十年(1805)瀣源書院刻本　二册

370000－1587－0002707　2854

韻府約編十六卷　（清）鄧愷輯　清刻本　十六册

370000－1587－0002708　2868

韻海大全角山樓類腋不分卷　（清）姚培謙輯　清刻本　六册

370000－1587－0002709　X－355

韻蘭集賦鈔六卷　（清）陸雲槎輯選　清刻本　三册

370000－1587－0002710　4694

韻蘭集賦鈔六卷　（清）陸雲槎輯選　清刻本　六册

370000－1587－0002711　X－142

韻略易通二卷　（清）吳允中校　清刻本　一册　存一卷(上)

370000－1587－0002712　3492

韻香閣詩草一卷　（清）孔祥淑撰　清光緒十二年(1886)刻本　一册

370000－1587－0002713　5083

韻香閣詩草一卷　（清）孔祥淑撰　清光緒十三年(1887)石印本　一册

370000－1587－0002714　5084

韻香閣詩草一卷　(清)孔祥淑撰　清光緒十三年(1887)石印本　一冊

370000－1587－0002715　5085

韻香閣詩草一卷　(清)孔祥淑撰　清光緒十二年(1886)刻本　一冊

370000－1587－0002716　5086

韻香閣詩草一卷　(清)孔祥淑撰　清光緒十二年(1886)刻本　一冊

370000－1587－0002717　5087

韻香閣詩草一卷　(清)孔祥淑撰　清光緒十二年(1886)刻本　一冊

370000－1587－0002718　3425

韻學全書十四卷　(明)王世貞增校　(清)蔣先庚重訂　清刻本　七冊

370000－1587－0002719　351

韻玉定本□□卷　(□)□□撰　清刻本　一冊　存□卷(二至四)

370000－1587－0002720　X－134

雜病治例不分卷　(明)劉純編輯　清刻本　一冊

370000－1587－0002721　3901

災賑日記十五卷　(清)柳堂撰　清光緒三十一年(1905)河南扶溝柳堂山東樂陵刻本　二冊

370000－1587－0002722　3909

宰惠紀略五卷　(清)柳堂撰　清光緒二十七年(1901)河南扶溝柳堂刻本　二冊

370000－1587－0002723　5502

再生緣全傳二十卷　(清)陳端生撰　清刻本　十冊　存八卷(二至四、六、九至十、十二、十八)

370000－1587－0002724　40－1

棗槐軒印譜不分卷　(清)□□篆　清鈐印本　四冊

370000－1587－0002725　3126

增補遵生八牋十九卷　(明)高濂撰　(明)鍾惺較閱　清道光十二年(1832)刻本　二十冊　存十六卷(一至五、九至十九)

370000－1587－0002726　2055

增補二論典故最豁集四卷　(清)劉鍾美輯　(清)安敬五鑒定　清三義堂刻本　二冊

370000－1587－0002727　5407

增補紅樓夢四十八回　(清)娜嬛山樵撰　清刻本　七冊　存二十九回(四至三十二)

370000－1587－0002728　5509

增補千家詩四卷　(宋)謝枋得撰　(清)王相注　**笠翁對韻二卷**　(清)李漁撰　清刻本　一冊　存三卷(增補千家詩三至四、笠翁對韻下)

370000－1587－0002729　4436

增補詩經備旨真本十二卷　(清)仇滄柱鑒定　清乾隆三十年(1765)文盛堂刻本　六冊

370000－1587－0002730　3372－1

增補詩句題解彙編二十二卷　(清)陳維屏等編　清刻本　十五冊　存十五卷(二、五、七至九、十二至十三、十五至二十二)

370000－1587－0002731　3372－2

增補詩句題解彙編二十二卷　(清)陳維屏等編　清刻本　七冊　存七卷(九、十二至十七)

370000－1587－0002732　5396

增補事類捷録十五卷　(明)鄧志謨撰　(明)張溥較　(明)項煜訂　清刻本　一冊　存四卷(一至四)

370000－1587－0002733　2740

增補事類統編九十三卷　(清)王鳳喈撰注　(清)黃葆真增輯　清道光二十六年(1846)刻本　四十八冊

370000－1587－0002734　887

增補事類統編九十三卷　(清)王鳳喈撰注　(清)黃葆真增輯　清光緒十四年(1888)上海積山書局石印本　六冊　存四十六卷(一至十七、二十三至四十二、七十六至八十四)

370000 – 1587 – 0002735　1265

增補事類統編九十三卷　（清）王鳳喈撰注
（清）黃葆真增輯　清刻本　三十九冊　存七
十一卷(一至十七、十九至三十九、四十四、五
十六至五十九、六十三至六十五、六十九至九
十三)

370000 – 1587 – 0002736　1272

增補事類統編九十三卷　（清）王鳳喈撰注
（清）黃葆真增輯　清刻本　八冊　存十七卷
(四十至四十三、四十六至五十五、六十六至
六十八)

370000 – 1587 – 0002737　4767

增補事類統編九十三卷　（清）王鳳喈撰注
（清）黃葆真增輯　清刻本　二十四冊　存四
十九卷(三十至七十八)

370000 – 1587 – 0002738　4927

增補事類統編九十三卷　（清）王鳳喈撰注
（清）黃葆真增輯　清刻本　一冊　存三卷
(六十至六十二)

370000 – 1587 – 0002739　1898

增補四書備旨靈捷解不分卷　（清）張素存撰
　清刻本　六冊

370000 – 1587 – 0002740　2675

廣增四書典腴二十卷　（清）□□編　清道光
二十三年(1843)刻本　六冊

370000 – 1587 – 0002741　4581

增補四書精繡圖像人物備考十二卷　（明）薛
應旂彙輯　（明）陳仁錫增定　清乾隆二十一
年(1756)文錦堂刻本　七冊　存九卷(一至
六、八、十一至十二)

370000 – 1587 – 0002742　1943

增補四書精繡圖像人物備考十二卷　（明）薛
應旂彙輯　（明）陳仁錫增定　清道光八年
(1828)刻本　六冊

370000 – 1587 – 0002743　845

增補隨園詩話十六卷　（清）袁枚撰　清道光
二十四年(1844)刻本　五冊

370000 – 1587 – 0002744　3896

增補象吉備要通書大全二十九卷　（清）魏鑒
纂輯　清校經山房文瑞樓石印本　十六冊

370000 – 1587 – 0002745　4245

增廣玉匣記通書六卷　（晉）許遜等撰　清刻
本　一冊　存一卷(二)

370000 – 1587 – 0002746　X – 48

增補諸家選擇萬全玉匣記一卷　（清）劉誠印
編　清光緒刻本　一冊

370000 – 1587 – 0002747　2862

增訂錦字箋四卷　（清）黃澐撰　清聚錦堂刻
本　六冊

370000 – 1587 – 0002748　3526

增訂臨文便覽□□卷　（清）張啟泰輯　清刻
本　一冊

370000 – 1587 – 0002749　983

增訂臨文便覽□□卷　（清）張啟泰輯　清光
緒二年(1876)刻本　三冊

370000 – 1587 – 0002750　3252

增訂銅板詩韻集成十卷　（清）余照輯　清光
緒二年(1876)聚錦旭記刻本　四冊

370000 – 1587 – 0002751　3254

增訂銅板詩韻集成十卷　（清）余照輯　清同
治五年(1866)刻本　四冊

370000 – 1587 – 0002752　4859

增訂本草備要四卷　（清）汪昂撰　清刻本
一冊　存一卷(四)

370000 – 1587 – 0002753　4589

增訂二論詳解四卷　（清）劉忠輯　清刻本
一冊　存二卷(一至二)

370000 – 1587 – 0002754　2627

增訂古文釋義八卷　（清）余誠評注　清光緒
十二年(1886)京都老二酉堂刻本　八冊

370000 – 1587 – 0002755　4732

增訂古文釋義八卷　（清）余誠評注　清嘉慶
三年(1798)文和堂刻本　一冊

370000 – 1587 – 0002756　4730

重訂古文釋義新編八卷　（清）余誠評注　清刻本　三冊　存三卷(四至六)

370000 – 1587 – 0002757　4842

重訂古文釋義新編八卷　（清）余誠評注　清宣統三年(1911)上海書局石印本　八冊

370000 – 1587 – 0002758　X – 18

增訂張太史稿不分卷　（清）張江撰　（清）王步青選　清刻本　四冊　存四卷(上論、下論、中庸、上孟)

370000 – 1587 – 0002759　3198

增廣留青新集二十四卷　（清）陳枚輯　清光緒二十五年(1899)石印本　十冊　存十九卷(一至八、十三至二十三)

370000 – 1587 – 0002760　3118

增廣試律大觀三十二卷　（清）補蠹書屋主人輯　清榴紅書屋刻本　十二冊

370000 – 1587 – 0002761　696

增廣達生編一卷　（清）亟齋居士撰　清同治十三年(1874)刻本　一冊

370000 – 1587 – 0002762　711

增廣大生要旨五卷　（清）唐千頃撰　清刻本　一冊

370000 – 1587 – 0002763　724

增廣大生要旨六卷(婦嬰至寶六卷)　（清）亟齋居士輯　清光緒二十年(1894)文林書局石印本　一冊

370000 – 1587 – 0002764　938

增廣尚友錄統編二十二卷　（清）應祖錫編輯　清光緒二十八年(1902)石印本　四冊　存六卷(一、三至四、十三至十五)

370000 – 1587 – 0002765　369

增廣尚友錄統編二十二卷　（清）應祖錫編輯　清刻本　一冊　存二卷(三至四)

370000 – 1587 – 0002766　X – 369

增廣四體字法四卷　（清）丁庚輯述　清嘉慶十六年(1811)刻本　二冊　存二卷(楷書字法、篆書字法)

370000 – 1587 – 0002767　2659

增批古文觀止十二卷　（清）吳乘權等選編　清末民初石印本　六冊

370000 – 1587 – 0002768　2660

增批古文觀止十二卷　（清）吳乘權等選編　清光緒二十七年(1901)浙紹墨潤堂石印本　五冊　存十卷(一至十)

370000 – 1587 – 0002769　2664

增批古文觀止十二卷　（清）吳乘權等選編　清末民初上海鴻寶齋石印本　一冊　存二卷(三至四)

370000 – 1587 – 0002770　4464 – 1

增批古文觀止十二卷　（清）吳乘權等選編　清書業德記刻本　四冊　存四卷(一至二、四、六)

370000　1587 – 0002771　3768

繪圖增批古文觀止十二卷　（清）吳乘權等選編　清宣統元年(1909)石印本　五冊

370000 – 1587 – 0002772　4267

增批輯註東萊博議四卷　（宋）呂祖謙撰　清刻本　一冊

370000 – 1587 – 0002773　4846

增評補圖石頭記一百二十卷　（清）曹霑撰（清）高鶚續撰　（清）王希廉評　（清）大某山民評　清刻本　十六冊

370000 – 1587 – 0002774　4847

增評補圖石頭記一百二十卷　（清）曹霑撰（清）高鶚續撰　（清）王希廉評　（清）大某山民評　清刻本　八冊　存六十三卷(三十八至四十五、六十六至一百二十)

370000 – 1587 – 0002775　4845

增評補像全圖足本紅樓夢一百二十回　（清）曹霑撰　（清）高鶚續撰　清刻本　八冊　存六十四回(五十七至一百二十)

370000 – 1587 – 0002776　4851

增評補像全圖金玉緣一百二十回　（清）曹霑

撰 （清）高鶚續撰　清刻本　七冊　存五十
二回（四十五至五十二、七十七至一百二十）

370000－1587－0002777　5443

增刪卜易□□卷　（清）丁耀亢撰　清刻本
一冊　存一卷（三）

370000－1587－0002778　X－176

增刪卜易□□卷　（清）丁耀亢撰　清刻本
一冊　存一卷（三）

370000－1587－0002779　3406

增删韻府羣玉定本二十卷　（元）陰時夫輯
（元）陰中夫注　清刻本　七冊　存十四卷
（一至二、五至十四、十九至二十）

370000－1587－0002780　962

增像全圖加批西遊記一百回　（清）陳士斌詮
解　清石印本　十一冊　存九十四回（七至
一百）

370000－1587－0002781　4721－2

增像全圖三國演義六十卷一百二十回　（明）
羅貫中撰　清末民初上海中原書局印本　一
冊　存一卷（十五）

370000－1587－0002782　5514

增註青雲集詩選四卷　（清）楊逢春等輯　清
刻本　一冊　存二卷（三至四）

370000－1587－0002783　5037

增註寫信必讀十卷　（清）唐芸洲撰　清光緒
三十二年（1906）上海商務印書館鉛印本　一
冊　存二卷（一至二）

370000－1587－0002784　X－360

增註寫信必讀十卷　（清）唐芸洲撰　清光緒
三十二年（1906）刻本　一冊　存二卷（一至
二）

370000－1587－0002785　X－147

占課本一卷　（□）□□撰　清抄本　一冊

370000－1587－0002786　2903

戰國策去毒二卷　（清）陸隴其評選　清同治
九年（1870）刻本　二冊

370000－1587－0002787　3154

張忠敏公遺集十卷附錄六卷　（明）張國維撰
清光緒五年（1879）江蘇書局刻本　六冊

370000－1587－0002788　231

張氏醫通十六卷　（清）張璐撰　清三元堂刻
本　二十冊

370000－1587－0002789　2802

楊園張先生全集二十六卷　（清）張履祥撰
清同治九年（1870）山東尚志堂刻本　六冊

370000－1587－0002790　2787

張楊園先生全集五十卷　（清）張履祥撰
（清）姚璉原輯　（清）萬斛泉編次　清刻本
二十冊

370000－1587－0002791　302

張子全書十五卷　（宋）張載撰　清刻本　三
冊　存五卷（十一至十五）

370000－1587－0002792　5579

［乾隆］彰德府志二十四卷首一卷　（清）黃邦
寧修　清乾隆三十五年（1770）刻本　四冊
存七卷（一至二、十四至十七，首一卷）

370000－1587－0002793　3014

長文襄公自定年譜四卷　（清）長齡撰　清道
光二十一年（1841）刻本　四冊

370000－1587－0002794　5294

掌錄二卷　（清）陳祖範撰　清光緒廣雅書局
刻本　一冊

370000－1587－0002795　2939

昭代叢書乙集四十卷　（清）張潮輯　清刻本
十六冊

370000－1587－0002796　2838

昭代叢書甲集五十卷昭代叢書乙集四十卷
（清）張潮輯　清刻本　十六冊　存五十卷
（甲集十一至五十、乙集一至十）

370000－1587－0002797　2736

文選六十卷　（南朝梁）蕭統撰　（唐）李善注
附考異十卷　（清）胡克家撰　清嘉慶十四
年（1809）胡克家刻本　二十四冊

370000－1587－0002798　5187

昭明文選不分卷 （南朝梁）蕭統撰 清抄本
（佚名朱筆圈點） 一冊

370000－1587－0002799 2882

昭義新編□□卷 （朝鮮）□□撰 清刻本
三冊 存八卷（一至八）

370000－1587－0002800 5236

守山閣叢書 （清）錢熙祚輯 清刻本 二冊
存二種十四卷（昭忠錄一卷、九國志十二卷
附拾遺一卷）

370000－1587－0002801 776

兆註千字文六卷 （清）兆蘭撰 清石印本
六冊

370000－1587－0002802 881－2

折獄便覽一卷 （清）明善鑒正 清道光三十
年(1850)刻本 一冊

370000－1587－0002803 5242

折獄龜鑑八卷 （宋）鄭克撰 （清）錢熙祚校
清刻守山閣叢書本 一冊

370000－1587－0002804 254

張氏醫書七種 （清）張璐 （清）張登撰 清
刻本 十五冊 存六種十一卷（診宗三昧一
卷、傷寒緒論三卷、傷寒纘論二卷、本經逢原
二至四、傷寒舌鑒一卷、傷寒兼證析義一卷）

370000－1587－0002805 591

貞壽堂贈言一卷 （清）蘇源生輯 清刻本
一冊

370000－1587－0002806 613

真本改良繪圖幼學故事瓊林四卷首一卷
（清）程允升撰 清末民初石印本 一冊

370000－1587－0002807 716

鍼灸便用圖考不分卷 （清）蘇元箴輯 清刻
本 一冊

370000－1587－0002808 3202

震川先生全集三十卷別集十卷 （明）歸有光
撰 清刻本 六冊

370000－1587－0002809 3707

征剿紀略四卷附十陣圖一卷 （清）尹嘉賓撰

清刻本 五冊

370000－1587－0002810 X－106

正字通十二集 （明）張自烈撰 清刻本 一
冊 存一集(卯集下)

370000－1587－0002811 X－229

正字通十二集 （明）張自烈撰 清刻本 二
十七冊 存十二集(子集上、丑集中下、寅集、
卯集上中、辰集、巳集上、午集上下、未集、申
集中下、酉集上、戌集、亥集)

370000－1587－0002812 3006

政學合一集 （清）許三禮撰 清刻本 十
二冊

370000－1587－0002813 2810

鄭氏通志二百卷 （宋）鄭樵撰 欽定通志考
證三卷 （清）弘晝等纂 杜氏通典二百卷
（唐）杜佑撰 欽定通典考證不分卷 （清）弘
晝等纂 馬氏文獻通考三百四十八卷 （元）
馬端臨撰 欽定通考考證三卷 （清）弘晝等
纂 清光緒二十七年(1901)上海圖書集成局
石印本 一百二十冊 缺四卷(馬氏文獻通
考一至四)

370000－1587－0002814 2989

知不足齋叢書三十集 （清）鮑廷博輯 （清）
鮑志祖續輯 清乾隆至道光間長塘鮑氏刻本
二百四十八冊 存二十九集(一至十四、十
六至三十)

370000－1587－0002815 1877

知不足齋叢書三十集 （清）鮑廷博輯 （清）
鮑志祖續輯 清乾隆至道光間長塘鮑氏刻本
一冊 存二種八卷(伯牙琴一卷、洞霄詩集
一至七)

370000－1587－0002816 2051

知不足齋叢書三十集 （清）鮑廷博輯 （清）
鮑志祖續輯 清乾隆至道光間長塘鮑氏刻本
八冊 存三種二十四卷(論語集解義疏十
卷、離騷草木疏四卷、遊宦紀聞十卷)

370000－1587－0002817 3688

知非錄一卷 （清）孔昭傑撰 （清）孔憲階等

注　清咸豐二年(1852)刻本　一冊

370000－1587－0002818　783

知味軒稟言四卷　(清)陳毓靈撰　清道光二十三年(1843)刻本　五冊

370000－1587－0002819　4657

知味軒啟事四卷　(清)陳毓靈撰　清道光二十三年(1843)刻本　五冊

370000－1587－0002820　3555

知止堂文集十三卷續集六卷外集六卷飛鴻集四卷飛鴻餘集一卷秋聲辭一卷飛鴻文一卷　(清)黃恩彤撰　清光緒六年(1880)寧陽黃氏家刻本　六冊

370000－1587－0002821　337

織錦回文詩一卷　(晉)蘇蕙撰　清刻本　一冊

370000－1587－0002822　1734

直省釋奠禮樂記六卷首一卷末一卷　(清)應寶時等輯　清刻本　四冊

370000－1587－0002823　4909

直省鄉墨鴻裁不分卷　(清)顧遜之輯　清咸豐金陵同文堂刻本　一冊

370000－1587－0002824　X－306

直省鄉墨不分卷　(清)周燧等撰　清刻本　一冊　存一卷(十八)

370000－1587－0002825　X－132

直省鄉墨崇真不分卷　(清)吳紱等撰　清刻本　一冊　存一卷(二十八)

370000－1587－0002826　X－302

直省鄉墨大觀一卷　(清)彭騰蛟等撰　清刻本　一冊

370000－1587－0002827　371

直省鄉墨精銳不分卷　(清)何兆蓮等撰　清道光十二年(1832)刻本　三冊

370000－1587－0002828　X－326

直省鄉墨正機不分卷　(清)吳家楣輯　清咸豐八年(1858)文聚堂刻本　一冊

370000－1587－0002829　267

直省新墨約選□□卷　(清)高毓彤等撰　清光緒二十九年(1903)北洋官報局鉛印本　三冊　存三卷(史論一、三至四)

370000－1587－0002830　2937

直齋書録解題二十二卷　(宋)陳振孫撰　清光緒九年(1883)江蘇書局刻本　六冊

370000－1587－0002831　1111

雅雨堂藏書一百四十八卷　(清)盧見曾輯　清乾隆二十一年(1756)德州盧見曾刻本　六冊　存四種四十卷(唐摭言十五卷、文昌雜録六卷補遺一卷、匡謬正俗八卷、封氏聞見記十卷)

370000－1587－0002832　5241

職方外紀五卷首一卷　(意大利)艾儒略撰　(清)錢熙祚校　清刻守山閣叢書本　一冊

370000－1587－0002833　2282

止園筆談八卷　(清)史夢蘭撰　清光緒四年(1878)刻本　四冊

370000－1587－0002834　875

制義類編二十卷　(清)周永年評選　清刻本　一冊　存一卷(十五)

370000－1587－0002835　4061

制藝娜嬛不分卷制藝娜嬛補編不分卷　(清)馬邦玉等撰　清刻本　十五冊

370000－1587－0002836　1288

中俄約章會要三卷續編一卷　(清)總理各國事務衙門編　清光緒八年(1882)鉛印本　四冊

370000－1587－0002837　X－173

中國電報新編不分卷　(清)電報局編　清光緒七年(1881)刻本　一冊

370000－1587－0002838　3070

中山白雲詞八卷　(宋)張炎撰　清光緒九年(1883)知不足齋刻本　二冊

370000－1587－0002839　4631

中外交涉類要表一卷光緒通商綜覈表一卷

（清）戶部北檔房陝西司纂　清刻本　一冊

370000－1587－0002840　622
中晚唐詩叩彈集十二卷　（清）杜詔　（清）杜庭珠輯　清刻本　四冊

370000－1587－0002841　4987
中晚唐詩叩彈集十二卷　（清）杜詔　（清）杜庭珠輯　清刻本　一冊　存三卷（一至三）

370000－1587－0002842　578
中晚唐詩叩彈集十二卷　（清）杜詔　（清）杜庭珠輯　清刻本　四冊　存九卷（四至十二）

370000－1587－0002843　858
十種唐詩選十七卷　（清）王士禎選　清刻王漁洋遺書本　一冊　存三種三卷（中興間氣集一卷、國秀集選一卷、篋中集選一卷）

370000－1587－0002844　5544
中庸一卷　（宋）朱熹章句　清書業德刻本（佚名朱筆批點）　一冊

370000－1587－0002845　X－174
中庸一卷　（宋）朱熹章句　清三樂齋刻本　一冊

370000－1587－0002846　1427
中庸衍義十七卷　（明）夏良勝撰　清同治十年（1871）刻本　十二冊

370000－1587－0002847　1911
中庸直講三卷首一卷　（清）吉雒灘注　清刻本　三冊

370000－1587－0002848　1190
中州簡明同官錄一卷　（清）開封府文案校輯　清光緒二十五年（1899）刻本　一冊

370000－1587－0002849　1191
中州簡明同官錄一卷　（清）開封府文案校輯　清光緒三十年（1904）刻本　一冊

370000－1587－0002850　1192
中州簡明同官錄一卷　（清）開封府文案校輯　清光緒二十四年（1898）刻本　一冊

370000－1587－0002851　1193

中州簡明同官錄不分卷　（清）開封府文案校輯　清宣統元年（1909）河南官紙刷印所石印本　二冊

370000－1587－0002852　1194
中州簡明同官錄不分卷　（清）開封府文案校輯　清宣統元年（1909）河南官紙刷印所石印本　一冊

370000－1587－0002853　1184
中州同官錄四卷　（清）開封府文案校輯　清光緒二十九年（1903）刻本　四冊

370000－1587－0002854　1185
中州同官錄四卷　（清）開封府文案校輯　清光緒十四年（1888）刻本　四冊

370000－1587－0002855　1186
中州同官錄五卷　（清）開封府文案校輯　清光緒二十二年（1896）刻本　五冊

370000－1587　0002856　1187
中州同官錄□□卷　（清）開封府文案校輯　清光緒二十五年（1899）刻本　一冊　存一卷（二）

370000－1587－0002857　1188
中州同官錄□□卷　（清）開封府文案校輯　清光緒二十一年（1895）刻本　一冊　存一卷（三）

370000－1587－0002858　1189
中州同官錄□□卷　（清）開封府文案校輯　清光緒六年（1880）刻本　一冊　存一卷（三）

370000－1587－0002859　3613
中州課吏錄二卷　（清）張守炎參閱　清光緒石印本　三冊

370000－1587－0002860　3614
中州課吏錄二卷　（清）張守炎參閱　清光緒石印本　三冊

370000－1587－0002861　3615
中州課吏錄二卷　（清）張守炎參閱　清光緒石印本　三冊

370000－1587－0002862　3616

中州課吏録二卷 （清）張守炎參閱 清光緒
石印本 三冊

370000－1587－0002863 3617
中州課吏録二卷 （清）張守炎參閱 清光緒
石印本 三冊

370000－1587－0002864 3618
中州課吏録二卷 （清）張守炎參閱 清光緒
石印本 三冊

370000－1587－0002865 3619
中州課吏録二卷 （清）張守炎參閱 清光緒
石印本 二冊 存一卷(癸卯)

370000－1587－0002866 3620
中州課吏録二卷 （清）張守炎參閱 清光緒
石印本 一冊 存一卷(癸卯)

370000－1587－0002867 3165
中州課吏録二卷 （清）張守炎參閱 清光緒
石印本 二冊

370000－1587－0002868 3167
中州課吏録二卷 （清）張守炎參閱 清光緒
石印本 二冊

370000－1587－0002869 3168
中州課吏録二卷 （清）張守炎參閱 清光緒
石印本 一冊 存一卷(癸卯)

370000－1587－0002870 3044
中州名賢文表三十卷 （明）劉昌輯 清光緒
三十年(1904)鴻文書局石印本 六冊

370000－1587－0002871 263
忠雅堂文集三十卷 （清）蔣士銓撰 清刻本
十冊

370000－1587－0002872 3671
忠雅堂詩集二十七卷 （清）蔣士銓撰 清刻
本 二冊 存八卷(十二至十五、二十四至二
十七)

370000－1587－0002873 699
忠裕堂詩集十卷 （清）申涵盼撰 清道光二
十七年(1847)刻本 一冊 存三卷(一至三)

370000－1587－0002874 320
忠裕堂詩集十卷文集三卷 （清）申涵盼撰
清刻本 二冊 存三卷(詩集四至五、文集
三)

370000－1587－0002875 835
種痘新書十二卷 （清）張琰撰 清刻本
六冊

370000－1587－0002876 4072
種蘭小草自存□□卷 （清）陳文然撰 清光
緒十五年(1889)刻本 一冊 存一卷(一)

370000－1587－0002877 4235
種子全編一卷 （明）岳甫嘉撰 清刻本
一冊

370000－1587－0002878 4301
種子仙方一卷 （□）□□撰 清末民初上海
宏大善書局石印本 一冊

370000－1587－0002879 3173
重編金堯泉先生集八卷 （朝鮮）金憲基撰
清刻本 一冊 存二卷(一至二)

370000－1587－0002880 390
重訂事類賦三十卷 （宋）吳淑撰 廣事類賦
四十卷 （清）華希閔撰 清刻本 六冊 存
三十二卷(事類賦一至五、十一至十五、二十
至三十,廣事類賦十至十四、三十五至四十)

370000－1587－0002881 1006
重訂廣事類賦四十卷 （清）華希閔撰 清道
光七年(1827)刻本 八冊

370000－1587－0002882 3762
重訂七種古文選 （清）儲欣輯評 清乾隆四
十五年(1780)刻本 六冊 存一種十四卷
(左傳選十四卷)

370000－1587－0002883 4472
重訂七種古文選 （清）儲欣輯評 清乾隆四
十五年(1780)刻本 六冊 存二種十卷(史
記選一至六、西漢文選一至四)

370000－1587－0002884 3078
重訂七種古文選 （清）儲欣輯評 清刻本

十三冊　存三種(公穀選二卷、戰國策選不分卷、西漢文選四卷)

370000－1587－0002885　4424

重訂詩韻含英十八卷　(清)劉文蔚輯　清道光刻本　四冊

370000－1587－0002886　3890

重訂詩韻含英十八卷　(清)劉文蔚輯　清刻本(佚名批校)　二冊　存十六卷(一至十六)

370000－1587－0002887　3408

重訂詩韻含英十八卷　(清)劉文蔚輯　清刻本　四冊

370000－1587－0002888　3150

重訂王鳳洲先生綱鑑會纂四十六卷首一卷　(明)王世貞撰　清同治九年(1870)刻本　五冊　存九卷(三至十一)

370000－1587－0002889　3151

重訂王鳳洲先生綱鑑會纂四十六卷首一卷　(明)王世貞撰　**御撰通鑑綱目三編三十卷末一卷**　清光緒二十九年(1903)鍊石書局石印本　十二冊　存四十六卷(一至三十九、首一卷,御撰通鑑綱目三編一至六)

370000－1587－0002890　3393

重訂文選集評十五卷首一卷末一卷　(南朝梁)蕭統輯　(清)于光華編次　清同治十一年(1872)江蘇書局刻本　十四冊　存十五卷(一至七、十至十五,首一卷,末一卷)

370000－1587－0002891　3104

重訂文選集評十五卷首一卷末一卷　(南朝梁)蕭統輯　(清)于光華編次　清刻本　八冊　存八卷(一至七、首一卷)

370000－1587－0002892　3080

重訂文選集評十五卷首一卷末一卷　(南朝梁)蕭統輯　(清)于光華編次　清刻本　十六冊

370000－1587－0002893　372

重訂文選集評十五卷首一卷末一卷　(南朝梁)蕭統輯　(清)于光華編次　清刻本　十

二冊　存十一卷(一至五、七、十至十二、十五,首一卷)

370000－1587－0002894　2292

重訂空山堂詩志八卷　(清)牛運震撰　清刻本　四冊

370000－1587－0002895　1900

重訂唐詩合解箋注十二卷　(清)王堯衢撰　清刻本　四冊

370000－1587－0002896　2017－1

古唐詩合解十六卷　(清)王堯衢注　清刻本　一冊

370000－1587－0002897　2017－2

古唐詩合解十六卷　(清)王堯衢注　清刻本　一冊　存二卷(三至四)

370000－1587－0002898　1992

重訂唐詩三百首續選一卷　(清)于慶元等編　清道光二十三年(1843)刻本　一冊

370000－1587－0002899　X－167

重鐫玉皇本行集經註解三卷首一卷造物好生四字真經一卷　(□)□□撰　清刻本　一冊　存一卷(下)

370000－1587－0002900　4636

重鐫玉皇本行集經註解三卷首一卷造物好生四字真經一卷　(□)□□撰　清光緒二十年(1894)刻本　四冊

370000－1587－0002901　4637

重鐫玉皇本行集經註解三卷首一卷造物好生四字真經一卷　(□)□□撰　清光緒二十年(1894)刻本　四冊

370000－1587－0002902　4638

重鐫玉皇本行集經註解三卷首一卷造物好生四字真經一卷　(□)□□撰　清光緒二十年(1894)刻本　四冊

370000－1587－0002903　4639

重鐫玉皇本行集經註解三卷首一卷造物好生四字真經一卷　(□)□□撰　清光緒二十年(1894)刻本　四冊

370000－1587－0002904　4640

重鐫玉皇本行集經註解三卷首一卷造物好生四字真經一卷　（□）□□撰　清光緒二十年(1894)刻本　四冊

370000－1587－0002905　4641

重鐫玉皇本行集經註解三卷首一卷造物好生四字真經一卷　（□）□□撰　清光緒二十年(1894)刻本　四冊

370000－1587－0002906　4642

重鐫玉皇本行集經註解三卷首一卷造物好生四字真經一卷　（□）□□撰　清光緒二十年(1894)刻本　四冊

370000－1587－0002907　4643

重鐫玉皇本行集經註解三卷首一卷造物好生四字真經一卷　（□）□□撰　清光緒二十年(1894)刻本　四冊

370000－1587－0002908　4644

重鐫玉皇本行集經註解三卷首一卷造物好生四字真經一卷　（□）□□撰　清光緒二十年(1894)刻本　三冊　缺一卷(中)

370000－1587－0002909　4645

重鐫玉皇本行集經註解三卷首一卷造物好生四字真經一卷　（□）□□撰　清光緒二十年(1894)刻本　三冊　缺一卷(中)

370000－1587－0002910　5400

重鐫神峯張先生通考闢謬命理正宗大全六卷　（明）張楠撰　（明）杜春芳校　（明）郭子章發行　清大成齋刻本　一冊　存一卷(三)

370000－1587－0002911　915

重鐫四書遵注合講十九卷　（宋）朱熹集注（清）翁復編　清乾隆四十五年(1780)刻本　五冊　存四種十四卷(大學一卷、中庸一卷、論語一至五、孟子七卷)

370000－1587－0002912　915

重鐫四書遵注合講十九卷　（宋）朱熹集注（清）翁復編　清乾隆四十五年(1780)刻本　二冊　存一種五卷(孟子一至五)

370000－1587－0002913　5163

酌雅齋四書遵注合講十九卷　（宋）朱熹集注（清）翁復編　清酌雅齋刻本　二冊　存一種十卷(論語十卷)

370000－1587－0002914　2205

重鐫玉曆至寶鈔一卷　（□）□□撰　清光緒二十八年(1902)石印本　一冊

370000－1587－0002915　X－87

重刊巢氏諸病源候總論五十卷　（隋）巢元方撰　清光緒十二年(1886)湖北官書處刻本　一冊　存一卷(一)

370000－1587－0002916　1970

重刊許氏說文解字五音韻譜十二卷　（宋）李燾編　清刻本　四冊

370000－1587－0002917　X－362

重刊人子須知資孝地理心學統宗八卷　（明）徐善繼等註　清古吳文盛堂刻本　十四冊　缺一卷(三十二)

370000－1587－0002918　1469

附釋音春秋左傳注疏六十卷　（晉）杜預注（唐）陸德明音義　（唐）孔穎達疏　**校勘記六十卷**　（清）阮元撰　清嘉慶二十年(1815)江西南昌府學刻本　三十冊

370000－1587－0002919　1423

附釋音春秋左傳注疏六十卷　（晉）杜預注（唐）陸德明音義　（唐）孔穎達疏　**校勘記六十卷**　（清）阮元撰　清同治十二年(1873)江西書局刻本　三十二冊

370000－1587－0002920　1460

附釋音春秋左傳注疏六十卷　（晉）杜預注（唐）陸德明音義　（唐）孔穎達疏　**校勘記六十卷**　（清）阮元撰　清刻本　八冊　存十五卷(十六至三十)

370000－1587－0002921　1626－1

春秋左傳五十卷　（晉）杜預　（宋）林堯叟注釋　（唐）陸德明音譯　清五雲樓刻本　一冊　存五卷(四至八)

370000 – 1587 – 0002922　1626 – 2

春秋左傳五十卷　(晉)杜預　(宋)林堯叟注釋　(唐)陸德明音譯　清刻本　二冊　存七卷(七至十、二十一至二十三)

370000 – 1587 – 0002923　1642

爾雅注疏十卷　(晉)郭璞注　(宋)邢昺校訂　(□)□□音　校勘記十卷　(清)阮元撰　清道光六年(1826)江西南昌府學刻本　六冊

370000 – 1587 – 0002924　1471

監本附釋音公羊注疏二十八卷　(漢)何休撰　(唐)陸德明音義　(□)□□疏　校勘記二十八卷　(清)阮元撰　清嘉慶二十年(1815)江西南昌府學刻本　十冊

370000 – 1587 – 0002925　1422

監本附釋音公羊注疏二十八卷　(漢)何休撰　(唐)陸德明音義　(□)□□疏　校勘記二十八卷　(清)阮元撰　清同治十二年(1873)江西書局刻本　十冊

370000 – 1587 – 0002926　5577

春秋公羊傳注疏二十八卷　(漢)何休撰　(唐)陸德明音義　(□)□□疏　附考證一卷　清同治十年(1871)廣東書局刻本　八冊

370000 – 1587 – 0002927　1424

監本附音春秋穀梁注疏二十卷　(晉)范甯集解　(唐)陸德明音義　(唐)楊士勛疏　附校勘記二十卷　(清)阮元撰　清同治十二年(1873)江西書局刻本　六冊

370000 – 1587 – 0002928　1465

監本附音春秋穀梁注疏二十卷　(晉)范甯集解　(唐)陸德明音義　(唐)楊士勛疏　附校勘記二十卷　(清)阮元撰　清嘉慶二十年(1815)江西南昌府學刻本　六冊

370000 – 1587 – 0002929　1425

附釋音禮記注疏六十三卷　(漢)鄭玄注　(唐)陸德明音義　(唐)孔穎達疏　附校勘記六十三卷　(清)阮元撰　清同治十二年(1873)江西書局刻本　三十冊　存六十一卷(一至五十八、六十一至六十三)

370000 – 1587 – 0002930　1470

附釋音禮記注疏六十三卷　(漢)鄭玄注　(唐)陸德明音義　(唐)孔穎達疏　附校勘記六十三卷　(清)阮元撰　清嘉慶二十年(1815)江西南昌府學刻本　三十冊

370000 – 1587 – 0002931　1636 – 1

附釋音禮記注疏六十三卷　(漢)鄭玄注　(唐)陸德明音義　(唐)孔穎達疏　附校勘記六十三卷　(清)阮元撰　清刻本　二冊　存四卷(八至九、十六至十七)

370000 – 1587 – 0002932　1636 – 2

禮記注疏六十三卷　(漢)鄭玄注　(唐)陸德明音義　(唐)孔穎達疏　清刻本　一冊　存四卷(四十至四十三)

370000 – 1587 – 0002933　1420

附釋音毛詩注疏七十卷　(漢)毛亨傳　(漢)鄭玄箋　(唐)陸德明音義　(唐)孔穎達疏　校勘記七十卷　(清)阮元撰　清同治十二年(1873)江西書局刻本　二十三冊

370000 – 1587 – 0002934　1001

附釋音毛詩注疏七十卷　(漢)毛亨傳　(漢)鄭玄箋　(唐)陸德明音義　(唐)孔穎達疏　校勘記七十卷　(清)阮元撰　清嘉慶二十年(1815)江西南昌府學刻本　一冊　存五卷(二十至二十四)

370000 – 1587 – 0002935　1464 – 1

附釋音毛詩注疏七十卷　(漢)毛亨傳　(漢)鄭玄箋　(唐)陸德明音義　(唐)孔穎達疏　校勘記七十卷　(清)阮元撰　清嘉慶二十年(1815)江西南昌府學刻本　二十冊

370000 – 1587 – 0002936　1464 – 2

附釋音毛詩注疏七十卷　(漢)毛亨傳　(漢)鄭玄箋　(唐)陸德明音義　(唐)孔穎達疏　校勘記七十卷　(清)阮元撰　清嘉慶二十年(1815)江西南昌府學刻本　八冊　存八卷(八至十五)

370000 – 1587 – 0002937　1004

附釋音毛詩注疏七十卷　(漢)毛亨傳　(漢)

鄭玄箋　(唐)陸德明音義　(唐)孔穎達疏
校勘記七十卷　(清)阮元撰　清道光六年
(1826)江西南昌學府刻本　八册

370000－1587－0002938　1462
孟子注疏解經十四卷　(漢)趙岐注　(宋)孫奭
疏並撰音義　**附校勘記十四卷**　(清)阮元撰
清嘉慶二十年(1815)江西南昌府學刻本　八册

370000－1587－0002939　1426
附釋音尚書注疏二十卷　(漢)孔安國傳
(唐)陸德明音義　(唐)孔穎達疏　**校勘記二
十卷**　(清)阮元撰　清同治十二年(1873)江
西書局刻本　十册

370000－1587－0002940　1468－1
附釋音尚書注疏二十卷　(漢)孔安國傳
(唐)陸德明音義　(唐)孔穎達疏　**校勘記二
十卷**　(清)阮元撰　清嘉慶二十年(1815)江
西南昌府學刻本　八册

370000－1587－0002941　1468－2
附釋音尚書注疏二十卷　(漢)孔安國傳
(唐)陸德明音義　(唐)孔穎達疏　**校勘記二
十卷**　(清)阮元撰　清嘉慶二十年(1815)江
西南昌府學刻本　十册

370000－1587－0002942　1419
儀禮注疏五十卷　(漢)鄭玄注　(唐)陸德明
音義　(唐)賈公彥疏　**校勘記五十卷**　(清)
阮元撰　清同治十二年(1873)江西書局刻本
十六册

370000－1587－0002943　1467－1
儀禮注疏五十卷　(漢)鄭玄注　(唐)陸德明
音義　(唐)賈公彥疏　**校勘記五十卷**　(清)
阮元撰　清嘉慶二十年(1815)江西南昌府學
刻本　八册

370000－1587－0002944　1467－2
儀禮注疏五十卷　(漢)鄭玄注　(唐)陸德明
音義　(唐)賈公彥疏　**校勘記五十卷**　(清)
阮元撰　清嘉慶二十年(1815)江西南昌府學
刻本　九册

370000－1587－0002945　1421

附釋音周禮注疏四十二卷　(漢)鄭玄注
(唐)陸德明音義　(唐)賈公彥疏　**校勘記四
十二卷**　(清)阮元撰　清同治十二年(1873)
江西書局刻本　二十册

370000－1587－0002946　1472－1
附釋音周禮注疏四十二卷　(漢)鄭玄注
(唐)陸德明音義　(唐)賈公彥疏　**校勘記四
十二卷**　(清)阮元撰　清嘉慶二十年(1815)
江西南昌府學刻本　十三册　存二十八卷
(十五至四十二)

370000－1587－0002947　1472－2
附釋音周禮注疏四十二卷　(漢)鄭玄注
(唐)陸德明音義　(唐)賈公彥疏　**校勘記四
十二卷**　(清)阮元撰　清嘉慶二十年(1815)
江西南昌府學刻本　十六册

370000－1587－0002948　1466
周易兼義九卷音義一卷　(唐)陸德明撰　**音
義校勘記一卷**　(清)阮元撰　**釋文校勘記一
卷**　(清)阮元撰　清嘉慶二十年(1815)江西
南昌府學刻本　四册

370000－1587－0002949　5488
周易兼義九卷音義一卷　(唐)陸德明撰　**音
義校勘記一卷**　(清)阮元撰　**釋文校勘記一
卷**　(清)阮元撰　清同治十二年(1873)江西
書局刻本　十二册

370000－1587－0002950　5345
論語注疏解經二十卷　(三國魏)何晏集解
(宋)邢昺疏　**校勘記二十卷**　(清)阮元撰
清同治十二年(1873)江西書局刻本　六册

370000－1587－0002951　5573
周易注疏十三卷周易略例一卷附考證　(三
國魏)王弼　(晉)韓康伯注　(唐)陸德明音
義　(唐)孔穎達疏　**略例**　(三國魏)王弼撰
(唐)邢昺注　(唐)陸德明音義　清同治十
年(1871)廣東書局刻本　六册

370000－1587－0002952　X－54
周官講義不分卷　(清)陳新佐編　清抄本
三册

370000－1587－0002953　1649

周官講義不分卷　（清）陳新佐編　清刻本
一冊

370000－1587－0002954　965

重纂三遷志十卷首一卷　（清）孟廣均纂　清
光緒十三年(1887)山東書局刻本　六冊

370000－1587－0002955　966

重纂三遷志十卷首一卷　（清）孟廣均纂　清
光緒十三年(1887)山東書局刻本　六冊

370000－1587－0002956　967

重纂三遷志十卷首一卷　（清）孟廣均纂　清
光緒十三年(1887)山東書局刻本　六冊

370000－1587－0002957　968

重纂三遷志十卷首一卷　（清）孟廣均纂　清
光緒十三年(1887)山東書局刻本　六冊

370000－1587－0002958　1733

重纂三遷志十卷首一卷　（清）孟廣均纂　清
光緒十三年(1887)山東書局刻本　六冊

370000－1587－0002959　3299

[乾隆]州乘餘聞一卷　（清）宋彌撰　清光緒
十四年(1888)馬洪慶養知堂刻本　一冊

370000－1587－0002960　3300

[乾隆]州乘餘聞一卷　（清）宋彌撰　清光緒
十四年(1888)馬洪慶養知堂刻本　一冊

370000－1587－0002961　3281－1

周官精義十二卷　（清）連斗山撰　清刻本
三冊　存三卷(六、八、十一)

370000－1587－0002962　3281－2

周官精義十二卷　（清）連斗山撰　清刻本
三冊　存六卷(四至七、十至十一)

370000－1587－0002963　X－225

周官精義十二卷　（清）連斗山撰　清刻本
六冊

370000－1587－0002964　1641

重校古周禮六卷　（明）陳仁錫撰　清抄本
二冊　存五卷(一至五)

370000－1587－0002965　1409

周禮六卷　（漢）鄭玄注　（唐）陸德明音義

清刻本　六冊

370000－1587－0002966　1337

周禮六卷　（漢）鄭玄注　（唐）陸德明音義
校刊記一卷　（清）丁寶楨撰　清同治十一年
(1872)山東書局刻本　六冊

370000－1587－0002967　1453

周禮六卷　（漢）鄭玄注　（唐）陸德明音義
校刊記一卷　（清）丁寶楨撰　清同治十一年
(1872)山東書局刻本　六冊

370000－1587－0002968　1601

周禮六卷　（漢）鄭玄注　（唐）陸德明音義
校刊記一卷　（清）丁寶楨撰　清同治十一年
(1872)山東書局刻本　六冊

370000－1587－0002969　1479

周禮六卷　（漢）鄭玄注　（唐）陸德明音義
校刊記一卷　（清）丁寶楨撰　清同治十一年
(1872)山東書局刻本　六冊

370000－1587－0002970　1604

周易四卷　（宋）朱熹本義　**校刊記一卷**
（清）丁寶楨撰　清同治十一年(1872)山東書
局刻本　二冊

370000－1587－0002971　5525

周禮十二卷　（漢）鄭玄注　（唐）陸德明音義
清闕里孔氏敦本堂家塾刻本　一冊　存三
卷(十至十二)

370000－1587－0002972　X－135

周禮會通六卷　（漢）鄭玄註　（清）胡魁元纂
輯　清刻本　二冊　存二卷(三至四)

370000－1587－0002973　1648

周禮節訓六卷　（清）黃叔琳撰　清同治六年
(1867)刻本　一冊

370000－1587－0002974　5500

周禮節訓六卷　（清）黃叔琳撰　清刻本　一
冊　存三卷(四至六)

370000－1587－0002975　4996－2

周禮精華六卷　（清）陳龍標輯　清刻本　一
冊　存一卷(五)

370000－1587－0002976　5023

周禮精華六卷 （清）陳龍標輯 清光緒十八年（1892）東昌書業德刻本 六冊

370000－1587－0002977 4996－3

周禮精義六卷 （清）黃淦纂 清刻本 一冊 存二卷（一至二）

370000－1587－0002978 X－210

周官精義十二卷 （清）連斗山撰 清嘉慶二十二年（1817）刻本 五冊

370000－1587－0002979 X－186

周易本義四卷 （宋）朱熹撰 清刻本 一冊 存三卷（二至四）

370000－1587－0002980 X－246

周易本義四卷 （宋）朱熹撰 清刻本 二冊 存三卷（二至四）

370000－1587－0002981 4962

周易本義四卷 （宋）朱熹撰 清光緒二十年（1894）刻本 二冊

370000－1587－0002982 4978

周易本義四卷 （宋）朱熹撰 清光緒四年（1878）刻本 二冊

370000－1587－0002983 5112

周易本義四卷 （宋）朱熹撰 清光緒四年（1878）刻本 一冊 存一卷（一）

370000－1587－0002984 4979

周易本義四卷 （宋）朱熹撰 清同治四年（1865）聚盛堂刻本 二冊

370000－1587－0002985 4980

周易本義四卷 （宋）朱熹撰 清光緒三十一年（1905）刻本 二冊 存二卷（一至二）

370000－1587－0002986 4981

周易本義四卷 （宋）朱熹撰 清刻本 二冊

370000－1587－0002987 4982

周易本義四卷 （宋）朱熹撰 清光緒五年（1879）刻本 二冊

370000－1587－0002988 5111

周易本義四卷 （宋）朱熹撰 清光緒十年（1884）刻本 二冊

370000－1587－0002989 5116

周易本義四卷 （宋）朱熹撰 清刻本 三冊

370000－1587－0002990 5472

周易本義四卷 （宋）朱熹撰 清刻本 二冊 存三卷（一、三至四）

370000－1587－0002991 5118

周易本義四卷 （宋）朱熹撰 清鎮江文成堂刻本 二冊

370000－1587－0002992 X－290

周易本義四卷 （宋）朱熹撰 清刻本 一冊 存一卷（一）

370000－1587－0002993 X－321

周易本義四卷 （宋）朱熹撰 清道光二十年（1840）刻本 二冊

370000－1587－0002994 W010226

周易本義四卷 （宋）朱熹撰 清光緒二十二年（1896）文盛堂刻本 二冊

370000－1587－0002995 W010227

周易本義四卷 （宋）朱熹撰 清光緒十年（1884）刻本 二冊

370000－1587－0002996 W010228

周易本義四卷 （宋）朱熹撰 清刻本 二冊

370000－1587－0002997 1854

周易解九卷 （清）牛運震撰 清嘉慶濟寧李泳、李瑩、李澍刻本 二冊 存六卷（一至三、七至九）

370000－1587－0002998 1855

周易解九卷 （清）牛運震撰 清嘉慶濟寧李泳、李瑩、李澍刻本 二冊

370000－1587－0002999 1504

周易解九卷 （清）牛運震撰 清嘉慶濟寧李泳、李瑩、李澍刻本 三冊

370000－1587－0003000 4064

二十四孝弟圖詩合刊不分卷 （清）蕭培元撰 （清）李錫彤繪圖 清刻本 一冊

370000－1587－0003001　479

池上草堂筆記六卷　（清）梁恭辰撰　清刻本
七冊

370000－1587－0003002　893

重校繪圖三才略三卷　（清）蔣德鈞輯　清光
緒二十四年(1898)掃葉山房石印本　一冊

370000－1587－0003003　3907

周甲録六卷　（清）柳堂撰　清光緒三十一年
(1905)河南扶溝柳堂山東樂陵刻本　二冊

370000－1587－0003004　X－274

重校十三經不二字一卷　（清）李鴻藻輯　清
刻本　一冊

370000－1587－0003005　1306

重修名法指掌圖四卷　（清）徐灝撰　清同治
九年(1870)湖南藩署刻本　四冊

370000－1587－0003006　536

重學二十卷附圓錐曲線說三卷　（英國）胡威
立撰　（英國）艾約瑟譯　（清）李善蘭述　清
同治五年(1866)刻本　六冊

370000－1587－0003007　3073

**周易函書約存十八卷首三卷約註十八卷別集
十六卷卜法詳考□□卷**　（清）胡煦撰　清雍
正二年(1724)葆璞堂刻本　二十六冊　存五
十六卷(約存十八卷首三卷,別集十六卷,約
註一至三、六至十八,詳考一至二、四)

370000－1587－0003008　1529

周易函書約存十八卷　（清）胡煦撰　清刻本
一冊　存二卷(十四至十五)

370000－1587－0003009　1404

周易本義十二卷末一卷　（宋）朱熹撰　**音訓
二卷**　（宋）王莘叟撰　清光緒十九年(1893)
江南書局刻本　二冊

370000－1587－0003010　3696

抗希堂十六種　（清）方苞撰　清康熙至嘉慶
間桐城方氏抗希堂刻本　一冊　存二種二卷
(周官辨一卷、離騷經正義一卷)

370000－1587－0003011　5307

周人經說八卷　（清）王紹蘭撰　清刻功順堂

叢書本　一冊　存四卷(一至四)

370000－1587－0003012　5212

守山閣叢書　（清）錢熙祚輯　清刻本　三冊
存二種二十二卷(周易參同契考異一卷、古
文苑二十一卷附校勘記)

370000－1587－0003013　1531

周易讀本八卷末一卷　（清）鄭曉如編　清抄
本　二冊

370000－1587－0003014　3677

周易古本撰十二卷　（清）姜國伊撰　清朱墨
套印本　四冊

370000－1587－0003015　3791

周易說略四卷　（清）張爾岐撰　清乾隆二十
七年(1762)刻本　四冊

370000－1587－0003016　1509

周易說略四卷　（清）張爾岐撰　清嘉慶二年
(1797)刻本　四冊

370000－1587－0003017　5329

周易解故一卷　（清）丁晏撰　清光緒十九年
(1893)廣雅書局刻廣雅書局叢書本　一冊

370000－1587－0003018　1402

周易經傳八卷　（清）賀自荽編　清光緒九年
(1883)刻本　二冊

370000－1587－0003019　4935

周易經傳八卷　（清）賀自荽編　清光緒九年
(1883)江南書局刻本　三冊

370000－1587－0003020　1511

周易集解纂疏三十六卷首一卷　（清）李道平
撰　清刻本　六冊

370000－1587－0003021　1523

周易精義四卷首一卷　（清）黃淦緯纂　清嘉
慶十三年(1808)刻本　二冊

370000－1587－0003022　979

周易孔義集說二十卷　（清）沈起元撰　清光
緒八年(1882)刻本　八冊

370000－1587－0003023　1508

周易實事十五卷首一卷　(題)文嗣馨生子撰
清成都復真書局刻本　十二冊

370000 - 1587 - 0003024　1496
周易兼義九卷　(三國魏)王弼　(晉)韓康伯
注　(唐)孔穎達正義　清刻本　三冊

370000 - 1587 - 0003025　X - 333
周易演策課一卷　(□)□□撰　清抄本
一冊

370000 - 1587 - 0003026　1058
註釋名文約編□□卷　(□)□□撰　清刻本
一冊　存一種(下論)

370000 - 1587 - 0003027　X - 60
註釋名文約編□□卷　(□)□□撰　清刻本
一冊　存二種(中庸、上孟)

370000 - 1587 - 0003028　5376
註釋名文約編□□卷　(□)□□撰　清刻本
一冊　存一種(孟子)

370000 - 1587 - 0003029　X - 85
註釋名文約編□□卷　(□)□□撰　清刻本
一冊　存二種(下論、中庸)

370000 - 1587 - 0003030　1439
朱柏盧先生大學講義不分卷　(清)朱用純撰
清光緒二年(1876)江蘇書局刻本　一冊

370000 - 1587 - 0003031　1440
朱柏盧先生中庸講義不分卷　(清)朱用純撰
清光緒二年(1876)江蘇書局刻本　二冊

370000 - 1587 - 0003032　5274
周易要義十卷首一卷　(宋)魏了翁撰　清光
緒十二年(1886)江蘇書局刻五經要義本
四冊

370000 - 1587 - 0003033　2602
周易註畧□□卷　(清)劉一明撰　清刻本
三冊　存三卷(上經一至二、下經二)

370000 - 1587 - 0003034　1490
周易遵禮四卷首一卷　(□)□□撰　清道光
抄本　四冊

370000 - 1587 - 0003035　3016
朱春甫先生遺集四種　(清)朱錦撰　清咸豐
刻本　四冊

370000 - 1587 - 0003036　2777
朱文公類編全集　(宋)朱熹撰　清道光二十
年(1840)考亭書院刻本　四十八冊

370000 - 1587 - 0003037　2779
東坡集八十四卷目錄二卷　(宋)蘇軾撰　清
道光十二年(1832)眉州三蘇祠刻本　十九冊
　存三十八卷(一至十三、三十三至三十四、
五十八至八十)

370000 - 1587 - 0003038　3583
朱遠明徵君稷垣答問一卷　(清)朱士煥撰
清石印本　一冊

370000 - 1587 - 0003039　3585
朱遠明徵君稷垣答問一卷　(清)朱士煥撰
清石印本　一冊

370000 - 1587 - 0003040　3586
朱遠明徵君稷垣答問一卷　(清)朱士煥撰
清石印本　一冊

370000 - 1587 - 0003041　3587
朱遠明徵君稷垣答問一卷　(清)朱士煥撰
清石印本　一冊

370000 - 1587 - 0003042　3588
朱遠明徵君稷垣答問一卷　(清)朱士煥撰
清石印本　一冊

370000 - 1587 - 0003043　3589
朱遠明徵君稷垣答問一卷　(清)朱士煥撰
清石印本　一冊

370000 - 1587 - 0003044　3590
朱遠明徵君稷垣答問一卷　(清)朱士煥撰
清石印本　一冊

370000 - 1587 - 0003045　3591
朱遠明徵君稷垣答問一卷　(清)朱士煥撰
清石印本　一冊

370000 - 1587 - 0003046　3592
朱遠明徵君稷垣答問一卷　(清)朱士煥撰

清石印本　一冊

370000－1587－0003047　3593
朱遠明徵君稷垣答問一卷　（清）朱士煥撰
清石印本　一冊

370000－1587－0003048　3594
朱遠明徵君稷垣答問一卷　（清）朱士煥撰
清石印本　一冊

370000－1587－0003049　2778
朱子全集六十六卷　（清）李光地等撰　清刻
本　三十二冊

370000－1587－0003050　1983
朱子全書六十六卷　（清）李光地等撰　清刻
本　二十五冊

370000－1587－0003051　1473
儀禮經傳通解三十七卷　（宋）朱熹撰　**續二
十九卷**　（宋）黄幹　（宋）楊復撰　清乾隆十
八年（1753）刻本　四十冊

370000－1587－0003052　4478
朱子周易大全朱子周易本義啓蒙　（清）吴六
書重訂　清嘉慶七年（1802）敦化堂刻本　六
冊　存二種十七卷（周易經二卷、周易傳十四
卷首一卷）

370000－1587－0003053　361
硃評古文讀本六卷　（清）殳錫愷　（清）宋兆
斌評注　清刻朱墨套印本　五冊　存五卷
（一至四、六）

370000－1587－0003054　422
硃評古文闡秘□□卷　（□）□□評　清刻本
一冊　存一卷（五）

370000－1587－0003055　476
竹笑軒賦鈔初集一卷二集一卷　（清）朱駿聲
編著　清刻本　一冊　存一卷（初集下）

370000－1587－0003056　3535
注釋柏蘊皋先生全稿不分卷　（清）王瀛洲編
清刻本　五冊

370000－1587－0003057　413
注釋八銘塾鈔初集六卷二集六卷　（清）吴懋

政編　清同治九年（1870）榴紅書屋刻本　六
冊　存九卷（初集六卷，二集下論、中庸、下
孟）

370000－1587－0003058　3894
註釋寄嶽雲齋試帖四卷　（清）聶銑敏輯
（清）張學蘇箋　清光緒五年（1879）刻本
四冊

370000－1587－0003059　1099
篆字彙十二集　（清）佟世男輯　清刻本　十
二冊

370000－1587－0003060　4739
篆字彙十二集　（清）佟世男輯　清刻本　一
冊　存二集（西、亥）

370000－1587－0003061　3634
莊子章義五卷　（清）姚鼐撰　（清）陳用光校
録　清刻本　一冊　存三卷（一至三）

370000－1587－0003062　1488
莊子十卷　（戰國）莊周撰　（晉）郭象注
（清）畢公天校閲　清末民初上海文瑞樓石印
本　四冊

370000－1587－0003063　3733
**壯悔堂文集十卷附遺稿一卷四憶堂詩集六卷
附遺稿一卷**　（清）侯方域撰　清同治十三年
（1874）商邱侯氏刻本　八冊

370000－1587－0003064　3735
**壯悔堂文集十卷附遺稿一卷四憶堂詩集六卷
附遺稿一卷**　（清）侯方域撰　清同治十三年
（1874）商邱侯氏刻本　八冊

370000－1587－0003065　2193
壯悔堂文集十卷　（清）侯方域撰　清刻本
五冊

370000－1587－0003066　2194
壯悔堂文集遺稿一卷　（清）侯方域撰　清刻
本　一冊

370000－1587－0003067　4054
狀元閣女四書　（明）王相箋注　清光緒十一
年（1885）刻本　一冊　存二種二卷（女誡上、

内訓上）

370000 - 1587 - 0003068　2661

狀元閣印古文觀止十二卷　（清）吳乘權等編
清李光明莊朱墨套印本　五冊　存十卷
（一至六、九至十二）

370000 - 1587 - 0003069　2040

狀元禮記十卷　（元）陳澔集說　清乾隆四十
六年（1781）刻本　十冊

370000 - 1587 - 0003070　3354

拙園詩稿四卷　（清）顧之政撰　清道光刻本
一冊

370000 - 1587 - 0003071　5344

斲冰詞三卷　（清）孔繼涵撰　清刻微波榭遺
書本　一冊

370000 - 1587 - 0003072　2981

資治新二集二十卷　（清）李漁編　清刻本
十二冊　存十卷（一至十）

370000 - 1587 - 0003073　2804 - 1

資治通鑑綱目五十九卷　（宋）朱熹編纂　清
刻本　四十三冊　存三十九卷（一至二、四、
七至十四、十六至二十七、三十一至三十三、
三十七至三十九、四十一至四十三、四十五、
四十九、五十二至五十六）

370000 - 1587 - 0003074　5126

資治通鑑綱目前編二十五卷　（明）陳仁錫評
閱　清刻本　四冊　存十二卷（一至十二）

370000 - 1587 - 0003075　X - 323

子史輯要詩賦題解四卷　（清）胡本淵編輯
清乾隆六十年（1795）刻本　一冊　存二卷
（一至二）

370000 - 1587 - 0003076　X - 370

子史輯要詩賦題解續編四卷　（清）胡本淵編
輯　清刻本　一冊　存二卷（三至四）

370000 - 1587 - 0003077　303

子史輯要詩賦題解四卷　（清）胡本淵編輯
清刻本　二冊　存三卷（一至三）

370000 - 1587 - 0003078　2803

子書百家　（清）崇文書局輯　清光緒元年
（1875）湖北崇文書局刻本　四十四冊

370000 - 1587 - 0003079　2041

梓里文存不分卷　（清）那清安輯　清道光二
十九年（1849）刻本　八冊

370000 - 1587 - 0003080　581

紫釵記全譜二卷　（清）葉懷庭撰　清刻本
一冊　存一卷（下）

370000 - 1587 - 0003081　1432

字典四書讀本不分卷　（宋）朱熹撰　清光緒
九年（1883）刻本　一冊　存二種（大學、中
庸）

370000 - 1587 - 0003082　3402

字學舉隅不分卷　（清）龍啟瑞撰　清光緒二
十一年（1895）寶善書局石印本　一冊

370000 - 1587 - 0003083　1971

字學舉隅不分卷　（清）龍啟瑞撰　清光緒六
年（1880）刻本　一冊

370000 - 1587 - 0003084　1972

字學舉隅不分卷　（清）龍啟瑞撰　清光緒九
年（1883）刻本　一冊

370000 - 1587 - 0003085　5477

字學舉隅不分卷　（清）龍啟瑞撰　清光緒十
一年（1885）刻本　一冊

370000 - 1587 - 0003086　X - 295

字彙十二集首一卷末一卷　（明）梅膺祚撰
清刻本　九冊　存九集（子至卯、未至亥）

370000 - 1587 - 0003087　X - 361

字彙十二集首一卷末一卷　（明）梅膺祚撰
清刻本　一冊　存一集（未）

370000 - 1587 - 0003088　X - 6

字彙十二集首一卷末一卷　（明）梅膺祚撰
清刻本　十二冊

370000 - 1587 - 0003089　4592

字彙十二集首一卷末一卷　（明）梅膺祚撰
清刻本　三冊　存三集（子、丑、未）

370000－1587－0003090　3630

字彙十二集首一卷末一卷　（明）梅膺祚撰
清刻本　十三冊

370000－1587－0003091　3636

字彙十二集首一卷末一卷　（明）梅膺祚撰
清刻本　十四冊

370000－1587－0003092　3394

字彙十二集首一卷末一卷　（明）梅膺祚撰
清刻本　十四冊

370000－1587－0003093　4837

字彙十二集首一卷末一卷　（明）梅膺祚撰
清刻本　一冊

370000－1587－0003094　3072

字林考逸八卷補一卷　（晉）呂忱撰　（清）任
大椿輯　清光緒十六年(1890)江蘇書局刻本
四冊

370000－1587－0003095　1969

字說一卷　（□）□□撰　清刻本　一冊

370000－1587－0003096　5570－2

字帖一卷　（□）□□書　清抄本　殘存六面

370000－1587－0003097　X－114

宗聖志十二卷　（明）呂兆祥撰　清刻本　一
冊　存二卷(十一至十二)

370000－1587－0003098　X－160

宗聖志十二卷　（明）呂兆祥撰　清刻本　三
冊　存七卷(一至五、九至十)

370000－1587－0003099　956

宗聖志二十卷　（清）曾國荃重修　（清）王定
安編輯　清光緒十六年(1890)刻本　八冊

370000－1587－0003100　957

宗聖志二十卷　（清）曾國荃重修　（清）王定
安編輯　清刻本　二冊　存四卷(五至八)

370000－1587－0003101　X－131

宗聖志二十卷　（清）曾國荃重修　（清）王定
安編輯　清刻本　三冊　存七卷(十一至十
二、十六至二十)

370000－1587－0003102　5478

宗聖志十二卷　（明）呂兆祥撰　清刻本　一
冊　存三卷(六至八)

370000－1587－0003103　2874

宗室王公表傳十二卷　（清）允祕等撰　清刻
本　八冊

370000－1587－0003104　3538

諏吉便覽寶鏡圖不分卷　題(三國蜀)諸葛亮
撰　清光緒五年(1879)朱墨套印本　四冊

370000－1587－0003105　5581－2

[光緒]鄒縣續志十二卷首一卷　（清）吳若灝
修　（清）錢枬等纂　清光緒十八年(1892)刻
本　四冊

370000－1587－0003106　5581－1

[康熙]鄒縣志三卷　（清）婁一鈞修　（清）
周翼纂　清刻本　四冊

370000－1587－0003107　X－376

[康熙]鄒縣志三卷　（清）婁一鈞修　（清）
周翼纂　清刻本　一冊　存一卷(三)

370000－1587－0003108　1172

奏定陸年中學堂章程一卷　（□）□□撰　清
光緒三十三年(1907)刻本　一冊

370000－1587－0003109　2246

奏定學堂章程不分卷　（清）張之洞撰　清光
緒二十九年(1903)刻本　五冊

370000－1587－0003110　4115

奏為恭擬皇上大婚事宜奏折一卷　（□）□□
撰　清刻本　一冊

370000－1587－0003111　1923

奏摺條件集覽四卷　（清）張守誠撰　清光緒
十六年(1890)刻本　一冊

370000－1587－0003112　3525

祖山帖體詩存不分卷　（清）查相山撰　清光
緒十年(1884)刻本　四冊

370000－1587－0003113　2043

纂補四書大全　（清）劉嗣固纂補　清刻本
十冊

370000－1587－0003114　675

纂鏤心得一卷　(清)孔繼浩撰　(清)朱文震校　清抄本　一冊

370000－1587－0003115　X－261

三刻增定纂序書經説約合祭　(清)徐□秩輯著　(清)包爾庚鑒定　清康熙五十三年(1714)繡谷映旭齋刻本　三冊　存四卷(書經集註一至四)

370000－1587－0003116　5487－3

纂序易經説約一卷　(□)□□撰　清刻本一冊

370000－1587－0003117　5411

最新國文教科書　清宣統元年(1909)上海商務印書館鉛印本　一冊　存第七冊

370000－1587－0003118　666

尊宗贅議不分卷　(清)江鍾秀撰　清光緒二十八年(1902)山東書局刻本　一冊

370000－1587－0003119　4749

尊漢閣印存不分卷　(□)□□藏　清鈐印本一冊

370000－1587－0003120　5204

尊孟辨三卷　(宋)余允文撰　清刻守山閣叢書本　一冊

370000－1587－0003121　4264

遵生集要三種　(清)曹施周輯　清刻本四冊

370000－1587－0003122　3477

左傳事緯十二卷前書八卷　(清)馬驌撰　清刻本　四冊　存八卷(前書八卷)

370000－1587－0003123　1629

左傳事緯十二卷前書八卷　(清)馬驌撰　清刻本　六冊　存十二卷(左傳事緯十二卷)

370000－1587－0003124　1620

左傳易讀六卷　(清)司徒修選輯　清光緒十年(1884)文英堂刻本　六冊

370000－1587－0003125　1621

左傳易讀六卷　(清)司徒修選輯　清光緒七

年(1881)書業堂記刻本　二冊　存二卷(一至二)

370000－1587－0003126　1622

左傳易讀六卷　(清)司徒修選輯　清光緒十四年(1888)刻本　一冊　存一卷(一)

370000－1587－0003127　1624

左傳易讀六卷　(清)司徒修選輯　清刻本五冊　存五卷(二至六)

370000－1587－0003128　4854

左傳易讀六卷　(清)司徒修選輯　清刻本二冊　存二卷(三至四)

370000－1587－0003129　4855

左傳易讀六卷　(清)司徒修選輯　清光緒十年(1884)文英堂刻本　六冊

370000－1587－0003130　1550

左傳文法讀本十二卷　(清)劉培極　(清)吳閭生撰　清宣統刻本　六冊

370000－1587－0003131　1551

左傳文法讀本十二卷　(清)劉培極　(清)吳閭生撰　清宣統刻本　六冊

370000－1587－0003132　4991

左氏節萃十卷　(清)凌璿玉撰　清金闔書業堂刻本　八冊

370000－1587－0003133　X－164

左文襄公奏疏初編三十八卷續編七十六卷三編六卷　(清)左宗棠撰　清刻本　一冊　存六卷(初編三十三至三十八)

370000－1587－0003134　1140

左文襄公奏疏初編三十八卷續編七十六卷三編六卷　(清)左宗棠撰　清光緒十六年(1890)上海圖書集成局鉛印本　十三冊　存七十六卷(續編七十六卷)

370000－1587－0003135　1154

左文襄公奏疏初編三十八卷續編七十六卷三編六卷　(清)左宗棠撰　清光緒十六年(1890)上海圖書集成局鉛印本　六冊　存三十八卷(初編三十八卷)

370000－1587－0003136　1156

左文襄公奏疏初編三十八卷續編七十六卷三編六卷　（清）左宗棠撰　清光緒十六年（1890）上海圖書集成局鉛印本　一冊　存六卷（三編六卷）

370000－1587－0003137　1155

左文襄公奏疏初編三十八卷續編七十六卷三編六卷　（清）左宗棠撰　清光緒十六年（1890）上海圖書集成局鉛印本　七冊　存三十五卷（續編二十三至三十二、四十七至六十、六十六至七十六）

370000－1587－0003138　4704－1

左繡春秋經傳集解三十卷　（晉）杜預注（唐）陸德明音釋　（宋）林堯叟附注　（清）馮李驊　（清）陳浩評輯　清刻本　六冊　存十一卷（一至十一）

370000－1587－0003139　4704－2

左繡春秋經傳集解三十卷　（晉）杜預注（唐）陸德明音釋　（宋）林堯叟附注　（清）馮李驊　（清）陳浩評輯　清刻本　八冊　存十五卷（三至六、十四至十五、二十至二十五、二十八至三十）

370000－1587－0003140　4704－3

左繡春秋經傳集解三十卷　（晉）杜預注（唐）陸德明音釋　（宋）林堯叟附注　（清）馮李驊　（清）陳浩評輯　清刻本　三冊　存六卷（十二至十三、十八至十九、二十六至二十七）

370000－1587－0003141　4704－4

左繡春秋經傳集解三十卷　（晉）杜預注（唐）陸德明音釋　（宋）林堯叟附注　（清）馮李驊　（清）陳浩評輯　清刻本　一冊　存一卷（一）

370000－1587－0003142　4704－5

左繡春秋經傳集解三十卷　（晉）杜預注（唐）陸德明音釋　（宋）林堯叟附注　（清）馮李驊　（清）陳浩評輯　清刻本　一冊　存二卷（十二至十三）

370000－1587－0003143　4704－6

左繡春秋經傳集解三十卷　（晉）杜預注（唐）陸德明音釋　（宋）林堯叟附注　（清）馮李驊　（清）陳浩評輯　清刻本　二冊　存四卷（四至五、十二至十三）

370000－1587－0003144　4704－7

左繡春秋經傳集解三十卷　（晉）杜預注（唐）陸德明音釋　（宋）林堯叟附注　（清）馮李驊　（清）陳浩評輯　清刻本　一冊　存二卷（十一至十二）

370000－1587－0003145　5131

左繡春秋經傳集解三十卷　（晉）杜預注（唐）陸德明音釋　（宋）林堯叟附注　（清）馮李驊　（清）陳浩評輯　清刻本　八冊　存十五卷（十六至三十）

370000－1587－0003146　4461

左繡春秋經傳集解三十卷　（晉）杜預注（唐）陸德明音釋　（宋）林堯叟附注　（清）馮李驊　（清）陳浩評輯　清康熙刻本　八冊

370000－1587－0003147　X－232

左繡春秋經傳集解三十卷　（晉）杜預注（唐）陸德明音釋　（宋）林堯叟附注　（清）馮李驊　（清）陳浩評輯　清刻本　十五冊　存二十九卷（二至三十）

370000－1587－0003148　X－252

左繡春秋經傳集解三十卷　（晉）杜預注（唐）陸德明音釋　（宋）林堯叟附注　（清）馮李驊　（清）陳浩評輯　清光緒十年（1884）刻本　一冊　存一卷（一）

370000－1587－0003149　X－280

左繡春秋經傳集解三十卷　（晉）杜預注（唐）陸德明音釋　（宋）林堯叟附注　（清）馮李驊　（清）陳浩評輯　清刻本　六冊　存十一卷（一、十八至二十三、二十五至二十八）

370000－1587－0003150　1100

左傳不分卷　清可義堂刻本　六冊

370000－1587－0003151　493

佐治藥言一卷續佐治藥言一卷　（清）汪輝祖

纂　清刻本　一冊

370000－1587－0003152　3219

試場新則一卷　（清）林履莊編　清光緒二十
四年(1898)刻本　一冊

370000－1587－0003153　3221

試場新則一卷　（清）林履莊編　清光緒二十
四年(1898)刻本　一冊

370000－1587－0003154　5551

小題易讀一卷　（明）史鑑撰　清同治八年
(1869)二酉堂刻本　一冊

370000－1587－0003155　5552

寄嶽雲齋試體詩選詳注四卷　（清）聶銑敏撰
　清刻本　一冊　存一卷(三)

370000－1587－0003156　5553

曲阜詩鈔八卷　（清）孔憲彝纂輯　清道光二
十三年(1843)曲阜孔氏刻本　一冊　存四卷
(五至八)

370000－1587－0003157　5554

東坡題跋二卷　（宋）蘇軾撰　（清）溫一貞録
　清同治望三益齋刻本　一冊

370000－1587－0003158　5556

重訂唐詩別裁集二十卷　（清）沈德潛輯　清
刻本　一冊　存一卷(九)

370000－1587－0003159　5559

慎詒堂禮記十卷　（元）陳澔集說　清大興堂
刻本　一冊

370000－1587－0003160　5560

高王觀世音經一卷　（□）□□撰　清刻本
一冊

370000－1587－0003161　5561

龍光四書　（宋）朱熹撰　清濟南志興堂刻本
　一冊

370000－1587－0003162　5562

春秋三傳揭要六卷　（清）周惠田輯録　清刻
本　一冊　存三卷(四至六)

370000－1587－0003163　5563

策論選編　（清）□□輯　清刻本　一冊　存
二卷(論二至三)

370000－1587－0003164　5565

第一才子書六十卷一百二十回　（明）羅貫中
撰　（清）毛宗崗評　清刻本　一冊　存一卷
(六)

370000－1587－0003165　5566

鼎鍥趙田了凡袁先生編纂古本歷史大方綱鑑
補三十九卷首一卷　（明）袁黃編纂　清余京
斗刻本　一冊　存一卷(十)

370000－1587－0003166　5567

試帖長城集□□卷　（清）袁架等輯　清刻本
　一冊　存一卷(八)

370000－1587－0003167　5568

新訂四書補注備旨十卷　（明）鄧林撰　清寶
興堂刻本　一冊

370000－1587－0003168　2118－2

四書補注備旨十卷　（明）鄧林撰　清刻本
二冊　存四卷(孟子一至四)

370000－1587－0003169　5575

爾雅注疏十一卷　（晉）郭璞註　（唐）陸德明
音義　（宋）邢昺疏　清同治十年(1871)刻本
　五冊

370000－1587－0003170　5578

[道光]滕縣志十四卷首一卷　（清）王政修
（清）王庸立　（清）黃采麟纂　清道光刻本
八冊

370000－1587－0003171　5582

陟園考訂資治通鑑綱目全書五十九卷首一卷
　（宋）朱熹編纂　（清）錢選考訂　清康熙三
十六年(1697)刻本　六十冊

370000－1587－0003172　5583

東野志二卷　（明）呂化舜輯　（清）孔衍治增
輯　清刻本　五冊

370000－1587－0003173　5586

至聖先師孔子年譜五卷首一卷末一卷　（清）
楊方晃撰　清雍正十三年至乾隆二年(1735

－1737)刻朱墨套印本　五册　存五卷(天、地、人,首一卷,末一卷)

370000－1587－0003174　5587
孔子集語二卷　(宋)薛據纂輯　清乾隆二年(1737)孔廣棨刻本　一册

370000－1587－0003175　5590
[乾隆]曲阜縣志一百卷　(清)潘相等纂修　清乾隆三十九年(1774)刻本　二十四册

370000－1587－0003176　5591
闕里文獻考一百卷首一卷末一卷　(清)孔繼汾撰　清乾隆二十七年(1762)刻本　二十四册

370000－1587－0003177　5592
聖門禮志一卷樂志一卷　(清)孔令貽彙輯　清光緒十三年(1887)闕里硯寬亭重刻本　一册　存一卷(樂志一卷)

370000－1587－0003178　5593
聖賢像贊三卷首一卷　(明)呂維祺編　(清)孔憲蘭增補　清光緒四年(1878)曲阜文會堂刻本　二册

370000－1587－0003179　2173－1
聖賢像贊三卷　(明)呂維祺編　(清)孔憲蘭增補　清刻本　一册　存一卷(一)

370000－1587－0003180　2173－2
聖賢像贊三卷　(明)呂維祺編　(清)孔憲蘭增補　清刻本　一册　存二卷(二至三)

370000－1587－0003181　5595
四書會解二十四卷　(清)綦灃輯　清光緒九年(1883)還醇堂刻本　十一册　存三種十三卷(大學一卷、論語一至十、中庸一至二)

370000－1587－0003182　5596
闕里廣志二十卷　(清)宋際　(清)宋慶長修　清刻本　四册　存六卷(七至八、十一至十三、十五)

370000－1587－0003183　5598
論語十卷　(三國魏)何晏集解　清刻本　二册

370000－1587－0003184　5600
宋蜀本孔子家語十卷　(三國魏)王肅注　清光緒二十四年(1898)劉世珩影宋刻本　四册

370000－1587－0003185　1033－1
凝緒堂詩稿八卷　(清)孔憲培撰　清嘉慶曲阜孔憲培刻本　一册　存二卷(三至四)

370000－1587－0003186　1033－2
凝緒堂詩稿八卷　(清)孔憲培撰　清嘉慶曲阜孔憲培刻本　一册　存二卷(三至四)

370000－1587－0003187　3814
山東法政學堂講義(民法講義)　(清)山東法政學堂編　清光緒三十三年(1907)山東法政學堂石印本　一册

370000－1587－0003188　1135－1
禮記體注大全合參四卷　(清)范翔訂　清刻本　一册　存一卷(三)

370000－1587－0003189　1135－3
禮記體注大全合參四卷　(清)范翔訂　清刻本　一册

370000－1587－0003190　1590－1
禮記體註大全十卷　(清)范翔輯　清刻本　一册　存一卷(一)

370000－1587－0003191　1590－2
全本禮記體注十卷　(清)范翔輯　清刻本　九册　存九卷(二至十)

370000－1587－0003192　1592－1
全本禮記體注十卷　(清)范翔輯　清刻本　七册　存七卷(一至二、五至七、九至十)

370000－1587－0003193　1592－2
禮記體注大全合參四卷　(清)范翔訂　清刻本　一册　存一卷(三)

370000－1587－0003194　1135－2
策下經義□□卷　(□)□□撰　清刻本　一册

370000－1587－0003195　1135－4
禮記易讀二卷　(清)志遠堂主人纂輯　清刻本　一册　存一卷(下)

孔子博物館古籍普查登記目錄

370000－1587－0003196　　1270－1

皇朝文獻通考輯要二十六卷　　（清）湯壽潛輯
清光緒二十五年(1899)圖書集成局鉛印本
八冊　存二十二卷(一、五至八、十至二十
六)

370000－1587－0003197　　1270－2

文獻通考輯要二十四卷　（清）湯壽潛輯　清
光緒二十五年(1899)圖書集成局鉛印本　八
冊　存二十一卷(一至八、十至十四、十七至
二十四)

370000－1587－0003198　　1270－3

欽定續文獻通考輯要二十六卷　　（清）湯壽潛
輯　清光緒二十五年(1899)圖書集成局鉛印
本　七冊　存十六卷(一、五、九至十一、十六
至二十六)

370000－1587－0003199　　1286－1

洗冤錄撝遺二卷　（清）葛元煦撰　清光緒五
年(1879)刻本　一冊

370000－1587－0003200　　1286－2

洗冤錄詳義四卷　（清）許槤撰　清光緒五年
(1879)刻本　四冊

370000－1587－0003201　　1335－1

欽定禮記義疏八十二卷首一卷　（清）鄂爾泰
等編　清刻本　八冊　存二十卷(六十三至
八十二)

370000－1587－0003202　　1335－2

禮記十卷　（元）陳澔集說　清同治十一年
(1872)朱墨套印本　十冊

370000－1587－0003203　　1405－1

爾雅三卷　（晉）郭璞注　清嘉慶二十二年
(1817)刻本　三冊

370000－1587－0003204　　1405－2

孝經一卷　（清）徐世昌撰　（清）鞠稚儒譯
清同治七年(1868)金陵書局刻本　一冊

370000－1587－0003205　　1437－1

小學集注六卷　（宋）朱熹撰　清光緒十五年
(1889)刻本　二冊

370000－1587－0003206　　1441－1

孟子集注七卷　（宋）朱熹集注　清刻本
三冊

370000－1587－0003207　　1441－1

孟子集注七卷　（宋）朱熹集注　清刻本
三冊

370000－1587－0003208　　1441－1

孟子集注七卷　（宋）朱熹集注　清刻本　一
冊　存四卷(四至七)

370000－1587－0003209　　1441－2

官板正字孟子集注七卷　（宋）朱熹集注　清
東昌德茂堂刻本　一冊　存二卷(四至五)

370000－1587－0003210　　1925

古韻發明不分卷切字肆考不分卷　（清）張耕
撰　清道光六年(1826)張氏芸心堂刻本
四冊

370000－1587－0003211　　1926

古韻發明不分卷切字肆考不分卷　　（清）張
耕撰　清道光六年(1826)張氏芸心堂刻本
四冊

370000－1587－0003212　　1927

古韻發明不分卷切字肆考不分卷　　（清）張耕
撰　清道光六年(1826)張氏芸心堂刻本
四冊

370000－1587－0003213　　201－1

綱鑑易知錄九十二卷　（清）吳乘權等輯　清
刻本　一冊　存三卷(八至十)

370000－1587－0003214　　201－2

綱鑑易知錄九十二卷　（清）吳乘權等輯　清
刻本　二冊　存二卷(三十五至三十六)

370000－1587－0003215　　202－1

綱鑑易知錄九十二卷　（清）吳乘權等輯　清
光緒二十七年(1901)刻本　十四冊

370000－1587－0003216　　1997

說文釋例二十卷附補正二十卷　（清）王筠撰
清道光二十八年(1848)安邱王氏刻咸豐二
年(1852)王氏補刻本　十冊

370000－1587－0003217　1997

說文繫傳校錄三十卷　（清）王筠撰　清咸豐七年(1857)安邱王筠刻本　三冊

370000－1587－0003218　1442－1

學庸講義不分卷　（清）陳士元撰　舊抄本　一冊

370000－1587－0003219　1442－2

中庸一卷　（宋）朱熹章句　清刻本　一冊

370000－1587－0003220　1442－7

狀元四書　（宋）朱熹撰　清文會堂刻本　一冊

370000－1587－0003221　1442－3

龍光四書　（宋）朱熹撰　清宣統元年(1909)濰陽承文信刻本　一冊　存二種(大學、中庸)

370000　1587　0003222　1442－4

霞光四書　（宋）朱熹撰　清膠州成文堂刻本　一冊　存二種(大學、中庸)

370000－1587－0003223　1959－2

四書十九卷　（宋）朱熹撰　清光緒三年(1877)江蘇書局刻本　六冊

370000－1587－0003224　1899－1

四書味根錄三十七卷　（清）金澄撰　清刻本　十一冊　存三種二十六卷(中庸二卷、孟子五至六、九至十四、論語五至二十)

370000－1587－0003225　1899－2

四書味根錄三十七卷　（清）金澄撰　清咸豐元年(1851)刻本　十冊

370000－1587－0003226　1946

四書體注二十卷　（清）范翔訂　清刻本　一冊　存二卷(孟子四至五)

370000－1587－0003227　1956－1

四書題鏡□□卷　（清）江鯉翔纂述　清刻本　二冊　存一種(孟子)

370000－1587－0003228　1956－2

四書題鏡□□卷　（清）江鯉翔纂述　清刻本　四冊　存二種(中庸、論語七至二十)

370000－1587－0003229　1442－5

狀元四書　（宋）朱熹集注　清裕文堂刻本　一冊　存二種(大學、中庸)

370000－1587－0003230　1442－6

連元閣四書監本　（宋）朱熹集注　清刻本　一冊　存二種(大學、中庸)

370000－1587－0003231　1443－3

論語最豁集四卷　（清）劉珍輯　清刻本　一冊　存二卷(三至四)

370000－1587－0003232　1443－4

四書平仄正音不分卷　（清）王澤洼撰　清刻本　一冊

370000－1587－0003233　1528－1

狀元詩經八卷　（宋）朱熹集傳　清道光十一年(1831)文淵堂刻本　一冊　存二卷(一至二)

370000－1587－0003234　1528－2

監本詩經八卷　（宋）朱熹集傳　清同治十年(1871)掃葉山房刻本　三冊　存七卷(一至二、四至八)

370000－1587－0003235　1553－2

書經六卷　（宋）蔡沈集傳　清刻本　三冊　存五卷(二至六)

370000－1587－0003236　1614

爾雅注疏十卷　（晉）郭璞注　（宋）邢昺疏　清光緒二十二年(1896)書業德刻本　五冊　存九卷(一至九)

370000－1587－0003237　1614

爾雅注疏十卷　（晉）郭璞注　（宋）邢昺疏　清光緒二十二年(1896)書業德刻本　一冊　存二卷(六至七)

370000－1587－0003238　1623－1

呂氏春秋二十六卷　（戰國）呂不韋撰　清刻本　三冊　存十九卷(八至二十六)

370000－1587－0003239　1623－2

呂氏春秋二十六卷　（戰國）呂不韋撰　清刻本　一冊　存七卷(二十至二十六)

370000－1587－0003240　1633－1

春秋綱目左傳句解六卷　（清）韓菼重訂　清
光緒十九年(1893)刻本　六冊

370000－1587－0003241　1634－1

春秋綱目左傳句解六卷　（清）韓菼重訂　清
聚錦旭刻本　一冊　存一卷(一)

370000－1587－0003242　1633－2

太史張天如詳節春秋綱目左傳句解六卷
（清）韓菼重訂　清刻本　三冊　存三卷(二
至三、五)

370000－1587－0003243　1634－2

唱經堂才子書匯稿十一種　（清）金人瑞撰
清刻本　一冊　存三種三卷(沉吟樓借杜詩
一卷、古詩解一卷、左傳釋一卷)

370000－1587－0003244　165－1

欽定剿平粤匪方略四百二十二卷　（清）奕訢
等纂　清道光刻本　四百二十一冊　存四百
二十卷(一至四百二十)

370000－1587－0003245　165－2

欽定剿平捻匪方略三百二十卷　（清）奕訢等
纂　清光緒十八年(1892)刻本　三百十冊
存三百六卷(十一至四十、四十五至三百二
十)

370000－1587－0003246　1661－1

尚書離句六卷　（清）錢在培輯解　清刻本
四冊

370000－1587－0003247　1661－2

尚書離句六卷　（清）錢在培輯解　清光緒十
七年(1891)聚和堂記刻本　一冊　存三卷
(一至三)

370000－1587－0003248　1671－1

詩經體註圖考大全八卷　（清）高朝瓔訂　清
刻本　二冊　存四卷(一至四)

370000－1587－0003249　1671－2

詩經體注圖考大全八卷　（清）高朝瓔訂　清
刻本　一冊　存二卷(一至二)

370000－1587－0003250　1853－1

孟子論文七卷　（清）牛運震撰　清嶧縣張魯
文等刻本　三冊

370000－1587－0003251　1853－2

孟子論文七卷　（清）牛運震撰　清嶧縣張魯
文等刻本　一冊　存三卷(五至七)

370000－1587－0003252　1947

唐詩三百首補註八卷　（清）陳婉俊輯　清光
緒十二年(1886)刻本　八冊

370000－1587－0003253　1954

詩廣傳五卷　（清）王夫之撰　清同治四年
(1865)湘鄉曾氏金陵節署刻本　三十四冊
存四卷(詩廣傳二至五)

370000－1587－0003254　1959－1

詩經二十卷末一卷　（宋）朱熹集傳　清光緒
七年(1881)江蘇書局刻本　二冊　存八卷
(一至八)

370000－1587－0003255　1959－3

周易本義四卷　（宋）朱熹撰　清光緒七年
(1881)江蘇書局刻本　二冊

370000－1587－0003256　1959－4

書集傳六卷首一卷末一卷音釋三卷　（宋）蔡
沈集傳　**書傳音釋三卷**　（元）鄒季友撰　清
光緒七年(1881)江蘇書局刻本　二冊　存二
卷(一、首一卷)

370000－1587－0003257　1960－1

欽定春秋左傳讀本三十卷　（清）英和等撰
清同治八年(1869)江蘇書局刻本　五冊　存
十五卷(一至三、十三至二十四)

370000－1587－0003258　1960－2

毛詩要義二十卷　（宋）魏了翁撰　清刻本
四冊　存五卷(九至十一、十八、二十)

370000－1587－0003259　1960－3

禮記要義三十三卷　（宋）魏了翁撰　清刻本
一冊

370000－1587－0003260　2224

隨園瑣記二卷談瀛錄一卷　（清）袁祖志撰
清末民初石印本　一冊

370000 – 1587 – 0003261　2296 – 1

芥子園畫傳初集五卷　（清）王槩等輯　清刻本　三冊　存三卷（一至三）

370000 – 1587 – 0003262　2296 – 1

芥子園畫傳初集五卷　（清）王槩等輯　清刻本　一冊　存一卷（一）

370000 – 1587 – 0003263　X – 310

詩文匯鈔　（□）□□□撰　清抄本　一冊

370000 – 1587 – 0003264　5584

康熙字典十二集附備考一卷補遺一卷　（清）張玉書等撰　清刻本　四十冊

370000 – 1587 – 0003265　4333

加減回生第一仙丹經驗良方不分卷　（清）彭竹樓撰　清光緒二十三年(1897)刻本　一冊

370000 – 1587 – 0003266　4334

加減回生第一仙丹經驗良方不分卷　（清）彭竹樓撰　清光緒二十三年(1897)刻本　一冊

370000 – 1587 – 0003267　4335

加減回生第一仙丹經驗良方不分卷　（清）彭竹樓撰　清光緒二十三年(1897)刻本　一冊

370000 – 1587 – 0003268　4336

加減回生第一仙丹經驗良方不分卷　（清）彭竹樓撰　清光緒二十三年(1897)刻本　一冊

370000 – 1587 – 0003269　4337

加減回生第一仙丹經驗良方不分卷　（清）彭竹樓撰　清光緒二十三年(1897)刻本　一冊

370000 – 1587 – 0003270　4338

加減回生第一仙丹經驗良方不分卷　（清）彭竹樓撰　清光緒二十三年(1897)刻本　一冊

370000 – 1587 – 0003271　4339

加減回生第一仙丹經驗良方不分卷　（清）彭竹樓撰　清光緒二十三年(1897)刻本　一冊

370000 – 1587 – 0003272　4340

加減回生第一仙丹經驗良方不分卷　（清）彭竹樓撰　清光緒二十三年(1897)刻本　一冊

370000 – 1587 – 0003273　4341

加減回生第一仙丹經驗良方不分卷　（清）彭竹樓撰　清光緒二十三年(1897)刻本　一冊

370000 – 1587 – 0003274　4342

加減回生第一仙丹經驗良方不分卷　（清）彭竹樓撰　清光緒二十三年(1897)刻本　一冊

370000 – 1587 – 0003275　4343

加減回生第一仙丹經驗良方不分卷　（清）彭竹樓撰　清光緒二十三年(1897)刻本　一冊

370000 – 1587 – 0003276　4344

加減回生第一仙丹經驗良方不分卷　（清）彭竹樓撰　清光緒二十三年(1897)刻本　一冊

370000 – 1587 – 0003277　4345

加減回生第一仙丹經驗良方不分卷　（清）彭竹樓撰　清光緒二十三年(1897)刻本　一冊

370000 – 1587 – 0003278　4346

加減回生第一仙丹經驗良方不分卷　（清）彭竹樓撰　清光緒二十三年(1897)刻本　一冊

370000 – 1587 – 0003279　4347

加減回生第一仙丹經驗良方不分卷　（清）彭竹樓撰　清光緒二十三年(1897)刻本　一冊

370000 – 1587 – 0003280　4348

加減回生第一仙丹經驗良方不分卷　（清）彭竹樓撰　清光緒二十三年(1897)刻本　一冊

370000 – 1587 – 0003281　4349

加減回生第一仙丹經驗良方不分卷　（清）彭竹樓撰　清光緒二十三年(1897)刻本　一冊

370000 – 1587 – 0003282　4350

加減回生第一仙丹經驗良方不分卷　（清）彭竹樓撰　清光緒二十三年(1897)刻本　一冊

370000 – 1587 – 0003283　4351

加減回生第一仙丹經驗良方不分卷　（清）彭竹樓撰　清光緒二十三年(1897)刻本　一冊

370000 – 1587 – 0003284　4352

加減回生第一仙丹經驗良方不分卷　（清）彭竹樓撰　清光緒二十三年(1897)刻本　一冊

370000 – 1587 – 0003285　4353

加減回生第一仙丹經驗良方不分卷 （清）彭竹樓撰 清光緒二十三年(1897)刻本 一冊

370000－1587－0003286 4354

加減回生第一仙丹經驗良方不分卷 （清）彭竹樓撰 清光緒二十三年(1897)刻本 一冊

370000－1587－0003287 4355

加減回生第一仙丹經驗良方不分卷 （清）彭竹樓撰 清光緒二十三年(1897)刻本 一冊

370000－1587－0003288 4356

加減回生第一仙丹經驗良方不分卷 （清）彭竹樓撰 清光緒二十三年(1897)刻本 一冊

370000－1587－0003289 737

加減回生第一仙丹經驗良方不分卷 （清）彭竹樓撰 清光緒二十三年(1897)刻本 一冊

370000－1587－0003290 738

加減回生第一仙丹經驗良方不分卷 （清）彭竹樓撰 清光緒二十三年(1897)刻本 一冊

370000－1587－0003291 1094

家寶二集八卷 （清）石成金撰集 清刻本 八冊

370000－1587－0003292 1097

家寶全集 （清）石成金撰集 清刻本 十六冊

370000－1587－0003293 3778

家寶四集 （清）石成金集 清刻本 八冊

370000－1587－0003294 3222

嘉樹山房集二十卷外集二卷 （清）張士元撰 清嘉慶二十四年至道光六年(1819－1826)震澤張氏刻本 一冊 存三卷(一至三)

370000－1587－0003295 3479

監本詩經八卷 （宋）朱熹集傳 清宣統元年(1909)刻本 四冊

370000－1587－0003296 1631

監本春秋三十卷 （宋）胡安國傳 清康熙三十七年(1698)青蓮書屋刻本 六冊

370000－1587－0003297 1512

監本禮記十卷 （元）陳澔集說 清乾隆四十四年(1779)崇道堂刻本 十冊

370000－1587－0003298 1657

監本禮記十卷 （元）陳澔集說 清咸豐元年(1851)刻本 七冊 存七卷(一至二、四至六、八、十)

370000－1587－0003299 1658

監本禮記十卷 （元）陳澔集說 清崇道堂刻本 十冊

370000－1587－0003300 1519

監本詩經八卷 （宋）朱熹傳 清宣統元年(1909)文瑛堂刻本 四冊

370000－1587－0003301 1527

監本詩經八卷 （宋）朱熹傳 清宣統元年(1909)文瑛堂刻本 三冊 存五卷(一至五)

370000－1587－0003302 2176

詩集傳八卷 （宋）朱熹傳 清同治五年(1866)刻本 三冊 存六卷(一至二、五至八)

370000－1587－0003303 1579

監本書經六卷 （宋）蔡沈集傳 清光緒元年(1875)刻本 四冊

370000－1587－0003304 1397

監本四書 （宋）朱熹集注 清同治十三年(1874)江西書局刻本 十冊

370000－1587－0003305 X－199

監本四書 （宋）朱熹集注 清嘉慶二十年(1815)刻本 六冊

370000－1587－0003306 1487

監本易經四卷 （宋）朱熹本義 清京都隆福寺寶書堂刻本 四冊

370000－1587－0003307 1500

監本易經四卷 （宋）朱熹本義 清刻本 四冊

370000－1587－0003308 1516

監本易經四卷 （宋）朱熹本義 清嘉慶十八年(1813)金閶文聚堂刻本 二冊 存二卷

(一至二)

370000 – 1587 – 0003309　844
籤注隨園詩話十六卷補遺七卷　（清）袁枚撰
　清刻本　十冊　存十四卷(三至十六)

370000 – 1587 – 0003310　3519
剪燈新話二卷　（明）瞿佑撰　清乾隆五十六
年(1791)刻本　二冊

370000 – 1587 – 0003311　1066
簡字五種　勞乃宣編　清光緒刻本　五冊

370000 – 1587 – 0003312　3506
見南樓詩集二卷　（清）任蘭枝撰　清乾隆十
五年(1750)刻本　一冊

370000 – 1587 – 0003313　3284
見星廬詩稿　（清）林聯桂撰　清嘉慶十九年
(1814)刻本　一冊　存二集(一至二)

370000 – 1587 – 0003314　3650
見星廬詩稿　（清）林聯桂撰　清刻本　二冊
　存四集(五至八)

370000 – 1587 – 0003315　318
見星廬詩稿　（清）林聯桂撰　清刻本　一冊
　存三集(三至五)

370000 – 1587 – 0003316　5068
劍膽琴心室詞一卷　（清）程泳涵撰　清刻本
　一冊

370000 – 1587 – 0003317　5069
劍膽琴心室詞一卷　（清）程泳涵撰　清刻本
　一冊

370000 – 1587 – 0003318　846
劍閣齋遺集六卷　（清）陳瀚撰　清刻本
一冊

370000 – 1587 – 0003319　2743
劍南詩鈔不分卷　（宋）陸游撰　清刻本
九冊

370000 – 1587 – 0003320　4038
劍膽琴心室詞一卷　（清）程泳涵撰　清刻本
　一冊

370000 – 1587 – 0003321　4040
劍膽琴心室詞一卷　（清）程泳涵撰　清刻本
　一冊

370000 – 1587 – 0003322　3391
劍南詩選六卷　（宋）陸游撰　清刻本　六冊

370000 – 1587 – 0003323　1376
鑑撮四卷　（清）曠敏本纂　清刻本　四冊

370000 – 1587 – 0003324　1121
江邨銷夏錄三卷　（清）高士奇撰　清刻本
四冊

370000 – 1587 – 0003325　5382
江南鄉試闈墨不分卷　清光緒八年(1882)衡
鑑堂刻本　一冊

370000 – 1587 – 0003326　3111
江文通文集十卷　（南朝梁）江淹撰　（明）汪
士賢校　清刻本　一冊　存五卷(六至十)

370000 – 1587 – 0003327　327
江左校士錄六卷　（清）黃體芳輯　清光緒十
二年(1886)上洋石印本　三冊　存三卷(一
至二、六)

370000 – 1587 – 0003328　2793
姜貞毅先生敬亭集十卷補遺一卷附錄一卷墓
誌銘一卷　（清）姜埰撰　清光緒十五年
(1889)山東書局刻本　四冊

370000 – 1587 – 0003329　2794
姜貞毅先生敬亭集十卷補遺一卷附錄一卷墓
誌銘一卷　（清）姜埰撰　清光緒十五年
(1889)山東書局刻本　四冊

370000 – 1587 – 0003330　3082
講求共濟錄五卷　（清）張五緯編　續集五卷
　（清）徐浚編　清嘉慶刻本　十冊

370000 – 1587 – 0003331　1289
教務紀略四卷　（清）李剛己輯　清光緒三十
年(1904)山東印書局鉛印本　四冊

370000 – 1587 – 0003332　598 – 2
教諭語　（清）謝金鑾撰　清刻本　一冊

370000 – 1587 – 0003333　4247

節本泰西新史攬要八卷　（英國）馬懇西撰
（英國）李提摩太譯　周慶雲節錄　清刻本
一冊　存四卷(五至八)

370000 – 1587 – 0003334　5384

截搭觀止初集　清刻本　一冊　存一卷(二
下)

370000 – 1587 – 0003335　X – 303

截搭小題瑞珍二集　清刻本　一冊

370000 – 1587 – 0003336　5227

羯鼓錄一卷　（唐）南卓撰　（清）錢熙祚校
樂府雜錄一卷　（唐）段安節撰　（清）錢熙祚
校　**蓁經一卷**　（宋）張儗撰　（清）錢熙祚校
　清道光二十四年(1844)金山錢氏據墨海金
壺版重編增刊守山閣叢書本　一冊

370000 – 1587 – 0003337　1096

芥子園畫傳初集六卷二集九卷三集六卷
（清）王槩等輯　清刻本　八冊　存十三卷
(初集三、二集一至六、三集六卷)

370000 – 1587 – 0003338　5020

芥子園畫傳初集□□卷　（清）王槩等輯　清
刻本　一冊　存一卷(四)

370000 – 1587 – 0003339　992

芥子園畫傳初集六卷二集九卷三集六卷
（清）王槩等輯　清光緒三十二年(1906)上海
文新書局石印本　四冊　存二集九卷(一至
九)

370000 – 1587 – 0003340　993

芥子園畫傳初集六卷二集九卷三集六卷
（清）王槩等輯　清光緒三十二年(1906)上海
文新書局石印本　四冊　存二集九卷(一至
九)

370000 – 1587 – 0003341　1095

芥子園畫傳初集六卷二集九卷三集六卷
（清）王槩等輯　清光緒三十二年(1906)上海
文新書局石印本　四冊　存六卷(初集六卷)

370000 – 1587 – 0003342　2296 – 2

芥子園畫傳二集　（清）王槩等輯　清金文光
堂刻本　一冊

370000 – 1587 – 0003343　994

芥子園畫傳三集六卷　（清）王槩等輯　清刻
本　四冊

370000 – 1587 – 0003344　4726

芥子園畫傳四集　（清）丁皋撰並繪　清刻本
　一冊　存一卷(寫真秘訣)

370000 – 1587 – 0003345　1521

芥子園詩經八卷　（宋）朱熹集傳　清刻本
四冊

370000 – 1587 – 0003346　2653

金丹正理大全群仙珠玉二卷　清刻本　一冊

370000 – 1587 – 0003347　2654

金丹正理大全周易叅同契三卷　（宋）陳顯微
注解　（宋）海蟾子輯　清刻本　二冊

370000 – 1587 – 0003348　2655

金丹正理大全周易叅同契三卷　（宋）陳顯微
注解　（宋）海蟾子輯　清刻本　二冊

370000 – 1587 – 0003349　3748

金剛般若波羅蜜經一卷　（後秦）釋鳩摩羅什
譯　清抄本　二冊

370000 – 1587 – 0003350　3748

大乘諸品經咒三卷　（後秦）釋鳩摩羅什譯
清刻本　一冊　存一卷(中)

370000 – 1587 – 0003351　4089

金剛經如說附心經註　（明）釋古德撰　清道
光二十一年(1841)刻本　一冊

370000 – 1587 – 0003352　4314

金剛經問真　（清）劉瑛注　清光緒二十一年
(1895)刻本　一冊

370000 – 1587 – 0003353　5570 – 1

金剛經　（後秦）釋鳩摩羅什譯　清刻本
一冊

370000 – 1587 – 0003354　3750

金剛經集注四卷　（後秦）釋鳩摩羅什譯

(明)成祖朱棣集註　清刻本　一冊

370000－1587－0003355　3804
金剛經直解一卷　（後秦）釋鳩摩羅什譯
(明)釋袾宏解　清嘉慶二年(1797)刻本
一冊

370000－1587－0003356　3774－1
金剛經直解儀一卷附錄諸佛菩薩神咒　（清）
臧志仁註　清道光二十二年(1842)刻本
一冊

370000－1587－0003357　692
金匱懸解二十二卷　（清）黃元御撰　清刻本
一冊　存七卷(七至十三)

370000－1587－0003358　691
金匱要略箋注十卷　（日本）山邊篤雅撰　清
石印陳修園醫書七十種本　一冊　存五卷
(一至五)

370000－1587－0003359　4684
金匱要略心典三卷　（漢）張仲景撰　（清）尤
怡集注　素問靈樞類纂約註三卷　（清）汪昂
纂輯　（清）汪端　（清）汪桓訂定　（清）汪
惟全校　清刻本　五冊

370000－1587－0003360　3092
金陵雜詠一卷雙佩齋文集四卷詩集八卷
(清)王友亮撰　清乾隆刻本　五冊

370000－1587－0003361　22
金石聚十六卷　（清）張德容輯　清同治十一
年(1872)衢縣聚秀堂刻本　十六冊

370000－1587－0003362　27
金石錄三十卷　（宋）趙明誠撰　清刻本
六冊

370000－1587－0003363　29
金石錄三十卷　（宋）趙明誠撰　清刻本
六冊

370000－1587－0003364　30
金石錄三十卷　（宋）趙明誠撰　清刻本
六冊

370000－1587－0003365　31

金石錄三十卷　（宋）趙明誠撰　清刻本　四
冊　存二十三卷(一至四、七至二十五)

370000－1587－0003366　20
金石索十二卷　（清）馮雲鵬　（清）馮雲鵷輯
清道光元年(1821)滋陽縣署刻本　十二冊
存三卷(二、五至六)

370000－1587－0003367　21
金石索十二卷　（清）馮雲鵬　（清）馮雲鵷輯
清道光元年(1821)邃古齋刻本　四冊

370000－1587－0003368　23
金石圖　（清）牛運震集說　（清）褚峻摹圖
清刻本　四冊

370000－1587－0003369　24
金石圖　（清）牛運震集說　（清）褚峻摹圖
清刻本　四冊

370000－1587－0003370　25
金石圖　（清）牛運震集說　（清）褚峻摹圖
清刻本　四冊

370000－1587－0003371　26
金石圖　（清）牛運震集說　（清）褚峻摹圖
清刻本　二冊

370000－1587－0003372　4756
金石圖　（清）牛運震集說　（清）褚峻摹圖
清刻本　四冊

370000－1587－0003373　37
金石文字記六卷　（清）顧炎武撰　清刻本
一冊　存三卷(一至三)

370000－1587－0003374　216
金史紀事本末五十二卷　（清）李有棠撰　清
刻本　三冊　存四十四卷(一至四十四)

370000－1587－0003375　128
金史詳校十卷　（清）施國祁撰　清光緒六年
(1880)會稽章氏刻本　十冊

370000－1587－0003376　127
金史一百三十五卷　（元）脫脫撰　清同治十
三年(1874)江蘇書局刻本　二十冊

370000－1587－0003377　2212

金台書院課士錄二集　（清）張集馨編　清光緒刻本　三冊

370000－1587－0003378　53

金文雅十六卷　（清）莊仲方編　清光緒十七年(1891)江蘇書局刻本　四冊

370000－1587－0003379　4616

津浦鐵路北段購地局稟定詳細章程　清刻本　一冊

370000－1587－0003380　4713

津浦鐵路北段購地局稟定詳細章程　清光緒石印本　一冊

370000－1587－0003381　4646

近光堂經進初稿十二卷　（清）聶銑敏撰　清刻本　一冊　存二卷(五至六)

370000－1587－0003382　X－119

近光堂經進初稿十二卷　（清）聶銑敏撰　清刻朱墨套印本　五冊　存十一卷(一至五、七至十二)

370000－1587－0003383　3383

近科分韻館詩□□卷二集□□卷　王先謙編　清光緒五年(1879)刻本　十四冊

370000－1587－0003384　4769

近科分韻館詩初集　王先謙原編　（清）范多玨重編　（清）陳漢章增注　清光緒五年(1879)刻本　八冊

370000－1587－0003385　430

近科制藝春霆集不分卷　（清）李鳴謙　（清）吳承緒選　清刻本　一冊

370000－1587－0003386　3280

近思錄十四卷　（宋）朱熹原編　（宋）葉采集解　清刻本　三冊

370000－1587－0003387　686

近思錄集說十四卷　（清）黃奭撰　清影印本　四冊

370000－1587－0003388　687

近思錄集注十四卷　（清）江永集注　清同治

八年(1869)江蘇書局刻本　四冊

370000－1587－0003389　685

近思錄十四卷　（清）江永集注　清同治七年(1868)崇文書局刻本　四冊

370000－1587－0003390　101

晉書一百三十卷　（唐）房玄齡等撰　清同治十年(1871)金陵書局刻本　二十冊　存一百二十三卷(一至四十五、五十三至一百三十)

370000－1587－0003391　3646

縉雲山人詩集八卷附雜著二卷　（清）李瑩撰　清刻本　一冊　存三卷(六至八)

370000－1587－0003392　5235

京口耆舊傳九卷　（清）錢熙祚校　清道光二十四年(1844)金山錢氏據墨海金壺版重編增刊守山閣叢書本　二冊

370000－1587－0003393　3130

經義約選二卷　王錫蕃撰　清光緒刻本　二冊

370000－1587－0003394　3513

經餘必讀八卷　（清）雷琳等輯　清光緒二年(1876)刻本　六冊

370000－1587－0003395　3511

經餘必讀續編八卷三集四卷　（清）雷琳等輯　清刻本　六冊

370000－1587－0003396　5319

涇林續記一卷　（明）周元暐撰　清刻本　一冊

370000－1587－0003397　5233

經傳釋詞十卷　（清）王引之撰　（清）錢熙祚校　清道光二十四年(1844)金山錢氏據墨海金壺版重編增刊守山閣叢書本　二冊

370000－1587－0003398　5474

經國堂新訂增補合節鼇頭通書大全十卷　（明）熊宗立纂輯　（清）熊月疇重訂　清刻本　一冊　存一卷(一)

370000－1587－0003399　598－3

經籍要略　（清）裕德撰　清光緒十六年

(1890)山東書局刻本　一冊

370000－1587－0003400　5462

經濟類考約編二卷　(清)顧九錫輯　清刻本　二冊

370000－1587－0003401　5486－3

經解指要七種　(清)陶大眉匯輯　清刻本　一冊　存二種六卷(書經二卷、詩經四卷)

370000－1587－0003402　5042

周易指要八卷　(清)陶大眉輯　清刻本　二冊　存六卷(三至八)

370000－1587－0003403　273

經史百家雜抄二十六卷　(清)曾國藩輯　清刻本　九冊　存十卷(六至九、十三至十五、二十一、二十五至二十六)

370000－1587－0003404　388

經史百家雜抄二十六卷　(清)曾國藩輯　清刻本　一冊　存一卷(九)

370000－1587－0003405　2630

經史百家雜抄二十六卷　(清)曾國藩輯　清光緒三十二年(1906)商務印書館鉛印本　十二冊

370000－1587－0003406　4757

經文精選　(清)蘭馨主人錄　清光緒元年(1875)刻本　四冊

370000－1587－0003407　X－216

經文約選　清刻本　一冊

370000－1587－0003408　618

經學全書十二章　(清)茹敦和撰　清刻本　一冊　存九章(一至九)

370000－1587－0003409　4587

經筵進講□□卷　清刻本　四冊

370000－1587－0003410　5124

左繡三十卷首一卷　(清)馮李驊　(清)陸浩輯評　清三槐書屋刻本　七冊

370000－1587－0003411　4596

經韻集字析解二卷　(清)彭良敞集注　清道

光十年(1830)濼源書院刻本　二冊

370000－1587－0003412　5301

經咫一卷　(清)陳祖範撰　清光緒十七年(1891)廣雅書局刻本　一冊

370000－1587－0003413　4078

精訂天文異寶纂要一卷　(清)盧威撰　清抄本　一冊

370000－1587－0003414　358

精選對聯備要二卷　(清)趙順翔彙選　清光緒十三年(1887)刻本　一冊　存一卷(上)

370000－1587－0003415　X－328

精選三集　清抄本　一冊

370000－1587－0003416　X－139

精選義論策準繩易讀　清抄本　一冊

370000－1587－0003417　436

景朱本白氏諷諫□卷　(唐)白居易撰　清光緒十九年(1893)刻本　一冊

370000－1587－0003418　5099

景岳全書六十四卷　(明)張介賓撰　清康熙五十五年(1716)刻本　二十一冊

370000－1587－0003419　919

景岳全書六十四卷　(明)張介賓撰　清刻本　十九冊　存五十五卷(一至四十五、四十七、五十二至六十)

370000－1587－0003420　5072

景岳全書六十四卷　(明)張介賓撰　清刻本　八冊　存十二卷(五十三至六十四)

370000－1587－0003421　5334

景岳全書六十四卷　(明)張介賓撰　清刻本　九冊　存二十二卷(二十一至四十二)

370000－1587－0003422　5371

景岳全書六十四卷　(明)張介賓撰　清刻本　八冊　存二十卷(一至二十)

370000－1587－0003423　3139

警心錄十二卷　(清)李毓之輯　清刻本　三冊　存七卷(四至十)

370000－1587－0003424　4293

敬信錄一卷　清光緒三十二年（1906）中華石印局石印本　一冊

370000－1587－0003425　4295

敬信錄一卷　清光緒三十二年（1906）中華石印局石印本　一冊

370000－1587－0003426　4289

敬竈寶經　清明善書局石印本　一冊

370000－1587－0003427　3497

靖節先生集十卷　（晉）陶淵明撰　（清）陶澍集注　**諸本評陶彙集一卷**　（清）陶澍輯　**靖節先生[陶淵明]年譜考異二卷**　（清）陶澍撰　清光緒九年（1883）江蘇書局刻本　四冊

370000－1587－0003428　450

靖節先生集十卷　（晉）陶淵明撰　（清）陶澍集注　**諸本評陶彙集一卷**　（清）陶澍輯　清光緒九年（1883）江蘇書局刻本　三冊

370000－1587－0003429　451

靖節先生[陶淵明]年譜考異二卷　（清）陶澍撰　清刻本　一冊　存一卷（上）

370000－1587－0003430　5252

靖康緗素雜記十卷　（宋）黃朝英撰　（清）錢熙祚校　清道光二十四年（1844）金山錢氏據墨海金壺版重編增刊守山閣叢書本　一冊

370000－1587－0003431　X－144

靜選時藝階　清抄本　一冊

370000－1587－0003432　2902

鏡虹吟室詩集四卷詞集二卷經進稿一卷遺集四卷　（清）孔昭虔撰　清道光十六年至十七年（1836－1837）曲阜孔氏刻本　六冊

370000－1587－0003433　278

鏡虹吟室詩集四卷詞集二卷　（清）孔昭虔撰　清刻本　三冊

370000－1587－0003434　3079

九朝東華錄四百二十五卷（康熙朝至雍正朝）　王先謙撰　清光緒十年（1884）刻本　十九冊　存三十七卷（天命一卷,天聰卷一至三,順治卷一至七,康熙卷一至十一、十四至二十一,雍正卷一至七）

370000－1587－0003435　2624

九經　清刻本　十冊

370000－1587－0003436　2919

九數存古九卷　（清）顧觀光撰　清光緒十八年（1892）江蘇書局刻本　四冊

370000－1587－0003437　713

救急奇方　（清）徐文弼輯　清刻本　一冊

370000－1587－0003438　4331

救劫寶錄　（□）□□撰　清光緒二十一年（1895）刻本　一冊

370000－1587－0003439　2201

救劫度人舟　清明善書局影印本　一冊

370000－1587－0003440　226

居安軒存稿十七卷　張紹價撰　清刻本　四冊

370000－1587－0003441　3297

居東集二卷　蔣智由撰　清宣統二年（1910）上海文明書局石印本　一冊

370000－1587－0003442　X－357

居業堂課童草一卷　（清）劉九官撰　清光緒元年（1875）刻本　一冊

370000－1587－0003443　1072

居業堂課童草一卷　（清）劉九官撰　清光緒元年（1875）刻本　一冊

370000－1587－0003444　1073

居業堂課童草一卷　（清）劉九官撰　清同治十三年（1874）宏文堂刻本　一冊

370000－1587－0003445　1074

居業堂課童草一卷　（清）劉九官撰　清同治十三年（1874）宏文堂刻本　一冊

370000－1587－0003446　3580

居易錄三十四卷　（清）王士禎撰　清刻本　八冊

370000－1587－0003447　3051

居易錄三十四卷　（清）王士禎撰　清刻本
八冊

370000－1587－0003448　2296－3
青在堂菊譜二卷　（清）王概輯　清乾隆四十
七年(1782)金閶書業堂刻彩色套印本　一冊
存一卷(上)

370000－1587－0003449　2834
橘蔭軒全集二十四卷續編六卷　（清）陳錦撰
清光緒刻本　十冊

370000－1587－0003450　5265
句讀補正三十卷　（清）王筠撰　清刻本
一冊

370000－1587－0003451　5302
句溪雜著六卷　（清）陳立撰　清光緒十四年
(1888)廣雅書局刻本　一冊

370000－1587－0003452　3076
句溪雜著六卷　（清）陳立撰　清光緒十六年
(1890)思賢講舍刻本　一冊

370000－1587－0003453　2002
大學衍義補一百六十卷首一卷　（明）丘濬撰
清刻本　四十八冊

370000－1587－0003454　1009－1
絕妙好詞箋七卷附續集二卷　（宋）周密原本
（清）查爲仁　（清）厲鶚箋　（清）余集續
抄　清宣統元年(1909)上海沅記書莊石印本
四冊

370000－1587－0003455　1009－2
絕妙好詞箋七卷附續集二卷　（宋）周密原本
（清）查爲仁　（清）厲鶚箋　（清）余集續
抄　清宣統上海掃葉山房石印本　四冊

370000－1587－0003456　3693
爵秩全覽　清宣統元年(1909)刻本　五冊

370000－1587－0003457　930
爵秩全覽　清光緒二十八年(1902)刻本
二冊

370000－1587－0003458　5017
覺世經直解二卷　清刻本　一冊

370000－1587－0003459　X－297
琴山詩鈔四卷續鈔一卷軍中筆記一卷　（清）
陳玫撰　清刻本　一冊　存三卷(詩鈔卷四、
續鈔一卷、軍中筆記一卷)

370000－1587－0003460　4359
康南海傳九章　梁啓超撰　清刻本　一冊

370000－1587－0003461　610
康熙幾暇格物編二卷　（清）聖祖玄燁撰
(清)盛昱錄　清刻本　二冊

370000－1587－0003462　1475
康熙政要二十四卷　章梫纂　清鉛印本　十
二冊

370000－1587－0003463　2022
康熙字典十二集　（清）張玉書等纂　清刻本
十二冊　存十二卷(申集三卷、酉集三卷、
戌集三卷、亥集三卷)

370000－1587－0003464　2149
康熙字典十二集備考一卷補遺一卷　（清）張
玉書等纂　清光緒二十八年(1902)同文書局
石印本　六冊

370000－1587－0003465　3265
康熙字典十二集　（清）張玉書等纂　清道光
七年(1827)刻本　四十冊

370000－1587－0003466　3267
康熙字典十二集　（清）張玉書等纂　清刻本
三十八冊　缺一集(戌集下)

370000－1587－0003467　4223
康熙字典十二集備考一卷補遺一卷等韻二卷
（清）張玉書等纂　清道光七年(1827)刻本
十六冊　缺八集(辰集、巳集、午集、未集、
申集、酉集、戌集、亥集)

370000－1587－0003468　4400
康熙字典十二集備考一卷補遺一卷　（清）張
玉書等纂　清石印本　五冊　缺七集(子集、
丑集、寅集、卯集、辰集、巳集、午集)

370000－1587－0003469　3266－1
康熙字典十二集　（清）張玉書等纂　清刻本

二十六册　缺四集(辰集、巳集、戌集、亥集)

370000 - 1587 - 0003470　3266 - 2
康熙字典十二集　(清)張玉書等纂　清刻本　十二册　存四集(辰集、巳集、午集、未集)

370000 - 1587 - 0003471　X - 212
康熙字典十二集　(清)張玉書等纂　清道光七年(1827)刻本　三十八册　缺一集(辰集上)

370000 - 1587 - 0003472　X - 230
康熙字典十二集　(清)張玉書等纂　清光緒十一年(1885)上海點石齋石印本　二册

370000 - 1587 - 0003473　X - 334
康熙字典十二集備考一卷補遺一卷　(清)張玉書等纂　清刻本　八册　存十集(子集上中下、丑集上中、寅集上、辰集下、巳集下、午集上、申集中、戌集下、酉集中下、亥集中下)

370000 - 1587 - 0003474　4584
康熙字典十二集備考一卷補遺一卷　(清)張玉書等纂　清石印本　三册　缺八集(子集、丑集、寅集、卯集、辰集、申集、酉集、戌集)

370000 - 1587 - 0003475　4707
康熙字典十二集　(清)張玉書等纂　清刻本　十二册　存四集(辰集、巳集、寅集、卯集)

370000 - 1587 - 0003476　5078
康熙字典十二集　(清)張玉書等纂　清刻本　四十七册

370000 - 1587 - 0003477　5079
康熙字典十二集備考一卷等韻二卷　(清)張玉書等纂　清刻本　四十册

370000 - 1587 - 0003478　5414
康熙字典十二集備考一卷補遺一卷　(清)張玉書等纂　清刻本　六册　存四集(子集上中、巳集中、酉集中、戌集上)

370000 - 1587 - 0003479　5414
康熙字典十二集備考一卷補遺一卷等韻一卷　(清)張玉書等纂　清刻本　七册　存三集(酉集中下、戌集中、亥集上)

370000 - 1587 - 0003480　5414
康熙字典十二集備考一卷補遺一卷　(清)張玉書等纂　清刻本　四册　存四集(卯集上中下、寅集上、巳集上中、申集下)

370000 - 1587 - 0003481　5414
字彙十二集　(明)梅膺祚撰　清刻本　三册　存三集(卯集、辰集、申集)

370000 - 1587 - 0003482　5415
康熙字典十二集備考一卷補遺一卷等韻一卷　(清)張玉書等纂　清光緒三十年(1904)上海錦章書局石印本　六册

370000 - 1587 - 0003483　5416
康熙字典十二集　(清)張玉書等纂　清刻本　一册　存二集(酉集、戌集)

370000 - 1587 - 0003484　5490
康熙字典十二集備考一卷補遺一卷　(清)張玉書等纂　清刻本　十三册　存四集(子集、丑集中下、寅集、卯集)

370000 - 1587 - 0003485　1112
康熙字典十二集備考一卷補遺一卷　(清)張玉書等纂　清上海鴻寶書局石印本　六册　缺一集(辰集)

370000 - 1587 - 0003486　1434
四書集註　(宋)朱熹集註　清光緒二年(1876)刻本　一册　存二卷(大學章句一卷、中庸章句一卷)

370000 - 1587 - 0003487　1098
考槃餘事四卷　(明)屠隆撰　清乾隆六十年(1795)玉溪軒刻本　四册

370000 - 1587 - 0003488　5403
可儀堂稿　(清)俞長城撰　清刻本　一册

370000 - 1587 - 0003489　4632
可之先生全集錄二卷　(唐)孫樵撰　清光緒八年(1882)江蘇書局刻本　一册

370000 - 1587 - 0003490　X - 358
課孫草一卷　清刻本　一册

370000－1587－0003491　3305

空山堂詩集六卷　（清）牛運震撰　清嘉慶六年(1801)刻本　一冊

370000－1587－0003492　3053－1

空山堂史記評註十二卷　（清）牛運震撰　清刻本　八冊

370000－1587－0003493　1372

空山堂史記評註十二卷　（清）牛運震撰　清乾隆五十六年(1791)刻本　八冊

370000－1587－0003494　1374

空山堂史記評註十二卷詩集六卷　（清）牛運震撰　清乾隆五十六年(1791)刻本　四冊　存十二卷(史記評註三至六、九至十,詩集六卷)

370000－1587－0003495　1371

空山堂史記評註十二卷　（清）牛運震撰　清乾隆五十六年(1791)刻本　九冊

370000－1587－0003496　1373

空山堂文集十二卷史記評註十二卷　（清）牛運震撰　清乾隆五十六年(1791)刻本　九冊　存十五卷(文集一至五,史記評註一至二、五至十二)

370000－1587－0003497　3390

空山堂文集十二卷空山堂詩集六卷讀史糾謬十五卷　（清）牛運震撰　清刻本　十五冊

370000－1587－0003498　3075

空山堂文集十二卷　（清）牛運震撰　清嘉慶八年(1803)刻本　七冊

370000－1587－0003499　3727

空山堂文集十二卷詩集六卷　（清）牛運震撰　清嘉慶六年(1801)刻本　九冊

370000－1587－0003500　467

空山堂文集十二卷　（清）牛運震撰　清嘉慶六年(1801)刻本　五冊　存八卷(一、六至十二)

370000－1587－0003501　2669

孔叢伯說經五稿　（清）孔廣林撰　清光緒十

六年(1890)山東書局刻本　七冊

370000－1587－0003502　2155

孔孟圖歌二卷　江鍾秀編　清光緒三十年(1904)山東全省印書局石印本　二冊

370000－1587－0003503　2156

孔孟圖歌二卷　江鍾秀編　清光緒三十年(1904)山東全省印書局石印本　二冊

370000－1587－0003504　2157

孔孟圖歌二卷　江鍾秀編　清光緒三十年(1904)山東全省印書局石印本　二冊

370000－1587－0003505　2158

孔孟圖歌二卷　江鍾秀編　清光緒三十年(1904)山東全省印書局石印本　二冊

370000－1587－0003506　2159

孔孟圖歌二卷　江鍾秀編　清光緒三十年(1904)山東全省印書局石印本　二冊

370000－1587－0003507　2160

孔孟圖歌二卷　江鍾秀編　清光緒三十年(1904)山東全省印書局石印本　一冊

370000－1587－0003508　1664

孔氏支譜不分卷　（清）孔慶餘校補　清刻本　一冊

370000－1587－0003509　3261

孔氏家語十卷　（三國魏）王肅注　清乾隆四十九年(1784)刻本　四冊

370000－1587－0003510　1824

孔氏三出辯一卷　（清）沈畏堂撰　清光緒二十九年(1903)刻本　一冊

370000－1587－0003511　1721

孔子編年五卷　（宋）胡仔編　清嘉慶二十三年(1818)旌德湯庭光刻本　一冊　存二卷(一至二)

370000－1587－0003512　2039

孔子家語二卷　（清）孔毓圻編　清刻本　一冊

370000－1587－0003513　5496－1

孔子世家譜二十二卷首一卷 （清）孔昭煥等
纂修 清刻本 一冊 存二卷（一、首一卷）

370000－1587－0003514 5496－2
孔子世家譜二十二卷首一卷 （清）孔昭煥等
纂修 清刻本 四冊 存七卷（三至六、十三
至十四,首一卷）

370000－1587－0003515 5496－4
孔子世家譜二十二卷首一卷 （清）孔昭煥等
纂修 清刻本 一冊 存二卷（一、首一卷）

370000－1587－0003516 5496－5
孔子世家譜二十二卷首一卷 （清）孔昭煥等
纂修 清刻本 一冊 存一卷（三）

370000－1587－0003517 107
孔子世家譜二十四卷首一卷 （清）孔尚任纂
清康熙二十三年（1684）孔氏刻朱印本
九冊

370000－1587－0003518 5355
叩鉢齋增補應酬全書行廚集十七卷 （清）李
之洴 （清）汪建封輯 清乾隆九年（1744）清
畏堂刻本 三冊 存二卷（五至六）

370000－1587－0003519 545
叩鉢齋增補應酬全書行廚集十七卷叩鉢齋應
酬詩集四卷 （清）李之洴 （清）汪建封輯
清乾隆九年（1744）清畏堂刻本 十六冊 存
十七卷（一至四、六至七、十至十五、十七,詩
集卷一至四）

370000－1587－0003520 5186
叩鉢齋增補應酬全書行廚集十七卷 （清）李
之洴 （清）汪建封輯 清乾隆九年（1744）清
畏堂刻本 二冊 存二卷（一上、十）

370000－1587－0003521 579
中晚唐詩叩彈續集三卷 （清）杜詔 （清）杜
庭珠集 清刻本 一冊

370000－1587－0003522 3540
快心編傳奇二集五卷 （清）天花才子編輯
（清）四橋居士評點 清刻本 五冊

370000－1587－0003523 3562

勗儀糾謬集三卷 （清）孔繼汾撰 清刻本
三冊

370000－1587－0003524 3563
勗儀糾謬集三卷 （清）孔繼汾撰 清刻本
三冊

370000－1587－0003525 3564
勗儀糾謬集三卷 （清）孔繼汾撰 清刻本
三冊

370000－1587－0003526 3565
勗儀糾謬集三卷 （清）孔繼汾撰 清刻本
三冊

370000－1587－0003527 3566
勗儀糾謬集三卷 （清）孔繼汾撰 清刻本
三冊

370000－1587－0003528 3567
勗儀糾謬集三卷 （清）孔繼汾撰 清刻本
三冊

370000－1587－0003529 3568
勗儀糾謬集三卷 （清）孔繼汾撰 清刻本
三冊

370000－1587－0003530 3569
勗儀糾謬集三卷 （清）孔繼汾撰 清刻本
二冊 存一卷（中）

370000－1587－0003531 1665
勗儀糾謬集三卷 （清）孔繼汾撰 清刻本
三冊

370000－1587－0003532 1666
勗儀糾謬集三卷 （清）孔繼汾撰 清刻本
一冊

370000－1587－0003533 1735
勗儀糾謬集三卷 （清）孔繼汾撰 清刻本
三冊

370000－1587－0003534 427
曠視山房小題文二卷 （清）丁守存撰 清同
治三年（1864）楚北登雅堂刻本 一冊 存一
卷（初刻一卷）

370000－1587－0003535　428

曠視山房制藝續集一卷　（清）丁守存撰　清同治四年(1865)楚北登雅堂刻本　一冊

370000－1587－0003536　426

曠視山房制藝一卷　（清）丁守存撰　清同治四年(1865)楚北登雅堂刻本　二冊

370000－1587－0003537　1517

詩集傳八卷　（宋）朱熹集傳　清光緒周村益友堂刻本　四冊

370000－1587－0003538　1518

奎壁詩經八卷　（宋）朱熹集傳　清光緒三十四年(1908)刻本　四冊

370000－1587－0003539　1533

奎壁詩經八卷　（宋）朱熹集傳　清莆陽鄭氏刻本　三冊　存六卷(三至八)

370000－1587－0003540　268

奎壁詩經八卷　（宋）朱熹集傳　清金陵鄭元美刻本　三冊　存五卷(三至四、六至八)

370000－1587－0003541　1539

奎壁詩經四卷　（宋）朱熹集傳　清金陵鄭元美刻本　二冊

370000－1587－0003542　1576

奎壁書經六卷　（宋）蔡沈集傳　清光緒四年(1878)刻本　四冊

370000－1587－0003543　1577

奎壁書經六卷　（宋）蔡沈集傳　清光緒金陵奎壁齋刻本　四冊

370000－1587－0003544　1581

奎壁書經六卷　（宋）蔡沈集傳　清光緒十四年(1888)成文信記刻本　四冊

370000－1587－0003545　1928

奎壁四書十九卷　（宋）朱熹撰　清光緒十二年(1886)書業德記刻本　五冊

370000－1587－0003546　5430

奎壁四書十九卷　（宋）朱熹撰　清光緒二十年(1894)刻本　一冊

370000－1587－0003547　5428

奎壁四書集注十九卷　（宋）朱熹撰　清濟南藝德堂刻本　一冊　存二種(大学、中庸)

370000－1587－0003548　5580

奎壁四書集注十九卷　（宋）朱熹撰　清刻本　六冊

370000－1587－0003549　X－378

奎壁四書集注十九卷　（宋）朱熹撰　清刻本　六冊

370000－1587－0003550　4594

奎壁四書十九卷　（宋）朱熹撰　清光緒十二年(1886)書業德記刻本　六冊

370000－1587－0003551　3702

愧林漫錄　清刻本　二冊

370000－1587－0003552　3478

昆海聯吟不分卷　（清）李元滬編　清嘉慶刻本　一冊

370000－1587－0003553　3491

昆曲譜不分卷　（清）虛生抄　清抄本　一冊

370000－1587－0003554　2845

困學紀聞注二十卷　（清）翁元圻輯　清道光五年(1825)刻本　十二冊

370000－1587－0003555　X－190

[乾隆]萊州府志十六卷首一卷　（清）嚴有禧纂　清乾隆刻本　六冊　存十二卷(五至十六)

370000－1587－0003556　3048

蘭言二集十二卷　（清）謝堃撰　清刻本　四冊

370000－1587－0003557　X－299

爛柯山不分卷　（□）□□撰　清刻本　一冊

370000－1587－0003558　2891

閬風集十二卷附錄一卷補遺一卷　（宋）舒岳祥撰　清刻本　二冊

370000－1587－0003559　3728

琅嬛地理書四卷　（清）陳太初編　清嘉慶八

年(1803)刻本　四冊

370000－1587－0003560　2287

琅嬛覺世經四卷　（清）陳太初編　清嘉慶九
年(1804)刻本　四冊

370000－1587－0003561　3716－1

琅嬛詩集四卷　（清）陳太初編　清嘉慶八年
(1803)抱蘭軒刻本　四冊

370000－1587－0003562　3716－2

琅嬛詩集四卷　（清）陳太初編　清嘉慶八年
(1803)抱蘭軒刻本　四冊

370000－1587－0003563　3726

琅嬛天文集四卷　（清）陳太初編　清嘉慶八
年(1803)抱蘭軒刻本　四冊

370000－1587－0003564　3335

琅嬛仙館詩畧八卷　（清）阮元撰　清刻本
二冊

370000－1587－0003565　1976

老泉先生全集錄五卷　（清）儲欣錄　清光緒
八年(1882)刻本　二冊

370000－1587－0003566　1922

老學□讀書記四卷　（清）彭蘊章撰　清同治
五年(1866)刻本　一冊

370000－1587－0003567　3043

樂道堂文鈔五卷　（清）奕訢撰　清同治六年
(1867)刻本　三十一冊

370000－1587－0003568　3171

樂善堂全集定本三十卷　（清）奕訢撰　清刻
本　六冊　存十一卷(一至九、二十九至三
十)

370000－1587－0003569　4138

了道真經一卷　（清）佚名撰　清活字本
一冊

370000－1587－0003570　832

雷公藥性賦四卷　（金）李杲輯　（明）李仲梓
編　清光緒刻本　四冊

370000－1587－0003571　377

雷塘庵主弟子記八卷　（清）張鑑撰　清刻本
二冊　存六卷(六至七、五至八)

370000－1587－0003572　2958

類書纂要三十三卷　（清）周魯輯　清刻本
八冊　存九卷(一至九)

370000－1587－0003573　294

四書類典串珠四十卷　（清）臧志仁撰　清刻
本　八冊　存十八卷(五至十四、十八至二十
五)

370000－1587－0003574　883

類經三十二卷圖翼十一卷附翼四卷　（明）張
介賓著　清刻本　四十冊

370000－1587－0003575　2142

類考典故四書便蒙十七卷　（宋）朱熹章句
清光緒刻本　一冊　存二種(大學、中庸)

370000－1587－0003576　X－329

類書纂要三十三卷　（清）周魯輯　清刻本
一冊　存一卷(十六)

370000－1587－0003577　1082

類書纂要三十三卷　（清）周魯輯　清刻本
二十四冊　存二十四卷(十至三十三)

370000－1587－0003578　315

蠡莊詩話十卷　（清）玉堂居士(袁潔)撰　清
刻本　六冊　存八卷(二至九)

370000－1587－0003579　3740

禮記體注大全合參四卷　（清）范翔輯　清雍
正三年(1725)刻本　四冊

370000－1587－0003580　4088

禮記易讀二卷　（清）志遠堂主人輯　清光緒
二年(1876)刻本　二冊

370000－1587－0003581　3029

禮山園全集二十二種　（清）李來章撰　清康
熙四十年(1701)刻本　三十二冊

370000－1587－0003582　3031

禮山園全集二十二種　（清）李來章撰　清刻
本　八冊

370000－1587－0003583　2951

李二曲先生集録要四卷　(清)李顒撰　(清)
倪元坦原輯　清道光二十四年(1844)重鐫刻
本　二冊

370000－1587－0003584　2798

**李氏易傳十七卷北夢瑣言二十卷大戴禮記十
三卷周易乾鑿度二卷**　(唐)李鼎祚集解　清
乾隆二十一年(1756)刻本　十四冊

370000－1587－0003585　3706

李肅毅伯奏議十二卷　(清)李鴻章撰　(清)
章洪鈞　(清)吳汝綸輯　清刻本　十三冊

370000－1587－0003586　3683

李太白文集三十卷　(唐)李白撰　清刻本
一冊

370000－1587－0003587　3471

李太白文集二十卷　(唐)李白撰　清光緒刻
本　四冊

370000－1587－0003588　5251

李虛中命書三卷　(唐)李虛中注　**推步法解**
(清)江永撰　(清)錢熙祚校　清刻本　二
冊　存五卷(推步法解一至五)

370000－1587－0003589　1065

李義山詩集輯評三卷　(清)朱鶴齡箋注　清
同治九年(1870)廣州倅署刻朱墨青三色套印
本　四冊

370000－1587－0003590　3340

李長吉集四卷外卷一卷　(唐)李賀撰　(明)
黃淳耀評點　清光緒十八年(1892)刻本
二冊

370000－1587－0003591　2912

李中丞遺集三卷　(清)李發甲撰　清同治九
年(1870)刻本　二冊

370000－1587－0003592　546

里桑十卷　(清)許奉恩撰　清刻本　一冊
存二卷(五至六)

370000－1587－0003593　755

理瀹駢文不分卷　(清)吳師機撰　清同治三

年(1864)抄本　四冊

370000－1587－0003594　888

理瀹駢文不分卷　(清)吳師機撰　清光緒三
年(1877)刻本　二冊

370000－1587－0003595　889

理瀹駢文不分卷　(清)吳師機撰　清光緒元
年(1875)刻本　二冊

370000－1587－0003596　5257

理氣三訣三卷　(清)葉泰輯　清刻本　一冊
存二卷(二下至三)

370000－1587－0003597　X－268

理氣三訣四卷　(清)葉泰輯　清刻本　一冊
存二卷(一至二)

370000－1587－0003598　3042

理學宗傳二十六卷　(清)孫奇逢輯　清道光
二十二年(1042)刻本　十四冊　存十五卷
(十二至二十六)

370000－1587－0003599　3038

理學宗傳二十六卷　(清)孫奇逢輯　清刻本
十六冊

370000－1587－0003600　3040

理學宗傳二十六卷　(清)孫奇逢輯　清刻本
十二冊　存二十卷(一至十六、二十三至二
十六)

370000－1587－0003601　860

里桑十卷　(清)許奉恩撰　清刻本　一冊
存二卷(七至八)

370000－1587－0003602　X－155

禮記十卷附校勘記　(元)陳澔集說　清刻本
二冊　存二卷(四、八)

370000－1587－0003603　X－238

禮記十卷附校勘記　(元)陳澔集說　清刻本
六冊　存六卷(三、五至九)

370000－1587－0003604　X－266

禮記十卷附校勘記　(元)陳澔集說　清刻本
一冊　存一卷(二)

370000 - 1587 - 0003605　X - 296

禮記十卷附校勘記　（元）陳澔集說　清光緒十二年(1886)刻本　九冊　存九卷(一、三至十)

370000 - 1587 - 0003606　X - 339

禮記十卷附校勘記　（元）陳澔集說　清乾隆十八年(1753)刻本　十冊

370000 - 1587 - 0003607　1406

禮記陳氏集說十卷　（元）陳澔集說　清光緒十九年(1893)江南書局刻本　十冊

370000 - 1587 - 0003608　1645

禮記集解六十一卷　（清）孫希旦集解　清刻本　八冊　存三十三卷(二十九至六十一)

370000 - 1587 - 0003609　1656

禮記集說十卷　（元）陳澔集說　清李光明莊刻本　十冊

370000 - 1587 - 0003610　4841

禮記集說十卷　（元）陳澔集說　清乾隆五十五年(1790)刻本　九冊　存九卷(一至六、八至十)

370000 - 1587 - 0003611　5074

禮記集說十卷　（元）陳澔集說　清翰寶樓刻本　十冊

370000 - 1587 - 0003612　5089

禮記集說十卷　（元）陳澔集說　清刻本　六冊　存六卷(二至五、七、十)

370000 - 1587 - 0003613　5090

禮記集說十卷　（元）陳澔集說　清光緒三十年(1904)刻本　六冊　存六卷(一至四、七至八)

370000 - 1587 - 0003614　5091

禮記集說十卷　（元）陳澔集說　清刻本　一冊　存一卷(六)

370000 - 1587 - 0003615　5446

禮記集說十卷　（元）陳澔集說　清光緒十二年(1886)刻本　一冊

370000 - 1587 - 0003616　5468

禮記集說十卷　（元）陳澔集說　清刻本　一冊

370000 - 1587 - 0003617　2679

禮記揭要六卷　（元）陳澔集說　（清）許寶善識　清刻本　一冊　存一卷(二)

370000 - 1587 - 0003618　4996 - 1

禮記精義六卷　（清）黃淦撰　清刻本　一冊　存四卷(一至三、首一卷)

370000 - 1587 - 0003619　W010232

禮記精義六卷　（清）范翔鑒定　清文會堂刻本　四冊

370000 - 1587 - 0003620　W010233

禮記精義六卷　（清）范翔鑒定　清文會堂刻本　四冊

370000 - 1587 - 0003621　2674

禮記全經體注八卷　（元）陳澔集說　（清）范翔訂　清光緒九年(1883)明珍經閣刻本　十二冊　存三十一卷(禮記全經體注一至八、易經大全會解一至四、書經體注合參三至六、詩經融注體要六至八、春秋全傳備旨一至十二)

370000 - 1587 - 0003622　1399

禮記十卷　（元）陳澔集說　清同治十三年(1874)江西書局刻本　十冊

370000 - 1587 - 0003623　1578

禮記十卷　（元）陳澔集說　清光緒三年(1877)永康退補齋胡氏刻本　十冊

370000 - 1587 - 0003624　1659

禮記十卷　（元）陳澔集說　清刻本　八冊　存八卷(二至四、六至十)

370000 - 1587 - 0003625　1958

禮記十卷　（元）陳澔集說　清光緒八年(1882)刻本　十冊

370000 - 1587 - 0003626　X - 265

禮記十卷　（元）陳澔集說　清同治十一年(1872)刻本　二冊　存二卷(一、三)

370000 - 1587 - 0003627　1457

禮記十卷附校勘記　（元）陳澔集說　清同治

十一年(1872)刻本　十册

370000－1587－0003628　1478

禮記四十九卷　(元)陳澔集說　清同治十一年(1872)山東書局刻本　十册　存十卷(一至十)

370000－1587－0003629　1995

禮記體注大全合參四卷　(清)范翔鑒定　清同治四年(1865)刻本　四册

370000－1587－0003630　1128

禮記體注大全合參四卷　(清)范翔輯　(清)徐文初原本　清寶興堂刻本　四册

370000－1587－0003631　1129

禮記體注大全合參四卷　(清)范翔輯　(清)徐文初原本　清善成東記刻本　四册

370000－1587－0003632　1132

禮記體注大全合參四卷　(清)范翔輯　(清)徐文初原本　清刻本　三册　存三卷(一至三)

370000－1587－0003633　1130

禮記體注大全合參四卷　(清)范翔輯　(清)徐文初原本　清刻本　四册

370000－1587－0003634　1133

禮記體注大全合參四卷　(清)范翔訂　清成文堂刻本　三册　存三卷(一至三)

370000－1587－0003635　1134

禮記體注大全合參四卷　(清)范翔輯　清濟南聚和堂刻本　二册　存二卷(一至二)

370000－1587－0003636　1131

禮記體注大全合參四卷　(清)范翔輯　清刻本　四册

370000－1587－0003637　X－208

禮記體註大全四卷　(清)范翔輯　清刻本　四册

370000－1587－0003638　5364

禮記體註大全合參四卷　(清)徐旦撰　(清)范翔輯　清三盛堂記刻本　四册

370000－1587－0003639　4459

禮記體註大全合參四卷　(清)徐旦撰　(清)范翔鑒定　清雍正三年(1725)刻本　四册

370000－1587－0003640　X－1

禮記體註大全合參四卷　(清)范翔輯　清刻本　四册

370000－1587－0003641　5125－2

禮記體註大全四卷　(清)范翔輯　清刻本　三册　存三卷(一、三至四)

370000－1587－0003642　5125－1

禮記體註合參大全四卷　(清)范翔輯　清刻本　四册

370000－1587－0003643　5289

禮記天算釋一卷　(清)孔廣牧撰　清光緒十五年(1889)廣雅書局刻本　一册

370000－1587－0003644　1654

禮記訓義擇言八卷　(清)江永撰　清刻本　一册　存六卷(三至八)

370000－1587－0003645　5276

禮記要義三十三卷　(宋)魏了翁撰　清光緒十二年(1886)江蘇書局刻本　七册　存二十七卷(一至二十七)

370000－1587－0003646　4474

禮記增訂旁訓六卷　(元)陳澔撰　清刻本　四册　存四卷(二至五)

370000－1587－0003647　1625

禮記章句十卷　(元)陳澔撰　清刻本　十册

370000－1587－0003648　1476

禮記章句四十九卷　(清)王夫之傳　清同治四年(1865)金陵湘鄉曾國荃刻本　十六册

370000－1587－0003649　1600

禮記注疏六十三卷　(漢)鄭玄注　(唐)孔穎達疏　清刻本　八册　存十六卷(二十四至三十九)

370000－1587－0003650　420

禮書一百五十卷　(宋)陳祥道撰　清刻本　六册　存二十七卷(三十九至六十五)

370000－1587－0003651　1627

禮書一百五十卷　（宋）陳祥道撰　清嘉慶九年(1804)校經堂刻本　十八冊　存一百十九卷(一至三十四、六十六至一百五十)

370000－1587－0003652　3380

歷朝咏物詩類鈔六卷　（清）姚培謙　（清）王永祺編　清乾隆二十八年(1763)刻本　四冊

370000－1587－0003653　2860

歷代名臣言行錄二十四卷　（清）朱桓編輯　清光緒三十年(1904)刻本　八冊

370000－1587－0003654　3120

歷代名臣言行錄二十四卷　（清）朱桓編輯　清光緒十七年(1891)刻本　七冊　存十四卷(一至八、十三至十四、十七至十八、二十一至二十二)

370000－1587－0003655　494

吏治輯要一卷　（清）倭仁撰　清光緒元年(1875)刻本　一冊

370000－1587－0003656　558

吏治懸鏡八卷　（清）徐文弼編輯　清刻本　五冊　存五卷(一至二、六至八)

370000－1587－0003657　3116

麗體金膏八卷　（清）穆和蘭撰　清刻本　七冊　存七卷(一、三至八)

370000－1587－0003658　3550

利于不息齋初集　（清）孔昭焜撰　清刻本　一冊　存三卷(古今體詩一至三)

370000－1587－0003659　4097

利于不息齋初集　（清）孔昭焜撰　清刻本　一冊

370000－1587－0003660　X－254

荔邨老人遺文一卷　（清）荔邨老人撰　清抄本　一冊

370000－1587－0003661　X－242

笠翁對韻二卷　（清）李漁撰　清刻本　二冊

370000－1587－0003662　189

歷代帝王年表十四卷　（清）齊召南撰　清光

緒二十八年(1902)石印本　六冊

370000－1587－0003663　5279

歷代紀事年表一百卷　（清）龔士炯撰　清刻本　五十四冊　存五十九卷(二十七至五十七、七十三至一百)

370000－1587－0003664　5281

歷代紀事年表一百卷　（清）龔士炯撰　清刻本　十八冊　存十八卷(卷二十七至三十六、四十五至五十二)

370000－1587－0003665　5205

歷代建元考二卷總論一卷類考一卷前編一卷外編四卷　（清）鍾淵映撰　清刻本　二冊

370000－1587－0003666　1143

歷代君鑒五十卷　（明）朱祁鈺撰　清抄本　一冊　存六卷(十九至二十四)

370000－1587－0003667　1144

歷代君鑒五十卷　（明）朱祁鈺撰　清刻本　一冊　存六卷(四十四至四十九)

370000－1587－0003668　511

歷代名臣言行錄二十四卷　（清）朱桓撰　清刻本　一冊　存二卷(二十至二十一)

370000－1587－0003669　5022

歷代名臣奏議集署□□卷　（清）□□撰　清刻本　十三冊　存十三卷(二十五、二十七、二十九至三十一、三十三至四十)

370000－1587－0003670　1200

歷代史論十二卷　（明）張溥論證　（清）孫琮評　清刻本　三冊　存九卷(一至六、十至十二)

370000－1587－0003671　4829

歷代史略六卷　（清）□□撰　清宣統三年(1911)啟明印書社刻本　一冊

370000－1587－0003672　1489

歷代史略六卷　（清）□□撰　清刻本　七冊　存五卷(二至六)

370000－1587－0003673　5343

歷代史要三十章　（清）編譯處編輯　直隸學

校司鑒定　清山東官印書局刻本　一冊　存
上卷

370000－1587－0003674　1822

歷代衍聖公墓誌不分卷　（清）□□撰　清抄
本　一冊

370000－1587－0003675　4433

歷史啓蒙四章　（清）□□撰　清宣統二年
（1910）上海新學會社刻本　一冊　存第一章

370000－1587－0003676　506

曆科墨選鳳樓二卷　（清）經餘厚編　清道光
二十九年（1849）刻本　一冊

370000－1587－0003677　964

隸辨八卷　（清）顧藹吉撰　清刻本　八冊

370000－1587－0003678　1973

隸韻十卷考證二卷　（宋）劉球纂　（清）翁方
綱考證　清刻本　六冊

370000－1587－0003679　3895

蓮溪吟草十四卷　（清）柳堂撰　清光緒二十
八年（1902）刻本　四冊　存十一卷（一至八、
十二至十四）

370000－1587－0003680　1443－1

連元閣四書監本　（春秋）曾參等撰　清刻本
二冊　存十卷（一至十）

370000－1587－0003681　423

廉亭文集八卷　（清）張裕釗撰　清刻本　一
冊　存四卷（五至八）

370000－1587－0003682　3159

濂溪志七卷附遺芳集一卷　（清）周誥輯　清
道光十九年（1839）刻本　四冊

370000－1587－0003683　75

梁任公文鈔不分卷　梁啓超撰　鉛印本
一冊

370000－1587－0003684　110

梁書五十六卷　（唐）姚思廉撰　清同治十三
年（1874）刻本　六冊

370000－1587－0003685　3135

兩罍軒尺牘十一卷拾遺一卷　（清）吳雲撰
清宣統二年（1910）刻本　四冊

370000－1587－0003686　258

兩般秋雨盦隨筆八卷　（清）梁紹壬撰　清文
德堂刻本　三冊　存三卷（一、七至八）

370000－1587－0003687　4724－2

兩朝御批通鑑輯覽一百二十卷　（清）傅恒等
編纂　清刻本　二冊　存十卷（一百三至一
百六、一百十五至一百二十）

370000－1587－0003688　5395

兩當軒詩鈔十六卷　（清）黃景仁撰　清刻本
一冊　存四卷（一至四）

370000－1587－0003689　2763

兩當軒詩鈔十四卷悔存詞鈔二卷　（清）黃景
仁著　清嘉慶刻本　二冊

370000　1587－0003690　3228

聊園集一卷　（清）孔貞瑄撰　清康熙五十年
（1711）刻本　一冊

370000－1587－0003691　4231

聊齋志異新評十六卷　（清）蒲松齡著　（清）
王士正評　（清）但明倫新評　（清）呂湛恩注
清刻本　一冊　存一卷（十五）

370000－1587－0003692　4233

聊齋志異新評十六卷　（清）蒲松齡著　（清）
王士正評　（清）但明倫新評　（清）呂湛恩注
清刻本　二冊

370000－1587－0003693　5437

聊齋志異新評十六卷　（清）蒲松齡撰　（清）
王士正評　（清）但明倫新評　（清）呂湛恩註
清刻本　五冊　存五卷（一、四、十三至十
四、十六）

370000－1587－0003694　215

遼史記事本末四十卷　（清）李有棠撰　清光
緒十五年（1889）石印本　二冊

370000－1587－0003695　136

遼史拾遺補五卷　（清）楊復吉撰　清光緒三
年（1877）刻本　二冊

370000－1587－0003696　135

遼史拾遺二十四卷　（清）厲鶚撰　清光緒元年(1875)刻本　八冊

370000－1587－0003697　134

遼史一百十五卷　（元）托克托撰　清同治十二年(1873)刻本　十二冊

370000－1587－0003698　137

遼史語解十卷　（清）高宗弘曆撰　清光緒四年(1878)刻本　二冊

370000－1587－0003699　1345

列國政要一百三十三卷　（清）戴鴻慈編　清光緒三十三年(1907)刻本　三十二冊

370000－1587－0003700　2200

列女傳讀本八卷　（漢）劉向撰　清影印本　四冊

370000－1587－0003701　5031

林少穆賀蘇撫陶署兩江總督加官保衛　（清）林少穆撰　清抄本　二冊

370000－1587－0003702　3213

林氏五種五卷　（清）林全相著　清刻本　四冊　存四種(五五語、察爾言録、讀書録、圭窗集)

370000－1587－0003703　513

林文忠公政書五種三十七卷　（清）李元度撰　清光緒二十四年(1898)石印本　五冊

370000－1587－0003704　3089

臨川全集録四卷　（清）儲欣撰　清光緒八年(1882)刻本　二冊

370000－1587－0003705　720

臨證指南十卷　（清）葉桂撰　清同治三年(1864)刻本　九冊　存九卷(一至七、九至十)

370000－1587－0003706　871

臨證指南醫案十卷　（清）葉桂撰　清同治三年(1864)刻本　八冊　存七卷(一至七)

370000－1587－0003707　4633

靈峯小識一卷　（清）靈峯精舍編　清刻本一冊

370000－1587－0003708　5349

靈峯小識一卷　（清）靈峯精舍編　清刻本一冊

370000－1587－0003709　851

靈峰先生集十一卷　（清）夏震武撰　清刻本　四冊

370000－1587－0003710　850

靈峰先生詩文讀本十九卷　（清）夏震武撰　清刻本　四冊

370000－1587－0003711　2233

靈山大路三卷　（清）了塵子撰　清光緒十一年(1885)刻本　一冊

370000－1587－0003712　5547

靈樞經九卷　（清）張志聰集注　（清）沈晉垣合參　（清）黃善昌校正　清刻本　一冊　存一卷(三)

370000－1587－0003713　280

嶺南集八卷　（清）羅含章撰　清刻本　二冊　存三卷(五至七)

370000－1587－0003714　2975

嶺上白雲集十二卷窳翁文鈔四卷　（清）陸懋修撰　清光緒二十三年(1897)刻本　四冊

370000－1587－0003715　2964

劉簾舫先生吏治三書　（清）劉衡撰　清同治七年(1868)刻本　一冊

370000－1587－0003716　2848

劉孟涂集四十四卷　（清）劉開撰　清道光六年(1826)刻本　八冊

370000－1587－0003717　3709

劉孟涂集四十四卷　（清）劉開撰　清道光六年(1826)刻本　八冊

370000－1587－0003718　3730

劉氏傳家集　（清）劉青霞等撰　清刻本　六十冊

370000－1587－0003719　3134

留苑盦尺牘叢殘四卷　(清)嚴籀輯　清同治三年(1864)刻本　四冊　缺七種六十九卷(高陽山人文集十二卷補遺一卷詩集二十卷補遺一卷、金石續錄四卷、續一鄉雅言一卷、江村山人未定稿六卷續四卷補遺一卷、擬明代人物志十卷、古今孝友傳補遺三卷、獨學齋詩集二卷文集四卷)

370000 – 1587 – 0003720　357

留青新集二十五卷　(清)陳枚輯　清桂華樓刻本　一冊　存一卷(壽文一)

370000 – 1587 – 0003721　4453

留青新集三十卷　(清)陳枚選　清康熙光華堂刻本　十三冊　存十五卷(一至十五)

370000 – 1587 – 0003722　818

劉河間傷寒三書二十卷　(金)劉守真撰　清刻本　八冊　存二十卷(原病式一至二、保命集三卷、宣明論十五卷)

370000 – 1587 – 0003723　5280

劉氏遺書八卷　(清)劉臺拱撰　清光緒十五年(1889)廣雅書局刻本　二冊　存七卷(一至四、六至八)

370000 – 1587 – 0003724　2796

劉文烈公全集十二卷　(明)劉理順撰　清光緒元年(1875)刻本　六冊

370000 – 1587 – 0003725　2785

劉忠介公人譜一卷　(明)劉宗周撰　清同治七年(1868)刻本　二冊

370000 – 1587 – 0003726　2786

劉忠介公人譜一卷　(明)劉宗周撰　清同治七年(1868)刻本　二冊

370000 – 1587 – 0003727　334

瀏陽二傑文二卷　(清)譚嗣同　(清)唐才常撰　清刻本　一冊　存一卷(二)

370000 – 1587 – 0003728　3899

柳紀齋先生六十壽言不分卷　(清)李鳳崗編校　清光緒三十二年(1906)刻本　二冊　存五卷(一至四、首一卷)

370000 – 1587 – 0003729　486

六集宗經不分卷　(清)□□撰　清刻本　一冊

370000 – 1587 – 0003730　2304

六家弈譜不分卷　(清)王彥侗輯　清刻本　二冊　存六卷(一至六)

370000 – 1587 – 0003731　4741

六梅書屋尺牘四卷　(清)凌丹陛撰　清光緒五年(1879)濟南同會齋刻本　四冊

370000 – 1587 – 0003732　5341

六慎齋文存三卷　(清)徐金銘撰　清刻本　一冊　存一卷(一)

370000 – 1587 – 0003733　5545

六慎齋文存三卷　(清)徐金銘撰　清刻本　一冊　存一卷(三)

370000 – 1587 – 0003734　1987

六書分類十二卷首一卷　(清)傅世垚輯　清刻本　十三冊

370000 – 1587 – 0003735　2000

六書故三十三卷　(宋)戴侗撰　清刻本　十冊　存十七卷(十七至三十三)

370000 – 1587 – 0003736　1967

六書權輿十四卷　(清)劉彤雲學　清刻本　一冊

370000 – 1587 – 0003737　1993

六書通十卷　(明)閔齊伋撰　(清)畢弘述篆訂　清刻本　十冊

370000 – 1587 – 0003738　3401

六也堂訓蒙草一卷　(清)□□撰　清刻本　一冊

370000 – 1587 – 0003739　1974

六一居士全集錄五卷　(宋)歐陽修撰　(清)儲欣錄　清光緒八年(1882)刻本　四冊

370000 – 1587 – 0003740　1975

六一居士外集錄二卷　(宋)歐陽修撰　(清)儲欣錄　清刻本　一冊

370000－1587－0003741　1966

六藝綱目二卷　（元）舒天民撰　清光緒七年(1881)刻本　二冊

370000－1587－0003742　2920

龍川文集三十卷首一卷　（宋）陳亮撰　清道光二十九年(1849)刻本　六冊

370000－1587－0003743　3142

龍威秘書十集　（清）馬俊良輯　清刻本　七十一冊　缺一集一卷(七集、八集卷四)

370000－1587－0003744　3143

龍威秘書十集　（清）馬俊良輯　清刻本　五十六冊　缺三集(六、九至十)

370000－1587－0003745　3144

龍威秘書十集　（清）馬俊良輯　清刻本　五十六冊　缺三集(二、六、八)

370000－1587－0003746　X－330

龍光甸先生字學舉隅一卷　（清）龍啓瑞等輯　清抄本　一冊

370000－1587－0003747　1674

龍光詩經八卷　（宋）朱熹集傳　清文聚悅記刻本　二冊

370000－1587－0003748　1675

龍光詩經八卷　（宋）朱熹集傳　清福成堂刻本　二冊　存三卷(一至二、五)

370000－1587－0003749　5486－2

龍光詩經八卷　（宋）朱熹集傳　清刻本　一冊　存二卷(一至二)

370000－1587－0003750　4255

龍光易經四卷　（宋）朱熹集傳　清刻本　二冊

370000－1587－0003751　1232

龍虎山志十六卷　（清）婁近垣重輯　清刻本　一冊　存一卷(六)

370000－1587－0003752　4758

龍彎集不分卷　（清）愛日居主人編　清同治九年(1870)刻本　七冊　存十四卷(一至八、十一至十六)

370000－1587－0003753　4894

龍威秘書十集　（清）馬俊良編　清刻本　二冊　存三種三卷(第九集八紘譯史卷四、八紘□史卷一、西藏記下卷)

370000－1587－0003754　1264

說文繫傳四十卷　（五代）徐鍇撰　清刻本　八冊

370000－1587－0003755　4659

龍文鞭影初集二卷二集二卷　（明）蕭良有纂輯　（清）楊臣諍增訂　清光緒十二年(1886)上洋江左書林刻本　三冊　存三卷(初集存下卷、二集存上下卷)

370000－1587－0003756　910

龍文鞭影二卷　（明）蕭良有纂輯　（清）楊臣諍增訂　清乾隆四十四年(1779)金陵聚錦堂刻本　一冊　存一卷(上)

370000－1587－0003757　911

龍文鞭影二卷　（明）蕭良有纂輯　（清）楊臣諍增訂　清同治五年(1866)刻本　二冊

370000－1587－0003758　912

龍文鞭影二卷　（明）蕭良有纂輯　（清）楊臣諍增訂　清光緒三十年(1904)承天新刻本　一冊　存一卷(上)

370000－1587－0003759　913

龍文鞭影二卷　（明）蕭良有纂輯　（清）楊臣諍增訂　清宣統元年(1909)刻本　一冊　存一卷(上)

370000－1587－0003760　2971

龍莊遺書十五卷　（清）汪輝祖撰　清刻本　六冊

370000－1587－0003761　1722

陋巷志八卷　（明）呂兆祥重修　（清）顏光魯參考　（清）顏紹統訂閱　清刻本　四冊

370000－1587－0003762　508

求己錄二卷　（清）蘆涇遯士編　清刻本　一冊

370000－1587－0003763　1729

魯遊小草二卷　（清）汪基博撰　清刻本　一冊　存一卷（下）

370000－1587－0003764　1730

魯遊小草二卷　（清）汪基博撰　清刻本　一冊　存一卷（下）

370000－1587－0003765　374

魯遊小草二卷　（清）汪基博撰　清刻本　一冊　存一卷（上）

370000－1587－0003766　375

魯遊小草二卷　（清）汪基博撰　清刻本　一冊　存一卷（上）

370000－1587－0003767　X－373

陸稼書先生真稿不分卷　（清）陸隴其撰　清刻本　三冊

370000－1587－0003768　2801

陸宣公集二十二卷首一卷　（唐）陸贄撰　清光緒二年（1876）刻本　六冊

370000－1587－0003769　100

陸狀元通鑑一百二十卷　（宋）司馬光撰　清刻本　二十四冊　存三十七卷（八十四至一百二十）

370000－1587－0003770　2945

鹿洲初集二十卷　（清）藍鼎元撰　清刻本　八冊

370000－1587－0003771　2844

鹿洲公案集二卷鹿洲女學二卷棉陽學準二卷鹿洲東征二卷修史識筆二卷　（清）藍鼎元撰　清刻本　九冊

370000－1587－0003772　2650

路史發揮六卷　（宋）羅泌撰　（明）吳弘基訂　清刻本　六冊

370000－1587－0003773　2652

路史國名記八卷　（宋）羅泌撰　（明）吳弘基訂　清刻本　七冊

370000－1587－0003774　2651

路史後紀十四卷　（宋）羅泌撰　（明）吳弘基訂　清刻本　五冊

370000－1587－0003775　2648

路史前紀九卷　（宋）羅泌撰　（明）吳弘基訂　清刻本　三冊

370000－1587－0003776　2649

路史餘論九卷　（宋）羅泌撰　（明）吳弘基訂　清刻本　三冊

370000－1587－0003777　80

路史二十七卷　（宋）羅泌撰　（明）吳弘基訂　清刻本　二十冊

370000－1587－0003778　2950

路史前紀九卷後紀十四卷　（宋）羅泌撰　清乾隆元年（1736）刻本　五冊

370000－1587－0003779　2870

灤陽消夏録十二卷　（清）紀昀撰　清刻本　六冊

370000－1587－0003780　5292

輪輿私箋二卷附録一卷　（清）鄭珍撰　清光緒十七年（1891）廣雅書局刻本　一冊

370000－1587－0003781　3220

論孟卮言一卷　（清）江瀚撰　清刻本　一冊

370000－1587－0003782　1392

論衡三十卷　（漢）王充撰　清刻本　十冊

370000－1587－0003783　349

論文一卷　（清）□□撰　清刻本　一冊

370000－1587－0003784　5546－1

論語十卷　（宋）朱熹集註　清刻本　一冊

370000－1587－0003785　5546－2

論語十卷　（宋）朱熹集註　清刻本　一冊　存三卷（八至十）

370000－1587－0003786　5546－3

論語十卷　（宋）朱熹集註　清書業德刻本　三冊　存七卷（四至十）

370000－1587－0003787　5546－4

論語十卷　（宋）朱熹集註　清刻本　一冊　存三卷（八至十）

370000－1587－0003788　X－138

論語十卷　（宋）朱熹集註　清刻本　一冊
存五卷(一至五)

370000－1587－0003789　X－168
論語十卷　（宋）朱熹集註　清刻本　一冊

370000－1587－0003790　X－172
論語十卷　（宋）朱熹集註　清刻本　一冊
存五卷(六至十)

370000－1587－0003791　W010230
論語十卷　（宋）朱熹集註　清刻本　一冊
存五卷(六至十)

370000－1587－0003792　4257
論語十卷　（宋）朱熹集註　清刻本　一冊
存二卷(六至七)

370000－1587－0003793　2042
論語古註集箋十卷論語考一卷　（清）潘維城
撰　清光緒七年(1881)刻本　六冊

370000－1587－0003794　2035
論語後案二十卷　（清）黃式三撰　清刻本
二冊　存四卷(三至四、十一至十二)

370000－1587－0003795　X－76
論語會義詩一卷　（清）□□撰　清抄本
一冊

370000－1587－0003796　2024
論語集注十卷　（宋）朱熹集注　清刻本　四
冊　存八卷(三至十)

370000－1587－0003797　2025
論語集注十卷　（宋）朱熹集注　清刻本　二
冊　存五卷(六至十)

370000－1587－0003798　5177
論語十卷　（宋）朱熹集註　清同治十一年
(1872)山東書局刻本　二冊

370000－1587－0003799　5178
論語十卷　（宋）朱熹集註　清同治十一年
(1872)山東書局刻本　二冊

370000－1587－0003800　5179
論語十卷　（宋）朱熹集註　清同治十一年

(1872)山東書局刻本　二冊

370000－1587－0003801　5266
論語十卷　（宋）朱熹集註　清刻本　四冊

370000－1587－0003802　5267
論語十卷　（宋）朱熹集註　清刻本　二冊

370000－1587－0003803　5466
論語十卷　（宋）朱熹集註　清刻本　二冊
存七卷(四至十)

370000－1587－0003804　X－165
論語十卷　（宋）朱熹集註　清刻本　二冊

370000－1587－0003805　5526
古文選釋八卷　（清）臧岳編輯　清刻本
一冊

370000－1587－0003806　3451
古文雅正十四卷　（清）蔡世遠選評　清光緒
二十八年(1902)刻本　八冊

370000－1587－0003807　3169
古文翼八卷　（□）□□撰　清刻本　七冊
存七卷(三至五、八至十一)

370000－1587－0003808　1080
古文翼八卷　（清）唐德宜編　清刻本　五冊
存六卷(河東集下、左傳下、國語上、國策
下、史記二卷)

370000－1587－0003809　2928
古文淵鑑六十四卷　（清）徐乾學等編　清刻
本　十冊　存二十七卷(九至十一、十四至十
六、二十三至二十五、二十九至四十一、四十
六至四十七、五十三至五十五)

370000－1587－0003810　3551
古文源六卷　（清）孔傳鐸編纂　（清）顧彩校
訂　清刻本　二冊

370000－1587－0003811　3493
古文苑二十一卷　（宋）章樵注　清光緒十二
年(1886)刻本　四冊

370000－1587－0003812　2938－1
古文苑二十一卷　（宋）章樵注　清光緒二十

四年(1898)蘇州書局刻本　四冊

370000－1587－0003813　3734

古香齋新刻袖珍淵鑑類函四百五十卷目录四卷　(清)張英等撰　清刻本　一百四十六冊　存四百三卷(一至六十四、六十九至一百九十一、一百九十四至二百一、二百六至二百十五、二百十九至二百二十六、二百三十至二百五十九、二百六十九至二百八十五、二百九十四至二百九十七、三百三至三百七十、三百七十七至三百七十九、三百八十七至四百五十,目录四卷)

370000－1587－0003814　5033

古香齋新刻袖珍淵鑑類函四百五十卷目录四卷　(清)張英等撰　清刻本　一冊　存二卷(一百九十二至一百九十三)

370000－1587－0003815　1161

古香齋新刻袖珍淵鑑類函四百五十卷目录四卷　(清)張英等撰　清刻本　一百六十冊

370000－1587－0003816　94

古逸叢書　(清)黎庶昌輯　清刻本　四十九冊

370000－1587－0003817　2888

古愚叢書　(清)汪汲輯　清刻本　二十二冊

370000－1587－0003818　45

古玉圖考不分卷　(清)吳大澂撰　清光緒刻本　二冊

370000－1587－0003819　5197

守山閣叢書　(清)錢熙祚輯　清道光二十四年(1844)刻本　二冊　存二種八卷(古韻標準四卷首一卷、三國誌辨誤三卷)

370000－1587－0003820　3377

顧鳳翔遺集　(清)顧騄撰　清光緒三十二年(1906)刻本　一冊

370000－1587－0003821　2299

顧端文公遺書　(明)顧憲成撰　清刻本　二冊　存十八卷(顧端文公小心齋劄記一至十八)

370000－1587－0003822　2744

顧氏音學五書　(清)顧炎武撰　清刻本　十二冊

370000－1587－0003823　3784

官板正字中庸集注　(□)□□撰　清刻本　一冊

370000－1587－0003824　2285

關帝寶訓像注　(□)□□撰　清刻本　三冊　存三卷(一至二、四)

370000－1587－0003825　4678

關帝救人心□□卷　(清)桃園主人糸正　清道光二十一年(1841)刻本　一冊

370000－1587－0003826　381

關聖帝君覺世寶訓□□卷　(□)□□撰　清刻本　一冊　存一卷(一)

370000－1587－0003827　4319

關聖覺世經　(□)□□撰　清刻本　一冊

370000－1587－0003828　3892

關中書院課士詩　(□)□□撰　清光緒十一年(1885)刻本　四冊

370000－1587－0003829　325

關中書院課士詩第八集時藝話第七集　(□)□□撰　清刻本　六冊

370000－1587－0003830　2208

觀乎成山　(清)王錫蕃撰　清宣統二年(1910)刻本　一冊

370000－1587－0003831　5221

守山閣叢書　(清)錢熙祚輯　清道光二十四年(1844)刻本　二冊　存三種六卷(觀林詩話一卷、餘師錄四卷、詞源卷上)

370000－1587－0003832　28

觀妙齋藏金石文考略十六卷　(清)李光暎撰　清刻本　十六冊

370000－1587－0003833　4269

觀菩般若波羅蜜多心經秘解　(□)□□撰　清刻本　一冊

370000－1587－0003834　481

觀所養齋詩稿四卷　（清）徐元潤撰　清刻本
一冊

370000－1587－0003835　2221

觀音濟度本願真經二卷　（□）□□撰　清光
緒元年(1875)刻本　一冊

370000－1587－0003836　3714

館律分均初編　（□）□□撰　清光緒十四年
(1888)石印本　六冊

370000－1587－0003837　299

管子評注二十四卷　（漢）司馬遷撰　清嘉慶
九年(1804)刻本　二冊　存七卷(一至三、十
三至十六)

370000－1587－0003838　370

館律分韻初編六卷　（清）延子澄輯　清刻本
一冊　存一卷(二)

370000－1587－0003839　2856

廣西通志輯要十七卷首一卷　（清）蘇宗經輯
清光緒十五年(1889)刻本　十三冊

370000－1587－0003840　3516

廣韻五卷　（宋）陳彭年撰　清刻本　五冊

370000－1587－0003841　3517

廣治平署三十六卷補編八卷　（清）蔡方炳撰
清光緒十三年(1887)石印本　四冊

370000－1587－0003842　11

廣博物志五十卷　（明）董斯張撰　明刻本
十八冊

370000－1587－0003843　163

廣博物志五十卷　（明）董斯張撰　清道光十
六年(1836)刻本　十二冊　存十八卷(五至
七、十至十四、二十三至二十八、三十七、四十
四至四十六)

370000－1587－0003844　2863－1

廣廣事類賦三十二卷　（清）吳世旃撰　清嘉
慶元年(1796)刻本　八冊

370000－1587－0003845　5297

廣經室文鈔一卷　（清）劉恭冕撰　清光緒十

五年(1889)廣雅書局刻本　一冊

370000－1587－0003846　1103

廣陵詩事十卷　（清）阮元撰　清光緒十六年
(1890)京師揚州會館重刻本　二冊

370000－1587－0003847　460

廣事類賦四十卷　（清）華希閔撰　清刻本
一冊　存五卷(三十六至四十)

370000－1587－0003848　2769

廣事類賦四十卷　（清）華希閔撰　清刻本
八冊

370000－1587－0003849　4665

廣事類賦四十卷　（清）華希閔撰　清刻本
六冊　存三十九卷(一至二十四、二十六至四
十)

370000－1587－0003850　412

廣事類賦四十卷　（清）華希閔撰　清刻本
一冊　存四卷(二十六至二十九)

370000－1587－0003851　5313

廣陽雜記五卷　（清）劉獻廷撰　清刻本
三冊

370000－1587－0003852　153

廣輿記二十四卷　（清）蔡方炳撰　清嘉慶七
年(1802)刻本　十三冊

370000－1587－0003853　400

廣輿記二十四卷　（清）蔡方炳撰　清刻本
一冊　存一卷(十八)

370000－1587－0003854　2050

廣治平略三十六卷　（清）蔡方炳編　清刻本
六冊

370000－1587－0003855　3224

歸樸龕叢稿十二卷　（清）彭蘊章撰　清刻本
二冊　存八卷(一至八)

370000－1587－0003856　3440

歸省贈言錄不分卷　（清）姚子梁撰　清刻本
一冊

370000－1587－0003857　3290

歸愚詩鈔二十卷歸愚文鈔餘集七卷 [沈德潛]
年譜一卷 （清）沈德潛撰 清刻本 七冊

370000－1587－0003858 3582
歸愚詩鈔餘集八卷 （清）沈德潛撰 清刻本
二冊

370000－1587－0003859 3584
歸愚文鈔二十卷 （清）沈德潛撰 清刻本
八冊

370000－1587－0003860 207
歸方評點史記一百三十卷 （漢）司馬遷撰
（明）歸有光 （明）方苞評點 清石印本 十
八冊 存九十二卷（二至四、六至二十、二十
二至二十六、四十七至七十二、八十一至一百
二十一、一百二十九至一百三十）

370000－1587－0003861 3208
桂宮梯六卷 （清）徐謙輯 清道光十八年
（1838）刻本 四冊

370000－1587－0003862 734
膏粉秘方不分卷 （清）焦琢亭撰 清刻本
一冊

370000－1587－0003863 3131
國朝古文正的七卷 （清）楊彝珍輯 清刻本
一冊 存二卷（六至七）

370000－1587－0003864 3418
國朝畫識十七卷 （清）馮金伯纂輯 清乾隆
五十六年（1791）刻本 六冊 存十二卷（一
至十二）

370000－1587－0003865 2820
國朝畿輔詩傳六十卷 （清）陶樑輯 清道光
十九年（1839）刻本 十六冊

370000－1587－0003866 3807
國朝先生事略六十卷 （清）李元度纂 清光
緒二十五年（1899）刻本 六冊 存三十八卷
（一至四、十至四十三）

370000－1587－0003867 2911
國朝諡法考一卷 （清）王士禎編 清刻本
一冊

370000－1587－0003868 2861
國朝正雅集九十九卷首一卷 （清）符葆森輯
清咸豐六年（1856）刻本 三十冊

370000－1587－0003869 3813
國語二十一卷 （三國吳）韋昭註 （宋）宋庠
補音 清乾隆二十七年（1762）刻本 四冊

370000－1587－0003870 3172
國語選四卷 （清）儲欣撰 清乾隆四十九年
（1784）刻本 二冊

370000－1587－0003871 2819
國朝詞綜四十八卷二集八卷 （清）王昶輯
清刻本 八冊

370000－1587－0003872 67
國朝畫徵錄三卷續錄二卷 （清）張庚撰 清
刻本 二冊

370000－1587－0003873 X－157
國朝歷科發蒙小品不分卷 （清）唐惟懋評選
清刻本 一冊 存上論

370000－1587－0003874 312
國朝論策類編六卷經義附一卷 （清）朱鍾琪
輯 清光緒二十四年（1898）刻本 二冊 存
三卷（論一、四,策上）

370000－1587－0003875 2730
國朝耆獻類徵初編七百二十卷 （清）李桓輯
清光緒十年至十六年（1884－1890）刻本
一百四十四冊 存三百九十九卷（國朝耆獻
類徵初編一至二十、宗室一至十二、首一卷,
諫臣一至六,詞臣一至十八,宰輔一至四、十
九至二十、二十三至四十,通檢一至十,郎署
一至二、五至十,卿貳一至七十四,疆臣三至
三十六,外藩十三至二百四）

370000－1587－0003876 1108
國朝山左詩續鈔三十二卷 （清）張鵬展輯
清嘉慶十八年（1813）刻本 八冊 存十五卷
（一至十五）

370000－1587－0003877 683
國朝山左詩續鈔三十二卷 （清）張鵬展輯

清刻本　五册　存十五卷(十五至二十、二十四至三十二)

370000－1587－0003878　455
國朝詩別裁集三十六卷 （清）沈德潛輯　清刻本　六册　存十二卷(一至二、五至十四)

370000－1587－0003879　454
國朝詩別裁集三十六卷 （清）沈德潛輯　清刻本　十三册　存三十卷(一至三十)

370000－1587－0003880　326
國朝先生事略六十卷 （清）李元度纂　清光緒二十五年(1899)影印本　七册　存五十五卷(一至二十、二十六至六十)

370000－1587－0003881　X－327
國朝小題匯覽不分卷 （清）王步青評　清刻本　一册　存大學

370000－1587－0003882　X－65
國朝小題匯覽不分卷 （清）王步青評　清刻本　二册　存論語上論語下、大學

370000－1587－0003883　2741
國朝中州文徵五十四卷首一卷 （清）蘇源生輯　清道光二十三年(1843)刻本　二十八册

370000－1587－0003884　2742
國朝中州文徵五十四卷首一卷 （清）蘇源生輯　清道光二十三年(1843)刻本　二十八册

370000－1587－0003885　5311
國史考異六卷 （清）潘檉章撰　（清）吳炎訂　清刻本　三册

370000－1587－0003886　5129－1
國語二十一卷 （三國吳）韋昭注　**戰國策十一卷** （宋）鮑彪注　清康熙四十二年(1703)刻本　四册　存十二卷(一至六、九至十四)

370000－1587－0003887　X－32
國語二十一卷 （三國吳）韋昭注　清刻本　三册　存十八卷(四至二十一)

370000－1587－0003888　5191
國語補音三卷 （宋）宋庠撰　清微波樹刻本　一册

370000－1587－0003889　122
國語二十一卷 （三國吳）韋昭注　清刻本　四册

370000－1587－0003890　123
國語二十一卷 （三國吳）韋昭注　清刻本　四册

370000－1587－0003891　1395
國語二十一卷 （三國吳）韋昭注　**札記一卷** （清）黃丕烈撰　清嘉慶五年(1800)黃氏讀未見書齋刻士禮居黃氏叢書本　一册

370000－1587－0003892　2616
國語二十一卷 （三國吳）韋昭注　（清）孔傳鐸校　清乾隆三十一年(1766)刻本　四册

370000－1587－0003893　2617
國語二十一卷 （三國吳）韋昭注　（清）孔傳鐸校　清乾隆三十一年(1766)刻本　四册

370000－1587－0003894　2618
國語二十一卷 （三國吳）韋昭注　（清）孔傳鐸校　清乾隆三十一年(1766)刻本　四册

370000－1587－0003895　2619
國語二十一卷 （三國吳）韋昭注　（清）孔傳鐸校　清乾隆三十一年(1766)刻本　四册

370000－1587－0003896　2620
國語二十一卷 （三國吳）韋昭注　（清）孔傳鐸校　清乾隆三十一年(1766)刻本　四册

370000－1587－0003897　2621
國語二十一卷 （三國吳）韋昭注　（清）孔傳鐸校　清乾隆三十一年(1766)刻本　四册

370000－1587－0003898　2622
國語二十一卷 （三國吳）韋昭注　（清）孔傳鐸校　清乾隆三十一年(1766)刻本　四册

370000－1587－0003899　2623
國語二十一卷 （三國吳）韋昭注　（清）孔傳鐸校　清乾隆三十一年(1766)刻本　四册

370000－1587－0003900　X－278
國語二十一卷 （三國吳）韋昭注　（宋）宋庠補音　清刻本　一册

370000－1587－0003901　1017

國語解敍　（□）□□撰　清嘉慶五年(1800)
刻本　一冊

370000－1587－0003902　1320

海國圖志一百卷　（清）魏源撰　清光緒二十
四年(1898)文賢閣石印本　八冊　存五十四
卷(一至三、二十四至三十六、四十五至七十
七、八十八至九十二)

370000－1587－0003903　3160

海康陳清端公［璸］年譜二卷　（清）丁宗洛編
　清刻本　一冊　存一卷(下)

370000－1587－0003904　3673

海康陳清端公詩集十卷　（清）陳璸撰　清刻
本　二冊

370000－1587－0003905　396

海螺軒歷代人物輯錄不分卷　（清）□□輯
清抄本　一冊

370000－1587－0003906　4839

海南一勺合編三十二卷　（清）鶴洞子纂輯
清四香草堂刻本　一冊　存六卷(十六至二
十一)

370000－1587－0003907　4840

海南一勺合編三十二卷　（清）鶴洞子纂輯
清四香草堂刻本　一冊　存四卷(七至十)

370000－1587－0003908　3373

海秋詩集二十六卷　（清）湯鵬撰　清刻本
八冊

370000－1587－0003909　3530

海曲賦鈔前集不分卷　（清）秦兆瀛　（清）鄭
作相編　清光緒九年(1883)刻本　二冊

370000－1587－0003910　2869

海棠花館批注七家詩詞　（□）□□撰　清刻
本　七冊　存六卷(修竹齋卷二、尚絅堂卷
三、聖花館卷四、桐雲閣卷五、蘭雪齋卷六、西
泜試帖卷七)

370000－1587－0003911　3149

韓集點勘四卷　（清）陳景雲撰　清同治九年

(1870)刻本　一冊

370000－1587－0003912　2248

寒山拾得詩不分卷　（唐）釋寒山　（唐）釋拾
得撰　清刻本　一冊

370000－1587－0003913　432

韓昌黎先生全集錄四十卷　（唐）韓愈撰　清
刻本　五冊　存六卷(三至八)

370000－1587－0003914　332

韓非子集解二十卷　（清）王先慎撰　清刻本
　一冊　存四卷(十三至十六)

370000－1587－0003915　X－311

韓太史鄉墨　（□）□□撰　清抄本　一冊

370000－1587－0003916　2873

漢名臣傳三十二卷　（清）國史館編　清刻本
　三十二冊

370000－1587－0003917　5262

汗簡箋正七卷　（宋）郭忠恕撰　（清）鄭珍箋
正　清光緒十五年(1889)廣雅書局刻本
四冊

370000－1587－0003918　4283

旱母元君本願真經　（□）□□撰　清石印本
　一冊

370000－1587－0003919　5300

漢碑徵經一卷　（清）朱百度撰　清光緒十五
年(1889)廣雅書局刻本　一冊

370000－1587－0003920　X－200

漢書鈔九十三卷　（明）茅坤輯　清刻本　二
冊　存五卷(四十至四十二、九十二至九十
三)

370000－1587－0003921　5030

漢書評林一百卷　（明）凌稚隆輯校　清刻本
　十三冊　存三十四卷(七至十一、十七至十
九、二十至二十一上、二十三至二十四、二十
七至三十五、四十五至四十八、六十九至七十
四、八十三至八十五)

370000－1587－0003922　188

漢書一百卷　（漢）班固撰　清刻本　四十一

冊　存九十八卷(前漢書二十至三十、四十六至五十一、七十五至七十九,後漢書一至四、十四至四十二、四十八至九十)

370000－1587－0003923　19
漢魏叢書　(明)程榮輯　明刻本　六十九冊

370000－1587－0003924　2773
廣漢魏叢書　(明)何允中輯　清刻本　十四冊　存十九種九十卷(博物志十卷、古今注三卷、風俗通義十卷、人物志三卷、文心雕龍十卷、詩品三卷、書品一卷、顏氏家訓二卷、鹽鐵論十二卷、三輔黃圖六卷、華陽國志十四卷、伽藍記五卷、水經二卷、星經二卷、荊楚歲時記一卷、南方草木狀三卷、竹譜一卷、古今刀劍錄一卷、鼎錄一卷)

370000－1587－0003925　2774
廣漢魏叢書　(明)何允中輯　清刻本　十三冊　存十一種七十一卷(神仙傳十卷、高士傳三卷、英雄記鈔一卷、素書一卷、心書一卷、孫子二卷、新語二卷、新書十卷、新序十卷、新論十卷、淮南鴻烈解二十一卷)

370000－1587－0003926　2731
漢魏六朝百三名家集　(明)張溥輯　清光緒十八年(1892)刻本　八十九冊

370000－1587－0003927　366
翰苑分書館律分韻初編　(□)□□撰　清刻本　一冊　存一卷(五)

370000－1587－0003928　2678
翰苑十三經集字不分卷　(清)李鴻藻輯注　清光緒十四年(1888)刻本　一冊

370000－1587－0003929　5358
翰苑十三經集字不分卷　(清)李鴻藻輯注　清抄本　一冊

370000－1587－0003930　3153
蒿庵集三卷蒿庵閒話二卷　(清)張爾岐撰　清光緒十五年(1889)刻本　三冊

370000－1587－0003931　1075
合訂能與集　(清)鄧林定　清令德堂刻本

二冊

370000－1587－0003932　149
河北采風錄一卷　(清)王鳳生撰　清道光六年(1826)刻本　四冊

370000－1587－0003933　2884
河東全集錄　(□)□□撰　清光緒八年(1882)刻本　一冊

370000－1587－0003934　1981
河東先生全集錄六卷　(唐)柳宗元撰　(清)儲欣錄　清刻本　五冊　存五卷(二至六)

370000－1587－0003935　4895
河洛理數七卷　(宋)陳摶撰　(宋)邵雍述　(明)史應選　(明)念沖甫重訂　清德聚堂刻本　五冊

370000－1587－0003936　4896
河洛理數七卷　(宋)陳摶撰　(宋)邵雍述　(明)史應選　(明)念沖甫重訂　清刻本　一冊　存一卷(一)

370000－1587－0003937　3239
河南鄉試闈墨　(□)□□撰　清光緒二十八年(1902)刻本　一冊

370000－1587－0003938　3192
河圖心法合纂直講十三卷　(清)蘭陵不二子撰　清同治十二年(1873)刻本　六冊

370000－1587－0003939　3352
鶴邊詞　(清)顧彩撰　清刻本　一冊

370000－1587－0003940　3061
鶴侶齋詩　(清)孫勷撰　清道光二十三年(1843)刻本　四冊

370000－1587－0003941　48
恒軒吉金錄不分卷　(清)吳大澂編　清光緒刻本　二冊

370000－1587－0003942　1326
紅豆村人詩稿十四卷　(清)袁樹撰　清刻本　四冊

370000－1587－0003943　1894

紅萼詞二卷　（清）孔傳鐸撰　（清）顧彩評
（清）孔傳鋕參　清雍正刻本　二冊

370000－1587－0003944　821

紅樓夢圖詠　（清）改琦繪　清刻本　四冊

370000－1587－0003945　5419

紅樓夢一百二十回　（清）曹雪芹撰　清東觀
閣刻本　五冊　存二十五回（三十六至四十、
七十一至七十五、八十一至九十五）

370000－1587－0003946　5421

紅樓圓夢三十回　（清）麟鶴山人撰　清嘉慶
十九年（1814）刻　四冊

370000－1587－0003947　3512

鴻泥續録鴻泥續吟　（□）□□撰　清刻本
三冊　存四卷（續録一至四）

370000－1587－0003948　3128

鴻雪因緣圖記二集六卷　（清）麟慶撰　清光
緒十二年（1886）刻本　六冊

370000－1587－0003949　1036

侯鯖集十卷　（清）李友棠撰　清靜香閣刻本
二冊　存七卷（一至七）

370000－1587－0003950　1370

後漢書一百二十卷　（南朝宋）范曄撰　清光
緒二十年（1894）石印本　八冊

370000－1587－0003951　4733

後漢書一百二十卷　（南朝宋）范曄撰　（明）
凌濛初纂　（明）凌以棟訂　清刻本　六冊
存八卷（一至三、五、七至九、十一）

370000－1587－0003952　5457

後漢書一百二十卷　（南朝宋）范曄撰　清刻
本　一冊　存一卷（九）

370000－1587－0003953　103

後漢書一百卷　（南朝宋）范曄撰　（唐）李賢
註　清光緒三十年（1904）刻本　十四冊

370000－1587－0003954　5417

後紅樓夢三十回　（□）□□撰　清刻本　七
冊　存二十一回（二至十六、二十一至二十
三、二十七至二十九）

370000－1587－0003955　2972

後月軒詩集八卷　（清）惜陰主人撰　清同治
十一年（1872）刻本　四冊

370000－1587－0003956　2974

後月軒詩集八卷　（清）惜陰主人撰　清同治
十一年（1872）刻本　四冊

370000－1587－0003957　3279

胡刻宋本文選六十卷　（南朝梁）蕭統選
（唐）李善註　清嘉慶十四年（1809）刻本
四冊

370000－1587－0003958　2857

胡文忠公遺集八十六卷首一卷　（清）胡林翼
撰　清光緒二十七年（1901）影印本　七冊
存六十七卷（一至三十二、五十二至八十六）

370000－1587－0003959　4734

胡文忠公遺集十卷首一卷　（清）胡林翼撰
清光緒八年（1882）紅岩山房刻本　四冊　存
三卷（一、四，首一卷）

370000－1587－0003960　2929

壺園制藝選二卷　（清）徐寶喜撰　清道光刻
本　二冊

370000－1587－0003961　4751

湖海集十三卷　（清）孔尚任撰　清刻本　一
冊　存二卷（四至五）

370000－1587－0003962　3644

湖海詩傳四十六卷　（清）王昶輯　清刻本
一冊　存四卷（十二至十五）

370000－1587－0003963　3119

湖海文傳七十五卷　（清）王昶輯　清刻本
五冊　存十九卷（七至十、十九至二十五、二
十九至三十六）

370000－1587－0003964　5098

湖南通志一百七十四卷首一卷　（清）陳宏謀
修　清刻本　三十冊　存七十七卷（一至二、
六至三十三、一百三至一百十三、一百十七至
一百五十二）

370000－1587－0003965　3001

湖南文徵二百九十卷　（清）羅汝懷編　清同治八年(1869)刻本　一百冊　存一百三十六卷(一至一百三十六)

370000－1587－0003966　4263

湖山小隱一卷　（清）徐爌撰　清刻本　一冊

370000－1587－0003967　1260

虎阜志十卷　（清）陸肇域編　清刻本　八冊　存九卷(一至九)

370000－1587－0003968　3711

虎鈐經二十卷　（宋）許洞撰　清刻本　八冊

370000－1587－0003969　3233

花甲閑談十六卷　（清）張維屏撰　（清）葉夢草繪　清光緒十年(1884)石印本　四冊

370000－1587－0003970　14

花陣綺言十二卷　（明）楚江仙隱石公編　明刻本　三冊　存四卷(六、九至十一)

370000－1587－0003971　4434

華窗夢影□□卷　（清）□□撰　清刻本　九冊

370000－1587－0003972　5026

華黍齋集印二卷　（清）張學宗輯　清道光三十年(1850)鈐印本　二冊

370000－1587－0003973　4306

華嚴念佛三昧論　（清）彭際清撰　清刻本　一冊

370000－1587－0003974　4988

化學工藝寶鑑三卷　（日本）鈴木彥馬撰　(清)周威編譯　清光緒三十四年(1908)刻本　一冊

370000－1587－0003975　282

化學衛生論八十七條　（□）□□撰　清光緒七年(1881)刻本　二冊

370000－1587－0003976　1114

崋陽山房詩鈔　（清）方元泰撰　清嘉慶刻本　一冊

370000－1587－0003977　1391

淮南子二十一卷　（漢）劉安撰　（漢）高誘注　清刻本　一冊　存三卷(十二至十四)

370000－1587－0003978　4897

槐西雜誌四卷　（清）紀昀撰　清刻本　一冊　存二卷(一至二)

370000－1587－0003979　3456

槐蔭書屋詩鈔　（清）李湘撰　清刻本　一冊

370000－1587－0003980　5248

圜容較義一卷　（意大利）利瑪竇授　（明）李之藻譯　（清）錢熙祚校　**曉菴新法六卷**　(清)王錫闡撰　（清）錢熙祚校　清刻本　一冊

370000－1587－0003981　248

寰宇訪碑錄十二卷　（清）孫星衍　（清）邢澍撰　清嘉慶七年(1802)刻本　六冊

370000－1587－0003982　880

宦海指南五種　（清）許乃普輯　清咸豐九年(1859)刻本　五冊

370000－1587－0003983　2211

宦海指南五種　（清）許乃普輯　清咸豐九年(1859)刻本　一冊

370000－1587－0003984　881－1

宦海指南五種　（清）許乃普輯　清咸豐九年(1859)刻本　四冊

370000－1587－0003985　5200

荒政叢書十卷附錄二卷　（清）俞森撰　（清）錢熙祚校　清刻本　三冊

370000－1587－0003986　1179

荒政輯要九卷首一卷　（清）汪志伊撰　清道光二十九年(1849)尚義堂刻本　三冊

370000－1587－0003987　1732

皇朝祭器樂舞錄二卷附宗祀合編一卷　（清）徐暢達輯　清刻本　三冊

370000－1587－0003988　1276

皇朝經世文編一百二十卷　（清）賀長齡輯　清光緒二十五年(1899)上海中西書局石印本　二十四冊

370000 – 1587 – 0003989　　1278

皇朝經世文編一百二十卷　（清）賀長齡輯
清光緒十三年(1887)上海廣百宋齋鉛印本
十四冊　存五十六卷(一至十二、二十一至二
十八、三十七至四十、四十五至五十六、六十
一至七十二、七十七至八十、八十五至八十
八)

370000 – 1587 – 0003990　　1279

皇朝經世文編一百二十卷　（清）賀長齡輯
清光緒十二年(1886)思補樓石印本　四十冊
存八十二卷(一至四十、六十一至一百二)

370000 – 1587 – 0003991　　1281

皇朝經世文三編八十卷　（清）陳忠倚輯　清
光緒二十七年(1901)上海書局石印本　十
六冊

370000　　1587 – 0003992　　1282

皇朝經世文三編八十卷　（清）陳忠倚輯　清
光緒二十七年(1901)上海書局石印本　十四
冊　存七十卷(一至十、十六至二十、二十六
至八十)

370000 – 1587 – 0003993　　2813

皇朝經世文編一百二十卷　（清）賀長齡編
清道光七年(1827)刻本　九十五冊

370000 – 1587 – 0003994　　1280

皇朝經世文新編二十一卷　（清）麥仲華輯
清光緒二十四年(1898)上海譯書局石印本
二十一冊　存十二卷(一至二、五、十至十三、
十五、十八至二十一)

370000 – 1587 – 0003995　　1277

皇朝經世文續編一百二十卷　（清）葛士濬輯
清光緒二十四年(1898)上海宏文閣石印本
十五冊　存七十四卷(一至五、二十四至三
十三、四十至四十八、五十六至六十一、六十
八至七十一、八十一至一百二十)

370000 – 1587 – 0003996　　1819

皇朝聖師考七卷首一卷　（清）鄭曉如撰　清
同治八年(1869)廣州西湖街華文堂刻本
三冊

370000 – 1587 – 0003997　　1820

皇朝聖師考七卷首一卷　（清）鄭曉如撰　清
同治八年(1869)廣州西湖街華文堂刻本
三冊

370000 – 1587 – 0003998　　561

皇朝文獻通考詳節二十六卷　（清）嵇璜等撰
清光緒二十八年(1902)刻本　十一冊

370000 – 1587 – 0003999　　2931

皇華草箋注三卷　（清）陶澍撰　清嘉慶二十
一年(1816)刻本　九冊

370000 – 1587 – 0004000　　2849

**皇華紀聞四卷秦署驛程後記二卷南來志載書
圖詩一卷雍益集一卷長白山錄一卷蜀道驛程
二卷**　（清）王士禛撰　清刻本　八冊

370000 – 1587 – 0004001　　4127

方受疇行述　（清）方長春撰　清刻本　一冊

370000 – 1587 – 0004002　　4128

方受疇行述　（清）方長春撰　清刻本　一冊

370000 – 1587 – 0004003　　4129

方受疇行述　（清）方長春撰　清刻本　一冊

370000 – 1587 – 0004004　　4130

方受疇行述　（清）方長春撰　清刻本　一冊

370000 – 1587 – 0004005　　4131

方受疇行述　（清）方長春撰　清刻本　一冊

370000 – 1587 – 0004006　　1878

**皇清誥授光祿大夫七十三代襲封衍聖公顯考
冶山府君行述**　（清）孔繁灝撰　清刻本
一冊

370000 – 1587 – 0004007　　X – 50

**皇清誥授光祿大夫襲封衍聖公予葬顯考京立
府君墓誌銘**　（□）□□撰　清刻本　一冊

370000 – 1587 – 0004008　　1396

皇清經解一百八十種　（清）阮元輯　清光緒
十八年(1892)上海古香齋影印本　四十三冊
存一百十九卷(一至十二、十五至二十、二
十七至三十二、三十五至四十九、五十一至五
十五、五十七至六十、八十六至八十八、九十

六至一百六十、一百七十八至一百八十)

370000－1587－0004009　2829
皇清詩選三十卷首一卷　(清)孫鋐輯　清康熙二十七年(1688)刻本　二十四冊

370000－1587－0004010　X－72
皇清貤封一品夫人顯妣袁太夫人行述　(□)□□撰　清刻本　一冊

370000－1587－0004011　X－73
皇清貤封一品夫人顯妣袁太夫人行述　(□)□□撰　清刻本　一冊

370000－1587－0004012　382
黃蘗傳心法要二卷　(唐)裴休輯　清光緒十年(1884)刻本　一冊

370000－1587－0004013　398
黃眉故事十卷　(明)鄧志謨輯　清刻本　三冊　存四卷(三至四、七、十)

370000－1587－0004014　1609
黃太史訂正春秋大全三十七卷　(明)胡廣等撰　(清)黃際飛校訂　清康熙五十年(1711)豫章東邑書林王氏刻本　八冊　存十八卷(一至十八)

370000－1587－0004015　1120
黃友蓮詩詞合稿三卷詩餘一卷　(清)黃景濂撰　清刻本　一冊

370000－1587－0004016　3548
會試闈墨　(□)□□撰　清光緒十六年(1890)朱墨印本　一冊

370000－1587－0004017　3234
會心內集二卷會心外集二卷　(清)劉一明撰　清嘉慶二十三年(1818)刻本　二冊

370000－1587－0004018　3481
繡像永慶昇平前傳十二卷　(清)郭廣瑞撰
新刊繡像全圖永慶昇平後傳十二卷　(清)貪夢道人撰　清光緒二十九年(1903)石印本　七冊

370000－1587－0004019　4297
繪圖評注五才子一卷首一卷　(清)王望如評

注　清宣統二年(1910)石印本　一冊

370000－1587－0004020　3161
晦軒先生實記八卷　(□)□□撰　清刻本　三冊

370000－1587－0004021　538
晦珠館近稿　(清)馬汝鄴撰　清刻本　一冊　存文稿、詩詞稿

370000－1587－0004022　322
蕙襟集十二卷　(清)馮秀瑩撰　清刻本　一冊　存六卷(一至六)

370000－1587－0004023　X－143
會試闈墨　(□)□□撰　清光緒二十九年(1903)刻本　一冊

370000－1587－0004024　X－95
會試鄉試朱卷集　(□)□□撰　清刻本　一冊

370000－1587－0004025　X－206
會試章程　(□)□□撰　清光緒二十八年(1902)排印本　一冊

370000－1587－0004026　X－47
彙輯正心金丹八卷　(清)李至等簡選　清同治十二年(1873)補刻本　一冊

370000－1587－0004027　2294
慧日永明智覺壽禪師山居詩一卷　(□)□□撰　清刻本　一冊

370000－1587－0004028　3011
蕙襟詞　(清)馮秀瑩撰　清刻本　一冊　存六卷(七至十二)

370000－1587－0004029　3007
蕙襟集十二卷　(清)馮秀瑩撰　清刻本　二冊

370000－1587－0004030　3009
蕙襟集十二卷　(清)馮秀瑩撰　清刻本　二冊

370000－1587－0004031　4719
繪圖第五才子書　(明)施耐庵撰　(明)金聖

嘆評點　清刻本　一冊

370000－1587－0004032　4843

繪圖東周列國志二十七卷　(清)蔡昪評點
清末上海錦章圖書局石印本　八冊

370000－1587－0004033　4844

繪圖東周列國志二十七卷　(清)蔡昪評點
清末上海錦章圖書局石印本　七冊　存六卷
(二至七)

370000－1587－0004034　1377

繪圖二十四史通俗衍義六卷　(□)□□撰
清光緒三十二年(1906)嘉惠書林石印本
六冊

370000－1587－0004035　914

繪圖龍文鞭影初集　(清)楊古度撰　清刻本
一冊　存一卷(下)

370000－1587－0004036　293

繪圖評注清白記□□卷　(□)□□撰　清刻
本　五冊　存五卷(三、五至八)

370000－1587－0004037　240

繪圖天涯見聞錄四卷　(清)魏祝亭撰　清光
緒二十二年(1896)石印本　四冊

370000－1587－0004038　1582

繪圖孝經讀本一卷　(清)世祖福臨注　清影
印本　一冊

370000－1587－0004039　624

繪圖幼學瓊林不分卷　(清)程允升撰　清影
印本　五冊

370000－1587－0004040　4720

繪圖閱微草堂筆記二十四卷　(清)紀昀撰
清刻本　一冊

370000－1587－0004041　1725

繪心集二卷　(清)孔傳鐸撰　(清)孔繼洞
(清)孔繼溥校輯　清刻本　二冊

370000－1587－0004042　5247

渾蓋通憲圖說二卷首一卷　(明)李之藻撰
(清)錢熙祚校　清刻本　一冊

370000－1587－0004043　1174

畿南濟變紀略一卷　(清)劉春堂撰　(清)劉
春霖糸　清鉛印本　一冊

370000－1587－0004044　X－325

機法合編初刻不分卷　(清)許力堂編　清道
光十八年(1838)刻本　一冊

370000－1587－0004045　597

陸侍郎校士文集　(□)□□撰　清光緒三十
年(1904)石印本　一冊

370000－1587－0004046　39

積古齋鐘鼎彝器款識十卷　(清)阮元撰　清
刻本　三冊　存五卷(四至六、九至十)

370000－1587－0004047　49

吉金志存四卷　(清)李光庭輯　清刻本
四冊

370000－1587－0004048　2965

史記一百三十卷　(漢)司馬遷撰　明末毛氏
汲古閣刻本　三冊　存三十二卷(四十一至
五十九、九十六至一百八)

370000－1587－0004049　1388

漢書一百卷　(漢)班固撰　(唐)顏師古注
明末毛氏汲古閣刻本　十冊　存二十七卷
(十五至十九、二十一至二十六、三十至三十
五、五十五至六十四)

370000－1587－0004050　186

漢書一百卷　(漢)班固撰　(唐)顏師古注
明末毛氏汲古閣刻本　三十八冊　存一百三
十七卷(四十至四十五、五十二至七十四、七
十六至九十、九十四至一百,後漢書一至八十
六)

370000－1587－0004051　4076

急救霍亂時症條辨　(清)岳芳伯原纂　(清)
凌初平續輯　清抄本　一冊

370000－1587－0004052　3035

急就探奇不分卷屈辭精義四卷　(清)陳本禮
撰　清刻本　六冊

370000－1587－0004053　1984

急就章考異一卷　（清）莊世驥撰　清光緒十七年(1891)刻本　一冊

370000－1587－0004054　3053－2
集古錄十卷　（宋）歐陽修撰　（清）謝啟光校　清刻本　一冊　存三卷(一至三)

370000－1587－0004055　32
集古錄十卷　（宋）歐陽修撰　清刻本　四冊

370000－1587－0004056　33
集古錄十卷　（宋）歐陽修撰　清刻本　四冊

370000－1587－0004057　34
集古錄十卷　（宋）歐陽修撰　清刻本　五冊

370000－1587－0004058　35
集古錄十卷　（宋）歐陽修撰　清刻本　四冊　存八卷(三至十)

370000－1587－0004059　1056
集虛齋全稿不分卷　（清）方槼如撰　清刻本　一冊

370000－1587－0004060　2143
集虛齋四書口義十卷　（清）方婺如撰　（清）于光華編　清乾隆五十三年(1788)刻本　九冊

370000－1587－0004061　1312
紀效新書十八卷　（明）戚繼光撰　清京都琉璃廠刻本　六冊

370000－1587－0004062　593
記過齋文稿二卷　（清）蘇源生撰　清刻本　二冊

370000－1587－0004063　3094
寄園寄所寄十二卷　（清）趙起士輯　清刻本　十二冊

370000－1587－0004064　3101
寄園寄所寄十二卷　（清）趙起士輯　清刻本　十六冊

370000－1587－0004065　3412
稽垣答問五卷　（清）朱士煥撰　清刻本　一冊

370000－1587－0004066　4144
濟公活佛指示訓　（□）□□撰　清影印本　一冊

370000－1587－0004067　36
濟南金石志四卷　（清）王鎮撰　清道光二十年(1840)刻本　四冊

370000－1587－0004068　839
濟陰綱目十四卷　（明）武之望輯　（清）汪淇箋釋　清刻本　八冊

370000－1587－0004069　4332
加減回生第一仙丹經驗良方　（清）□□撰　清光緒二十三年(1897)刻本　一冊

370000－1587－0004070　3156
閣鈔彙編　（清）華北書局編　清光緒華北書局鉛印本　四冊

370000－1587－0004071　3541
格言聯璧　（□）□□撰　清同治四年(1865)刻本　一冊

370000－1587－0004072　340
格致鏡原一百卷　（清）陳元龍編　清刻本　三冊　存九卷(十六至二十、二十四至二十七)

370000－1587－0004073　607
格致鏡原一百卷　（清）陳元龍編　清刻本　一冊　存三卷(二十一至二十三)

370000－1587－0004074　2216
閣鈔彙編　（清）華北書局編　清光緒華北書局鉛印本　一冊　存一卷(三)

370000－1587－0004075　2218
閣鈔彙編　（清）華北書局編　清光緒華北書局鉛印本　一冊　存一卷(三)

370000－1587－0004076　3023
庚辰集五卷　（清）紀昀編　清刻本　五冊

370000－1587－0004077　416
庚子秋詞二卷　（清）王鵬運等撰　清光緒二十六年(1900)刻本　一冊　存一卷(甲)

370000－1587－0004078　3718

庚子山全集十卷　（北周）庾信撰　（清）吳兆宜箋注　清刻本　十冊

370000－1587－0004079　1339

春秋公羊傳十一卷　（漢）何休撰　（唐）陸德明音義　**春秋穀梁傳十二卷**　（晉）范寧集解　（唐）陸德明音義　清同治十一年(1872)山東書局刻本　八冊

370000－1587－0004080　3066

公餘集續編　（清）如許齋主人撰　清光緒刻本　二冊

370000－1587－0004081　882

公餘十六種醫學全書　（清）陳念祖撰　清善成堂刻本　四十二冊　存十五種(醫學三字經四卷、善成堂醫學從中録八卷、長沙方歌括六卷、本草經讀四卷、金匱要略箋注十卷、時方歌括上下卷、金匱方歌括六卷、時方妙用四卷、女科要旨四卷、醫學實在易八卷、傷寒醫訣串解六卷、十藥神書注解、傷寒箋注六卷、景岳新方八陣砭辨本四卷、傷寒真方歌括六卷)

370000－1587－0004082　3363

躬恥齋詩鈔十四卷首一卷　（清）宗稷臣撰　清刻本　七冊

370000－1587－0004083　341

共讀樓書目十卷　（清）國英撰　清刻本　一冊　存七卷(四至十)

370000－1587－0004084　3188

勾山文稿三集　（清）陳兆崙撰　清光緒二十年(1894)湖南書局刻本　六冊

370000－1587－0004085　4898

姑妄聽之四卷　（清）紀昀撰　清刻本　三冊

370000－1587－0004086　1350

古本易鏡十二卷周易圖說一卷學易管窺二卷　（清）何毓福撰　清光緒十年(1884)刻本　十三冊

370000－1587－0004087　2851

古歡堂集二十二卷　（清）田雯撰　清刻本

八冊

370000－1587－0004088　3774－3

古佛應驗明聖經序解三卷　（□）□□撰　清刻本　一冊

370000－1587－0004089　3529

古歡堂集二十二卷詩集十四卷　（清）田雯撰　清刻本　九冊　存十四卷(詩集十四卷)

370000－1587－0004090　2814

古歡堂集二十二卷詩集十四卷黔書二卷長河志籍考十卷　（清）田雯撰　**蒙齋年譜一卷續一卷補一卷**　（清）田雯編　（清）田肇麗補編　清刻本　二十八冊

370000－1587－0004091　5201

古微書三十六卷　（明）孫瑴輯　（清）錢熙祚注　清道光二十四年(1844)刻守山閣叢書本　四冊

370000－1587－0004092　395

漢書一百卷　（漢）班固撰　（唐）顏師古注　清刻本　一冊　存一卷(古今人表第八)

370000－1587－0004093　70

古今偽書考一卷　（清）姚際恒撰　清光緒刻慎始基齋叢書本　一冊

370000－1587－0004094　5208

古今姓氏書辯證四十卷　（宋）鄧名世撰　**校勘記三卷**　（清）錢熙祚校　清道光二十四年(1844)刻守山閣叢書本　四冊　存二十五卷(一至二十五)

370000－1587－0004095　5217

古今姓氏書辯證四十卷　（宋）鄧名世撰　**校勘記三卷**　（清）錢熙祚校　清道光二十四年(1844)刻守山閣叢書本　二冊　存十五卷(二十六至四十)

370000－1587－0004096　3248

古今韻略五卷　（清）邵長蘅撰　清刻本　五冊

370000－1587－0004097　3448

古今韻略五卷　（清）邵長蘅撰　清刻本　二冊　存二卷(一至二)

370000－1587－0004098　51

古泉匯首集四卷元集十四卷亨集十四卷利集十八卷貞集十四卷　（清）李佐賢輯　清刻本　十六冊　存十卷（貞集一至七、十二至十四）

370000－1587－0004099　3350

古詩源十四卷　（清）沈德潛輯　清光緒十九年（1893）刻本　四冊

370000－1587－0004100　X－300

古詩評注　（□）□□撰　清抄本　二冊

370000－1587－0004101　3389

古唐詩合解十六卷　（清）王堯衢撰　清光緒七年（1881）刻本　五冊

370000－1587－0004102　3258

古唐詩合解十六卷　（清）王堯衢撰　清同治十一年（1872）刻本　六冊

370000－1587－0004103　1990

古唐詩合解十六卷　（清）王堯衢撰　清刻本　一冊　存六卷（唐詩七至十二）

370000－1587－0004104　2244

古唐詩合解十六卷　（清）王堯衢撰　清刻本　四冊　存十卷（唐詩三至十二）

370000－1587－0004105　3388－1

古唐詩合解十六卷　（清）王堯衢撰　清道光十七年（1837）三益堂刻本　四冊

370000－1587－0004106　3388－2

古唐詩合解十六卷　（清）王堯衢撰　清刻本　一冊　存二卷（唐詩七至八）

370000－1587－0004107　3388－3

古唐詩合解十六卷　（清）王堯衢撰　清刻本　一冊　存二卷（唐詩十一至十二）

370000－1587－0004108　3771－1

古唐詩合解十六卷　（清）王堯衢撰　清道光十七年（1837）刻本　三冊　存七卷（唐詩一至四、十至十二）

370000－1587－0004109　3771－2

古唐詩合解十六卷　（清）王堯衢撰　清道光十七年（1837）刻本　一冊　存四卷（唐詩一至四）

370000－1587－0004110　1994

古唐詩合解十六卷　（清）王堯衢撰　清同治五年（1866）義忍堂刻本　四冊　存十二卷（唐詩一至十二）

370000－1587－0004111　2013

古唐詩合解十六卷　（清）王堯衢撰　清刻本　二冊　存四卷（古詩一至四）

370000－1587－0004112　2014

古唐詩合解十六卷　（清）王堯衢撰　清道光十七年（1837）三益堂刻本　二冊　存四卷（唐詩一至四）

370000－1587－0004113　2016

古唐詩合解十六卷　（清）王堯衢撰　清道光十七年（1837）刻本　二冊　存四卷（唐詩一至四）

370000－1587－0004114　2018

古唐詩合解十六卷　（清）王堯衢撰　清刻本　二冊　存五卷（唐詩八至十二）

370000－1587－0004115　2019

古唐詩合解十六卷　（清）王堯衢撰　清刻本　二冊　存五卷（唐詩八至十二）

370000－1587－0004116　2020

古唐詩合解十六卷　（清）王堯衢撰　清刻本　一冊　存三卷（唐詩十至十二）

370000－1587－0004117　5190

古唐詩合解十六卷　（清）王堯衢撰　清道光十七年（1837）三益堂刻本　五冊　存九卷（唐詩一至四、八至十二）

370000－1587－0004118　5501

古唐詩合解十六卷　（清）王堯衢撰　清三益堂刻本　一冊　存三卷（唐詩五至七）

370000－1587－0004119　X－255

古唐詩合解十六卷　（清）王堯衢撰　清刻本　四冊

370000－1587－0004120　W010225

古唐詩合解十六卷 （清）王堯衢撰 清同治五年(1866)刻本 四冊

370000－1587－0004121 2012
古唐詩合解十六卷 （清）王堯衢撰 清醉經堂刻本 六冊

370000－1587－0004122 1901
古唐詩合解十六卷 （清）王堯衢撰 清刻本 二冊 存四卷(古詩一至四)

370000－1587－0004123 1902
古唐詩合解十六卷 （清）王堯衢撰 清刻本 一冊 存四卷(古詩一至四)

370000－1587－0004124 1903
古唐詩合解十六卷 （清）王堯衢撰 清刻本 一冊 存四卷(古詩一至四)

370000－1587－0004125 2015
古唐詩合解十六卷 （清）王堯衢撰 清刻本 一冊 存四卷(古詩一至四)

370000－1587－0004126 2037
古唐詩合解十六卷 （清）王堯衢撰 清刻本 一冊 存四卷(古詩一至四)

370000－1587－0004127 X－256
古唐詩合解十六卷 （清）王堯衢撰 清刻本 二冊 存四卷(古詩一至四)

370000－1587－0004128 342
古文詞略二十四卷 （清）梅曾亮編 清光緒三十四年(1908)學部圖書局鉛印本 四冊 存二十卷(一至四、九至二十四)

370000－1587－0004129 343
古文詞略二十四卷 （清）梅曾亮編 清光緒三十四年(1908)學部圖書局鉛印本 三冊 存十二卷(一至四、十七至二十四)

370000－1587－0004130 3438
古文辭類纂七十四卷 （清）姚鼐輯 清同治八年(1869)江蘇書局刻本 十二冊

370000－1587－0004131 3536－1
古文辭類纂七十四卷 （清）姚鼐輯 續古文辭類纂三十四卷 王先謙輯 清光緒三十三年(1907)上海商務印書館鉛印本 八冊

370000－1587－0004132 3536－2
古文辭類纂七十四卷 （清）姚鼐輯 續古文辭類纂三十四卷 王先謙輯 清光緒三十三年(1907)上海商務印書館鉛印本 一冊 存七卷(六十一至六十七)

370000－1587－0004133 5132
古文辭類纂七十四卷 （清）姚鼐輯 續古文辭類纂三十四卷 王先謙輯 清光緒十六年(1890)上海文瑞樓排印本 五冊 存十一卷(一至十一)

370000－1587－0004134 5046
古文發蒙集六卷 （清）王相 （清）殷承爵編 清文盛堂刻本 十一冊

370000－1587－0004135 X－349
古文發蒙集六卷 （清）王相 （清）殷承爵編 清文盛堂刻本 六冊

370000－1587－0004136 2639
古文分編集評二十二卷 （清）于光華輯 清刻本 六冊

370000－1587－0004137 4464－2
古文觀止十二卷 （清）吳乘權 （清）吳大職輯 清刻本 二冊 存二卷(三至四)

370000－1587－0004138 2658
古文觀止十二卷 （清）吳乘權 （清）吳大職輯 清光緒二十四年(1898)刻本 六冊

370000－1587－0004139 2662
古文觀止十二卷 （清）吳乘權 （清）吳大職輯 清光緒十六年(1890)刻本 二冊 存四卷(一至二、七至八)

370000－1587－0004140 2666
古文觀止十二卷 （清）吳乘權 （清）吳大職輯 清刻本 一冊 存二卷(一至二)

370000－1587－0004141 X－224
古文觀止十二卷 （清）吳乘權 （清）吳大職輯 清刻本 六冊

370000－1587－0004142 2640

古文合刪 （□）□□撰 清刻本 九冊 存四卷(一至二、四、九)

370000－1587－0004143 3756
古文啗鳳新編八卷 （清）汪基輯 清刻本五冊

370000－1587－0004144 X－272
古文啗鳳新編八卷 （清）汪基輯 清刻本一冊 存一卷(六)

370000－1587－0004145 2641
古文啗鳳新編八卷 （清）汪基輯 清光緒善成堂刻本 二冊 存二卷(一至二)

370000－1587－0004146 3251
古文啗鳳新編八卷 （清）汪基輯 清刻本五冊 存五卷(三至七)

370000－1587－0004147 4117
古文啗鳳新編八卷 （清）汪基輯 清刻本一冊 存一卷(六)

370000－1587－0004148 X－233
古文眉詮七十九卷首一卷 （清）浦起龍輯 清刻本 二十四冊

370000－1587－0004149 2626
古文釋義八卷 （清）余誠輯 清宣統三年(1911)刻本 八冊

370000－1587－0004150 W010224
古文釋義八卷 （清）余誠輯 清光緒二十八年(1902)刻本 八冊

370000－1587－0004151 2643
重訂古文釋義新編八卷 （清）余誠輯 清刻本 六冊 存六卷(一至二、四至五、七至八)

370000－1587－0004152 2644
古文釋義新編八卷 （清）余誠輯 清刻本三冊 存四卷(一至二、五、八)

370000－1587－0004153 2645
重訂古文釋義新編八卷 （清）余誠輯 清光緒十七年(1891)刻本 一冊 存二卷(一至二)

370000－1587－0004154 4728
古文釋義新編八卷 （清）余誠輯 清刻本四冊 存四卷(三至六)

370000－1587－0004155 4729
古文釋義新編八卷 （清）余誠輯 清文和堂刻本 四冊 存五卷(三至七)

370000－1587－0004156 X－342
古文宋大家 （□）□□撰 清抄本 一冊

370000－1587－0004157 X－343
古文唐大家 （□）□□撰 清抄本 二冊

370000－1587－0004158 5543
古文析義十六卷 （清）林雲銘評註 清刻本一冊 存一卷(二)

370000－1587－0004159 2637
古文析義十四卷 （清）林雲銘評注 （清）鄭郯等校 清乾隆五十八年(1793)敦化堂刻本七冊

370000－1587－0004160 2638
古文析義十四卷 （清）林雲銘評注 （清）鄭郯等校 清光緒二十四年(1898)刻本 五冊

370000－1587－0004161 286
古文析義十四卷 （清）林雲銘評注 （清）鄭郯等校 清刻本 一冊 存一卷(三)

370000－1587－0004162 5517
聞式堂古文選釋八卷 （清）臧岳編 清抄本一冊 存一卷(三)

370000－1587－0004163 善001
皇朝仕學規範四十卷 （宋）張鎡輯 宋刻本六冊 存二十九卷(一至二十九)

370000－1587－0004164 善002
周易經傳集程朱解附錄纂注十四卷朱子易圖附錄纂注一卷朱子啓蒙五贊附錄纂注一卷朱子筮儀附錄纂注一卷 （元）董真卿編集 元元統二年(1334)刻本 十六冊 存十六卷(周易經傳集程朱解附錄纂注十四卷、朱子啟蒙五贊附錄纂注一卷、朱子筮儀附錄纂注一卷)

370000－1587－0004165　善 003

新刊音點性理群書句解後集二十三卷　（宋）
朱熹　（宋）呂祖謙撰　（宋）熊剛大集解　元
刻本　八冊　存二十二卷(一至二十二)

370000－1587－0004166　善 004

**朱文公校昌黎先生文集二十卷外集一卷集傳
一卷遺文一卷**　（唐）韓愈撰　（宋）朱熹考異
（宋）王伯大音釋　明弘治十五年(1502)王
氏善敬書堂刻本　四冊　存八卷(十一至十
四、十九至二十,外集一卷,遺文一卷)

370000－1587－0004167　善 005

**增廣註釋音辯唐柳先生集二十卷別集一卷外
集一卷附錄一卷**　（唐）柳宗元撰　明刻本
四冊　存七卷(十三至十七、二十,別集一卷)

370000－1587－0004168　善 006

**昌黎先生集四十卷外集十卷遺文一卷朱子校
昌黎先生集傳一卷**　（唐）韓愈撰　明東雅堂
刻本　十六冊

370000－1587－0004169　善 007

隋書八十五卷　（唐）魏徵等撰　元大德饒州
路儒學刻明正德、嘉靖遞修本　六冊　存十
九卷(一至十九)

370000－1587－0004170　善 008

二程先生粹言九卷　（明）徐養正輯　明嘉靖
刻本　四冊

370000－1587－0004171　善 009

楚辭章句十七卷　（漢）王逸撰　明萬曆十四
年(1586)馮紹祖觀妙齋刻本　六冊

370000－1587－0004172　善 010

埤雅二十卷　（宋）陸佃撰　明刻本　三冊

370000－1587－0004173　善 011

新校經史海篇直音五卷　（□）□□撰　明刻
本　五冊

370000－1587－0004174　善 012－1

大戴禮記補注十三卷序錄一卷　（清）孔廣森
撰　稿本　十四冊

370000－1587－0004175　善 012－2

禮服釋名一卷　（清）孔廣森撰　稿本　一冊

370000－1587－0004176　善 012－3

列國事語分類考釋一卷　（清）孔廣森撰　稿
本　一冊

370000－1587－0004177　善 012－4

禮儀器制考釋五十八卷　（清）孔廣森撰　稿
本　八冊　存四十二卷(樂制二卷、賓禮二
卷、相見儀八卷、嘉禮二卷、昏儀四卷、射儀一
卷、饗食儀二卷、宮室制一卷、器度制三卷、吉
服制一卷、兇禮一卷、恤儀一卷、軍禮二卷、師
田儀一卷、喪儀一卷、吊儀一卷、兇服制一卷、
學儀五卷、家庭儀三卷)

370000－1587－0004178　善 012－5

春秋公羊考釋一卷　（清）孔廣森撰　稿本
一冊

370000－1587－0004179　善 012－6

讀書札記一卷　（清）孔廣森撰　稿本　一冊

370000－1587－0004180　善 012－7

顨軒經說十卷　（清）孔廣森撰　稿本　四冊
存四卷(一至四)

370000－1587－0004181　善 012－8

禮記注疏補缺一卷　（清）孔廣森撰　稿本
一冊

370000－1587－0004182　善 013

御批歷代通鑑輯覽一百十六卷　（清）傅恒等
編纂　清乾隆三十二年(1767)刻本　三十
二冊

370000－1587－0004183　善 014

西清古鑑四十卷錢錄十六卷　（清）梁詩正
(清)蔣溥等纂修　清乾隆內府刻本　二十
四冊

370000－1587－0004184　善 015

欽定全唐文一千卷　（清）董誥等編纂　清嘉
慶二十三年(1818)刻本　一千四冊

370000－1587－0004185　善 016

御製避暑山莊詩二卷　（清）聖祖玄燁撰
(清)揆敘等注　清康熙五十一年(1712)內府

朱墨套印本　二冊

370000－1587－0004186　善017

樂律全書四十八卷　(明)朱載堉撰　明萬曆
鄭藩刻本　十九冊

370000－1587－0004187　善018

性理大全書七十卷　(明)胡廣等纂　清刻本
十六冊

370000－1587－0004188　善019

孔氏實錄十四卷　(明)孔元祚撰　明抄本
二冊　存五卷(一至二、六至八)

370000－1587－0004189　善020

歷代史纂左編一百四十二卷　(明)唐順之輯
明萬曆三十九年(1611)吳用先等刻本　一
百一冊

370000－1587－0004190　善021

唐詩品彙九十卷唐詩拾彙十卷　(明)高棅輯
明刻清補刻本　二十四冊

370000－1587－0004191　善022

詩紀一百三十卷前集十卷附錄一卷外集四卷
別集十二卷　(明)馮惟訥輯　明萬曆四十一
年(1613)黃承玄、馮珣刻本　四十冊

370000－1587－0004192　善023

新刊官板批評正百將傳十卷　(宋)張預撰
(明)趙光裕評　新刊官板批評續百將傳四卷
(明)何喬新撰　(明)趙光裕評　明萬曆十
七年(1589)金陵周曰校刻本　五冊

370000－1587－0004193　善024

御選歷代詩餘一百二十卷　(清)沈辰垣
(清)王奕清等編　清康熙刻本　十二冊　存
五十五卷(一至二十四、八十八至一百十、一
百十三至一百二十)

370000－1587－0004194　善025

馬先生註釋論世文選　(明)張蕭　(明)馬維
銘撰　明刻本　十二冊

370000－1587－0004195　善026

李義山詩集十六卷　(清)王煦轂録　清乾隆
四年(1739)松桂讀書堂刻本　二冊

370000－1587－0004196　善027

魯齋遺書十四卷　(元)許衡撰　(明)怡愉輯
明萬曆二十四年(1596)刻本　七冊

370000－1587－0004197　善028

述本堂詩集十八卷續集五卷　(清)方登嶧等
撰　清乾隆二十年(1755)刻嘉慶十四年
(1809)續刻本　八冊

370000－1587－0004198　善029

史大紀二十六卷　(明)吳安國撰　清稿本
五冊

370000－1587－0004199　善030

首楞嚴義疏注經二十卷　(宋)釋子璿集　清
刻本　八冊

370000－1587－0004200　善031

御製詩餘集六卷御製文餘集二卷　(□)□□
撰　清刻本　六冊

370000－1587－0004201　善033

鹽邑志林四十種六十六卷附一種六卷　(明)
樊維城編　明天啓三年(1623)樊維城刻本
十六冊　缺四種十四卷(仰崖遺語一卷、倭變
事略四卷、見只編三卷、聖門志六卷)

370000－1587－0004202　善032

御定盤山志十六卷　(清)蔣溥等編纂　清刻
本　六冊

370000－1587－0004203　善034

古文類選□□卷　(□)□□撰　明刻本　四
冊　存五卷(十三、十五至十八)

370000－1587－0004204　善035

御定歷代題畫詩類一百二十卷　(清)陳邦彥
輯　清康熙內府刻本　二十四冊

370000－1587－0004205　善036

耕學齋詩集十卷　(明)袁華撰　清抄本
四冊

370000－1587－0004206　善037

東萊先生三國志詳節二十卷　(宋)呂祖謙撰
明建陽慎獨齋刻本　五冊　存十卷(一至
二、七至十、十三至十六)

370000 – 1587 – 0004207　善038

節孝先生文集三十卷附節孝集事實一卷附載一卷節孝先生語一卷　（宋）徐積撰　清康熙六十年(1721)錫山王邦采刻本　十二冊

370000 – 1587 – 0004208　善039

康節先生觀物篇解五卷　（宋）祝泌述　明抄本　五冊　存皇極經世之一、之五、之十一，斷訣，經世鈐

370000 – 1587 – 0004209　善040

日涉編十二卷　（明）陳堦撰　清刻本　八冊　存八卷(一至五、九至十、十二)

370000 – 1587 – 0004210　善041

荀悅申鑒五卷　（明）黃省曾注　明刻本　一冊

370000 – 1587 – 0004211　善042

司馬大師溫國文正公傳家集八十卷目录二卷　（宋）司馬光撰　明刻本　十二冊

370000 – 1587 – 0004212　善043

宋文鑑一百五十卷目录三卷　（宋）呂祖謙輯　明刻本　一冊　存二卷(三至四)

370000 – 1587 – 0004213　善044

安懷堂全集六卷　（清）孔傳鐸撰　清奎文閣抄本　六冊

370000 – 1587 – 0004214　善045

三蘇先生文萃七十卷　（宋）蘇軾等撰　明刻本　四冊　存二十一卷(四十至四十四、四十六至五十二、六十二至七十)

370000 – 1587 – 0004215　善046

古文淵鑑六十四卷　（清）徐乾學等輯　清康熙內府五色套印本　二十四冊

370000 – 1587 – 0004216　善047

南監本三國志六十五卷　（晉）陳壽撰　明萬曆二十四年(1596)南京國子監刻本　十二冊

370000 – 1587 – 0004217　善048

讀史漫録十四卷　（明）于慎行撰　明萬曆四十二年(1614)于緯刻本　六冊

370000 – 1587 – 0004218　善049

詞鈔十卷　（□）□□撰　清抄本　八冊

370000 – 1587 – 0004219　善050

數學九章十卷　（宋）秦九韶撰　清抄本　八冊　存九卷(一、三至十)

370000 – 1587 – 0004220　善051

曾南豐先生文集五十一卷附重修曾南豐先生祠堂記一卷少師文定公南豐先生遺像贊一卷　（宋）曾鞏撰　清刻本　十二冊

370000 – 1587 – 0004221　善052

分類補注李太白詩二十五卷　（唐）李白撰　（宋）楊齊賢集注　（元）蕭士贇補注　（明）許玄祐評訂　**唐翰林李太白年譜一卷**　（宋）薛仲邕撰　明嘉靖二十五年(1546)玉几山人刻重修本　十二冊

370000 – 1587 – 0004222　善053

闕里誌二十四卷　（明）陳鎬撰　明刻本　十冊　存十八卷(九至二十四)

370000 – 1587 – 0004223　善054

冊府元龜一千卷　（宋）王欽若等輯　明崇禎十五年(1642)刻本　三百二十冊

370000 – 1587 – 0004224　善055

顏氏家訓二卷　（北齊）顏之推撰　明萬曆三年(1575)顏嗣慎刻本　二冊

370000 – 1587 – 0004225　善056

周易篇目十卷　（□）□□撰　清刻本　一冊

370000 – 1587 – 0004226　善057

大清一統天下總輿圖　（□）□□撰　清刻本　一冊

370000 – 1587 – 0004227　善058

大明世宗肅皇帝實録五百六十六卷　（明）張溶等纂修　明抄本　二冊　存十三卷(八十四至九十六)

370000 – 1587 – 0004228　善059

明人詩鈔正集十四卷續集十四卷　（清）朱琰輯　清乾隆二十五年(1760)樊桐山房刻本　十冊

370000 – 1587 – 0004229　善060

容臺文集十卷詩集四卷別集六卷　（明）董其昌著　明末刻本　十六冊

370000－1587－0004230　善061

新編古今事文類聚前集六十卷後集五十卷續集二十八卷別集三十二卷　（宋）祝穆輯　新集三十六卷外集十五卷　（元）富大用輯　遺集十五卷　（元）祝淵輯　明萬曆三十二年（1604）書林唐富春德壽堂刻本　七十八冊

370000－1587－0004231　善062

蘇東坡詩集注三十三卷附宋史本傳一卷東坡先生［蘇軾］年譜一卷　（宋）呂祖謙分編　（宋）王十明纂輯　（宋）朱從延重校　清刻本　五冊　存十二卷（蘇東坡詩集注一至十二）

370000－1587－0004232　善063

內則衍義十六卷　（□）□□撰　清刻本　十六冊

370000－1587－0004233　善064

石湖居士詩集三十五卷宋史本傳一卷　（宋）范成大撰　清康熙刻本　八冊　存三十四卷（一至三十四）

370000－1587－0004234　善065

修吉堂文稿八卷道貴堂類稿二十一卷耄餘殘瀋二卷　（清）徐倬著　清刻本　四冊

370000－1587－0004235　善066

華夷花木鳥獸珍玩考十二卷　（明）慎懋官著　明萬曆刻本　六冊

370000－1587－0004236　善067

三才圖會□□卷　（明）王圻編集　明刻本　二十二冊　存二十四卷（第三函人物圖繪一至八、十一至十四，第六函器用圖繪一至十二）

370000－1587－0004237　善068

春草堂集三十六卷　（清）謝堃撰　清道光春草堂刻本　八冊

370000－1587－0004238　善069

蘇東坡題跋雜書三卷　（元）盛熙明輯　清抄本　三冊

370000－1587－0004239　善070

春秋經傳集解三十卷　（晉）杜預撰　清刻本　十二冊

370000－1587－0004240　善071

司馬溫公稽古錄二十卷　（宋）司馬光撰　清刻本　四冊　存十一卷（一、十一至二十）

370000－1587－0004241　善072

修吉堂文稿八卷道貴堂類稿二十一卷耄餘殘瀋二卷　（清）徐倬著　清康熙刻本　八冊　存二十六卷（修吉堂文稿八卷，道貴堂類稿：寓園小草一卷、燕臺小草一卷、梧下雜抄二卷、蘋蓼閒集二卷、甲乙友抄一卷、汗漫集二卷、野航集二卷、鼓缶集三卷、黃髮集二卷、水香詞二卷）

370000－1587－0004242　善073

榕村詩選八卷首一卷　（清）李光地選　清雍正八年（1730）杭州方氏刻本　四冊

370000－1587－0004243　善074

靈岩山人詩集四十卷弇山畢公［沅］年譜一卷　（清）畢沅撰　清刻本　十二冊

370000－1587－0004244　善075

十國春秋一百十四卷附拾遺一卷備考一卷　（清）吳任臣撰　清乾隆此宜閣刻本　十八冊

370000－1587－0004245　善076

山左金石志二十四卷　（清）畢沅撰　清刻本　二十四冊

370000－1587－0004246　善077

隸辨八卷　（清）顧藹吉撰集　清刻本　八冊

370000－1587－0004247　善078

筠溪牧潛集七卷　（元）釋圓至撰　明崇禎十二年（1639）毛氏汲古閣刻本　一冊

370000－1587－0004248　善079

古文淵鑑六十四卷　（清）徐乾學等輯　清康熙二十四年（1685）內府刻五色套印本　二十四冊

370000－1587－0004249　善080

大戴禮記十三卷　（漢）戴德著　明刻本

二冊

370000－1587－0004250　善081
春秋三傳合纂十二卷　（清）孔傳鐸編纂　清抄本　六冊

370000－1587－0004251　善082
人壽金鑑二十二卷　（清）程得齡輯　清刻本　八冊

370000－1587－0004252　善083
宋名家詞□□卷　（□）□□撰　明刻本　四冊

370000－1587－0004253　善084
容齋隨筆十六卷續筆十六卷三筆十六卷四筆十六卷五筆十卷　（宋）洪邁撰　明末刻本　十五冊

370000－1587－0004254　善085
施注蘇詩四十二卷補遺二卷　（宋）蘇軾撰　清刻本　十六冊

370000－1587－0004255　善086
永樂性理大全七十卷　（明）胡廣等纂修　明刻本　十二冊

370000－1587－0004256　善087
回文類聚圖詩十卷　（明）桑世昌纂　明刻本　四冊

370000－1587－0004257　善088－1
通德遺書所見錄十八種七十一卷敘錄一卷　（漢）鄭玄撰　（清）孔廣林輯　清抄本　四冊

370000－1587－0004258　善088－2
孔叢伯說經五稿三十七卷　（清）孔廣林撰　稿本　七冊

370000－1587－0004259　善089

范勛卿文集六卷詩集二十一卷　（明）范鳳翼撰　明末刻清初增修本　十冊

370000－1587－0004260　善090
詩譚十卷續錄一卷　（明）葉廷秀撰　明崇禎八年(1635)胡正言十竹齋刻本　六冊

370000－1587－0004261　善091
行宮座落圖不分卷江南名勝圖不分卷　（□）□□撰　清乾隆內府刻本　五冊

370000－1587－0004262　善092
暗記詩文戲□□卷　（□）□□撰　清海錄軒抄本　一冊

370000－1587－0004263　善093
大方廣佛華嚴經□□卷　（□）□□撰　清刻本　四冊

370000－1587－0004264　善094
管窺輯要八十卷　（清）黃鼎玉纂定　清刻本　四十八冊

370000－1587－0004265　善095
司馬溫公文集八十二卷　（宋）司馬光撰　清刻本　二十四冊

370000－1587－0004266　善096
陋巷志八卷　（明）陳鎬編纂　（明）呂兆祥重修　明萬曆刻本　四冊

370000－1587－0004267　善097
陋巷志八卷　（明）顏胤祚撰　明萬曆二十九年(1601)刻本　四冊

370000－1587－0004268　善098
陋巷志八卷　（明）呂兆祥重修　（明）呂逢時編次　明崇禎刻本　八冊

書名筆畫字頭索引

六畫

七畫

205

十六畫

十七畫

211

書名筆畫索引

一畫

二畫

215

四畫

五畫

222

六畫

七畫

228

八畫

九畫

十畫

十一畫

十二畫

十三畫

255

256

259

十五畫

十六畫

十八畫

十九畫

二十二畫

二十三畫

二十四畫

二十六畫